Minerva Shobo Librairie

新しい教育行政学

河野和清

[編著]

ミネルヴァ書房

は　し　が　き

　近年の教育行政改革の進展は著しい。とりわけ1990年代後半以降，社会の成熟化や国際化や国家財政の悪化及び経済成長の鈍化傾向を背景に，従来型の福祉国家観の見直しが求められ，いわば「小さな政府」の思想のもと，地方分権化と規制緩和・民営化を基本原理とする教育行政改革が行われた。学校レベルでは，学校の自主性・自律性の確保（自律的学校経営の構築）に向けた各種の改革が進められた一方，教育委員会レベルでは，学校その他教育機関の自律的経営を可能にする仕組みを整えるとともに，自らは地域の教育課題に即した，独自の施策を樹立，実施し，首長部局や地域住民や各種団体と連携協力しながらも，教育（人づくり）の面から地域コミュニティの育成や地域振興（まちづくり）に寄与できるよう努めてきた。
　しかし，近年，いじめや体罰問題に対する教育委員会の不適切な対応をめぐり，教育委員会はその形骸化や機能不全が指摘され，大きな批判を招いてきたのも事実である。こうしたことから，中央教育審議会は教育委員会制度の実質廃止を含めた抜本的改革を提言しており，その動向が注目されている。また，近年，教育行政学でも「ガバメントからガバナンスへ」のスローガンのもと，従来のように，議会や政府など公式的な政治機構が統治に関与するというガバメント論から，統治には既存の統治機構の他に，NGOやNPO，民間企業，町内会・自治会，市民など多様なアクターもネットワークを形成し，統治に係わるというガバナンス論も注目されている。加えて，昨年6月には第二期教育振興基本計画が閣議決定され，わが国の危機的な社会状況をふまえ，これを克服すべく，「自立」「協働」「創造」の3理念からなる社会モデルが示され，その実現に向けて教育行政上の4つの基本的方向性（①社会を生き抜く力の養成，②未来への飛躍を実現する人材の養成，③学びのセーフティネットの構築，そして④絆（きずな）づくりと活力あるコミュニティの形成）が打ち出されたところである。
　このように，国際環境や社会環境が激変するなか，教育行政学は，政策理念や制度のみならず，その思惟様式も更なる変革を求められている。
　本書は，21世紀を迎え，このような教育行政の大きな変化を念頭に置きながら，

i

第Ⅰ部では，公教育の概念とその制度的原理（第1章），教育法制の構造と機能（第2章），そして教育行政の概念と基本理念（第3章）など，教育行政の基盤にある理念や法的枠組について検討するとともに，制度実態面から教育行政（文部科学省と教育委員会）の構造と機能（第4章）を概説した。また，第Ⅱ部では，教育行政の具体的な個別領域として，学校経営（第5章），教育課程行政（第6章），教職員の職務と教員評価制度（第7章），教員養成・研修制度（第8章），社会教育行政（第9章），保育行政（第10章），教育財政（第11章）を取り上げたほか，第12章では，わが国教育政策・改革の動向に着目しながら，教育行政の今日的課題について総括した。第Ⅲ部では，日本との比較を意識しながら，アメリカ（第13章），イギリス（第14章），フランス（第15章），ドイツ（第16章），ロシア連邦（第17章），ニュージーランド（第18章），そしてフィンランド（第19章）の教育行政制度の実情と特質をまとめた。なお，本書は，長年ご愛読いただいた『教育行政学』（2006年刊行，3刷）の内容を，新しい時代に合わせて，教員養成・研修（第8章）やフィンランドの教育行政（第19章）を加えるなど，内容を刷新，充実させ，3部19章構成からなる新しい書籍として公刊されたものである。本書が，引き続きこれから教職をめざそうとする学生の皆さんのみならず，現職にある先生方にも，テキストとして活用されることを期待するものである。

　最後に，本書の企画編集に際して，貴重な御助言等をいただいたミネルヴァ書房の浅井久仁人氏をはじめ，同編集部の皆様に心から謝意を表する次第である。

編者　河野　和清

新しい教育行政学　目　次

はしがき

第Ⅰ部　教育行政の理念と基本構造

第1章　わが国の公教育制度 …… 2
　1　公教育の概念とその制度的原理 …… 2
　2　わが国の学校体系 …… 7
　3　現代の学校制度の課題 …… 12

第2章　教育法制の構造と機能 …… 15
　1　教育法規の体系 …… 15
　2　教育権の構造 …… 19
　3　教育基本法 …… 20
　4　教育基本法改正後の動向 …… 27

第3章　教育行政の概念と基本理念 …… 29
　1　教育行政の成立と展開 …… 29
　2　教育行政の概念 …… 32
　3　教育行政の基本構造と一般原則 …… 36
　4　今後の課題 …… 40

第4章　教育行政の構造と機能 …… 43
1. 文部科学省 …… 43
2. 教育委員会制度 …… 46

第Ⅱ部　教育行政の諸領域

第5章　学 校 経 営 …… 56
1. 学校経営の概念 …… 56
2. 学校経営の過程と学校評価 …… 57
3. 学校経営の組織 …… 59
4. 学校経営をめぐる近年の動向 …… 64

第6章　教育課程行政 …… 67
1. 教育課程行政の仕組み …… 67
2. 学習指導要領の構成と変遷 …… 70
3. 教科書検定および教科書採択 …… 73

第7章　教職員の職務と教員評価制度 …… 80
1. 教職員の職務と服務 …… 80
2. 教員評価制度 …… 87

第8章　教員養成・研修制度 …… 92
1. 戦前の教員養成 …… 92

2　戦後の教員養成……………………………………………… *95*

　　3　教員研修の概要……………………………………………… *99*

　　4　教員養成・研修の改革動向と課題………………………… *102*

第9章　社会教育行政………………………………………… *105*

　　1　社会教育とは……………………………………………… *105*

　　2　社会教育に関する行政組織……………………………… *106*

　　3　社会教育施設と職員……………………………………… *108*

　　4　生涯学習時代における社会教育行政の課題…………… *110*

第10章　保 育 行 政…………………………………………… *113*

　　1　保育施設と二元行政……………………………………… *113*

　　2　幼稚園の行政制度………………………………………… *115*

　　3　保育所の行政制度………………………………………… *117*

　　4　保育行政の動向と課題…………………………………… *119*

第11章　教 育 財 政…………………………………………… *126*

　　1　教育財政の意義…………………………………………… *126*

　　2　教育財政の機能…………………………………………… *127*

　　3　国の教育財政の規模と構造……………………………… *129*

　　4　地方の教育財政…………………………………………… *133*

　　5　教育財政の展望と課題…………………………………… *136*

第12章　わが国教育行政の課題……………………………………… *140*
　　　　　──最近の教育政策・制度改革の動向を中心に

　1　公立小中学校における学校選択制度………………………… *140*
　2　学校評議員制度と学校運営協議会制度（「学校参加」制度）………… *142*
　3　学校評価制度…………………………………………………… *146*
　4　「民間人校長」の登用………………………………………… *148*

第Ⅲ部　諸外国の教育行政制度

第13章　アメリカの教育行政制度………………………………… *154*
　1　学区教育委員会制度…………………………………………… *154*
　2　州教育行政制度………………………………………………… *157*
　3　連邦教育行政制度……………………………………………… *161*
　4　公立学校の管理運営と学校の裁量権拡大の動向…………… *164*

第14章　イギリスの教育行政制度………………………………… *166*
　1　教育行政制度の発達…………………………………………… *166*
　2　教育行政の組織………………………………………………… *169*
　3　学校の経営・管理……………………………………………… *172*
　4　教育行政の課題………………………………………………… *175*

第15章　フランスの教育行政制度………………………………… *177*
　1　教育行政制度の変遷…………………………………………… *177*

| 2　フランスにおける教育行政制度の概要 …………………………………………… *180*
| 3　初等学校と中等学校の管理形態 …………………………………………………… *185*
| 4　私立学校の管理 ……………………………………………………………………… *187*
| 5　フランスの教育行政の伝統的特色と変革 ………………………………………… *188*

第16章　ドイツの教育行政制度……………………………………………… *189*

| 1　ドイツ教育行政原理の変遷——州文化主権の行方 ……………………………… *189*
| 2　連邦レベルの教育行政構造 ………………………………………………………… *191*
| 3　州レベルの教育行政の組織構造 …………………………………………………… *194*
| 4　地方レベルの教育行政の構造 ……………………………………………………… *196*
| 5　学校経営の基本構造 ………………………………………………………………… *197*
| 6　視　学　制　度 ……………………………………………………………………… *199*
| 7　私　学　行　政 ……………………………………………………………………… *200*

第17章　ロシア連邦の教育行政制度………………………………………… *202*

| 1　教育行政機関の組織と権限 ………………………………………………………… *202*
| 2　学校の管理運営体制 ………………………………………………………………… *205*
| 3　学校の制度と行政 …………………………………………………………………… *206*
| 4　教育課程の行政 ……………………………………………………………………… *209*
| 5　教職員の行政 ………………………………………………………………………… *210*

第18章　ニュージーランドの教育行政制度………………………………… *213*

| 1　教育行政制度の変遷 ………………………………………………………………… *213*

2	教育行政制度の概要	215
3	初等・中等学校の経営・管理	218
4	教育行政の改革動向と今後の課題	223

第19章　フィンランドの教育行政制度 …… 225

1	学校教育制度	225
2	教育行政機関	229
3	教育課程行政	232
4	教 育 財 政	234

索　　引

第Ⅰ部
教育行政の理念と基本構造

第1章

わが国の公教育制度

1　公教育の概念とその制度的原理

（1）私教育とは何か

「私教育」とは，「公教育」に対置させて用いられる教育の種類を表す概念である。その意味内容は，公教育の意味内容と同様に，一義的に理解されているわけではないが，多くの場合，教育を行う側の私的な営み，つまり私事と考えられる性格の教育をさす。私事であるので，教育する側はその教育の内容・方法を自己の意思で自由に決めることができ，それを制約する，国，地方公共団体という公による支配，統制や，規制は受けない。また，私教育を行う経費は原則として，私教育を行う当事者や受益者によって負担され，公費は提供されない。私教育の典型は親がわが子に対して行う家庭教育であり，塾や予備校などにおける組織的な教育も私教育の範疇に入る。

　教育の本源は，親子の教育にあるとされる。人間社会の成立以来，わが子の成長を願う親は，わが子をそれぞれの社会において一人前の成人とするために，家庭という場を中心にして，しつけや仕事の訓練などさまざまな教育を施してきた。わが子のために親が教育を行うことは人間の本性とされて，親の自然権と観念されている。自然権としての親の教育の権利および義務は，わが国の現行法規にも「親権を行うものは，子の監護および教育をする権利を有し，義務を負う。」（民法第820条）と規定されている。

　文化や産業が未発達で社会生活が単純であった時代には，子どもの教育は親による家庭教育や社会生活における無意図的・自然的な作用によって事足りた。しかし，やがて文化や産業が発達して社会が高度化し，社会生活の組織化と分業化が進んでくると，こうした教育や作用によってのみでは子どもを一人前の成人にすることは困難となってくる。そこで，意図的・計画的に，かつ組織的に教育を行うことを目的とする専門の組織，つまり学校が出現する。最初の学校はこうし

た必要性から自然発生したものや，宗教団体や職能団体の設立によるものであった。ちなみに，わが国の江戸時代の寺小屋や私塾はそうした学校にあたる。家庭教育はむろんのこと，こうした学校も特に公的な干渉・規制を受けることはなく，その設置形態や教育内容・方法は親や創設者など当事者の決定に任されていた。

（2）公教育とは何か

「公教育」は，上述の私教育の意味内容から自ずと明らかなように，公共的な性格を有し，国・地方公共団体による統制，管理や，規制を受ける教育をいう。経費負担についても，国と地方公共団体が責任をもつ。小学校，中学校などにおける学校教育がそれに典型的に該当する。

とはいえ，わが国の現在の公教育の範囲と種類について確定した認識があるとはいえず，公的機関による管理や規制の程度の強弱に応じて，おおよそ次の3タイプの捉え方がある。

① 広義：公的な管理や規制を受けるあらゆる形態の教育。教育基本法（以下，教基法）第6条の「法律に定める学校」，つまり学校教育法（以下，学校法）第1条に定義されたいわゆる「一条校」（小学校，中学校，高等学校，中等教育学校，大学，高等専門学校，特別支援学校，幼稚園）における教育はいうまでもなく，各種学校，専修学校における教育や，公的な管理・規制のもとで行われている社会教育も含まれる。

② 狭義：「公の性質」をもつことが法律に明示されている（教基法第6条）「法律に定める学校（一条校）」における教育。法律に定める学校の設置者は国，地方公共団体，学校法人であり，国立学校，公立学校のみでなく，私立学校の教育も公教育に該当する。「法律に定める学校（一条校）」の教育に対する公的管理・規制はより強い。

③ 最狭義：「法律に定める学校（一条校）」のうち，国立学校と公立学校の教育。公設，公営，公費によって行われている国立学校と公立学校の教育のみに限定し，私立学校教育は公教育に含めない。私立学校教育への公的管理・規制は国公立学校教育へのそれに比して弱い。

上述のように，教育はもともと私人（親など）や私的団体がその意思で自由に行う教育，つまり私教育がもっぱらであったが，近代国家の成立に伴って国家が教育に関与するようになる。近代国家は，外国列強との競争に打ち勝って自国を

存続させ発展させるために，階級・身分や民族・人種，宗教などを異にし，利害対立する多様な人々を一定の共通性を有する国民に統合するとともに，国家としての生産力と軍事力を高めるためにこれらの人々を知的・身体的に高い質の国民に仕立てる必要に迫られた。自国民の統合と資質向上という国家目的の達成手段として必然的に国民教育が要請され，国家自らが教育の組織化と経営に着手することとなった。これが公教育のはじまりである。国家は公教育を行うための規則と仕組みを整備して統一的な教育制度を構築し，全国民に共通の学校教育を開始した。今日先進国といわれる国々の公教育制度は19世紀後半に成立しており，わが国のそれは1872（明治5）年制定の「学制」に始まる。

　公教育の開始とともに教育行政も創始された。すなわち，公教育を実施するために，国家は資源を投入して，学校を設置し，学校教育を行うのに必要な諸条件，たとえば教育の専門家である教師，教育課程，児童・生徒，施設・設備などを整備しなければならないが，教育行政とは国家のこうした条件整備の活動・機能を意味するからである。別言すれば，教育行政がなければ公教育は稼動しない。これら公教育の諸条件は，国民統合と資質向上を可能とする，一定水準のレベルと同質性の確保された教育を創出するものでなければならないので，整備の内容と方法，つまり教育行政は多かれ少なかれ画一的・統一的になされることになる。画一性・統一性を担保するために，国家によって教育行政の内容・方法の基準・規則（法）が定められる。

　その後，公教育制度は世界各国において大きな発展をみるが，とりわけ第二次大戦後は公教育の性格が基本的に変革された。すなわち，多くの国において基本的人権思想が憲法原理に採用されたことによって，「国民の権利としての公教育」が基調となったのである。わが国でも，日本国憲法に「すべて国民は，法律の定めるところにより，その能力に応じて，ひとしく教育を受ける権利を有する。」（第26条第1項）と明示して，基本的人権として「教育を受ける権利（受教育権）」と教育の機会均等を国民に保証している。

　19世紀（わが国の場合，戦前）の公教育は，国家目的達成のために国家の準備した国民教育を国民に強制する，義務づけるという性格のものであった。しかし，戦後は，教育の主権が国家から国民に移行したことにより，公教育に関しての国家と国民の権利・義務関係は逆転する。すなわち，公教育を受けることは国民の権利となり，国家が国民の権利の実現のために制度を整備して，均等に教育を受

ける機会と一定水準の公教育をすべての国民に提供する義務を負うという関係に変わったのである。したがって，戦後以降今日の公教育の制度と教育行政は，国民の教育を受ける権利の実現を第一義的に意図したものでなければならない。

(3) 公教育の制度的原理

国民の教育を受ける権利を実現するための現代の公教育の仕組み・制度には，いくつかの基本的な原理がある。

① 教育の機会均等

教育を受ける権利（受教育権）は平等に保障されなければならない。平等に教育を受ける権利を表した概念が「教育の機会均等」である。既出のように，それは日本国憲法第26条に「その能力に応じて，ひとしく教育を受ける権利」と表現されている。また，教基法ではより具体的に「すべて国民は，ひとしく，その能力に応ずる教育を受ける機会を与えられなければならず，人種，信条，性別，社会的身分，経済的地位又は門地によって，教育上差別されない。」（第4条第1項）と規定されている。能力に応じたひとしい教育機会とは，各人の知的・身体的能力の程度に質的・量的に比例した教育を用意することでも，すべての人に機械的に均一の教育を与えることでもなく，各人のそのときの能力を最大限に伸長させる教育を提供することを意味する。

機会均等を確保するための具体的な措置が講じられている。たとえば，就学援助（教基法第4条第2項，学校法第19条），男女共学，へき地における教育水準の向上（へき地教育振興法），特別支援学校・特別支援学級の設置などである。

② 義 務 教 育

国民のひとしく教育を受ける権利を確実に保障するために，義務教育の仕組みがつくられる。わが国では二つの仕組みが設けられている。一つは，わが子に教育を受けさせなければならないという親に対する義務である。憲法第26条第2項はそれについて，「すべて国民は，法律の定めるところにより，その保護する子女に普通教育を受けさせる義務を負う。」と定めている。これを受けて，教基法も同内容を規定している（第5条第1項）。そして，学校法は満6～15歳の9年間，小学校もしくは特別支援学校の小学部，および中学校もしくは特別支援学校の中学部に，保護者はわが子を就学させなければならないとしている（第17条）。学校法の当該規定に明らかなように，わが国では「就学義務」がとられている。

もう一つは，親がわが子を就学させる学校を設置する義務である。これは小学校と中学校については市町村に（学校法第38条），特別支援学校については都道府県に（第80条）課されている。

③ 無償性

　公教育を受ける者やその保護者が，公教育を受けるのに要する費用を直接的には全く負担しないという原理である。しかし，わが国では無償性原理は，憲法第26条第2項後段に「義務教育は，これを無償とする。」とあるように，義務教育についてのみ適用される。しかも，憲法のこの義務教育無償規定は，授業料不徴収の意味であり，教科書，学用品等の教育に必要な一切の費用をまでを無償にすべく定められたものではないと解されており（最高裁1964年2月26日判決），義務教育無償の範囲は授業料に限定されている。教基法第5条第4項によれば，授業料を徴収しないのは国公立の学校である。私立学校では徴収するが，これは，私立学校に就学させている親は国公立学校における授業料無償の教育を受ける権利を放棄したものとみなされている。

　なお，教科書についても，1962（昭和37）年に「義務教育諸学校の教科用図書の無償に関する法律」が制定され，同年から無償給与が開始された。教科書無償給与は憲法第26条の義務教育無償の精神を実現する一環ではあろうが，その不可欠要素ではないので，毎年のように財務省から有償化の要求が出されている。

④ 中立性

　教育に関する国民個々人の利益をひとしく実現するために，特定の立場や主義・イデオロギーに立脚した教育内容・方法は公教育から排するという原理である。法律は特に，「公の性質」を有する「法律に定める学校（一条校）」の政治的な中立性と宗教的な中立性について規定している。公の性質とは公共的性格ということであり，公の性質をもつ学校とは，特定階層の国民や一部地域の住民ではなく，国民全体あるいは住民全体に役立つ教育を平等にほどこす学校の意味である。

　政治的中立性については，「政治的教養は，教育上尊重しなければならない」が，「法律に定める学校は，特定の政党を支持し，又はこれに反対するための政治教育その他政治的活動をしてはならない」（教基法第14条）とされている。また，義務教育の学校において，特定の政党を支持させる等の教育の教唆および扇動を禁止する旨の法律も特別に設けられている（「義務教育諸学校における教育の政治的

中立の確保に関する臨時措置法」)。この原理から，教育公務員の政治的行為は制限されている (教育公務員法特例法第18条，地方公務員法第36条)。

宗教的中立性については，「宗教に関する寛容の態度，宗教に関する一般的な教養及び宗教の社会生活における地位は，教育上尊重されなければならない」が，「国及び地方公共団体が設置する学校は，特定の宗教のための宗教教育その他宗教的活動をしてはならない。」(教基法第15条) と規定されている。私立学校における宗教教育の自由が尊重されて，特定宗教の立場に立つ宗教教育が禁止されているのは国公立学校においてである。

2　わが国の学校体系

(1) 学校制度の系統・段階と三類型

「学校」とは，一定の教育内容を計画的に，組織的に，そして集中的かつ継続的に提供するために設けられた組織体であり，一般的には，教育の専門家である教師，被教育者・学習者である幼児・児童・生徒・学生，その学校の創立の意義・目的あるいは性格をあらわした教育目標，教育目標を効果的に達成するために教育内容を計画立てた教育課程（カリキュラム），教育活動を展開するのに必要な校舎・校地・校具などを備えた施設を学校と呼んでいる。

古来より，それぞれの時代の教育要求に対応するために多種多様な学校が設立されてきた。学校の数や種類は現代に近づくほど増してくるが，各種の学校を一つのまとまりとして捉えてみると，教育目標や内容，入学者の年齢などにおいて，学校のあいだになんらかの関連や接続が見出される場合が多い。このように，一定の関連・接続をもって相互に結びついている学校のまとまりを，「学校体系」と呼ぶことができる。「学校制度」とか「学制」という用語も同じ意味で用いられている。

学校の結合関係つまり学校制度の構造は，「系統」と「段階」という二つの次元から把握することができる。系統は学校制度を一定の基準をもとにして縦断的に捉える次元であり，段階は横断的に捉える次元である。

系統は，たとえば，入学者の所属する社会階層・階級を基準にして支配階級の学校と被支配階級の学校の系統，性によって男子校と女子校の系統，教育目標・内容によって普通教育の学校と職業（専門）教育の学校の系統などを考えること

ができる。そのときどきの学校制度に与えられた役割，あるいは国民の教育要求の種類に応じて多様な系統が形成されるが，一定の共通性を有する国民を育成して国家・社会のまとまりを維持するためには，また国民に教育の機会均等を保障するためには，多様な系統を一定程度統合することが求められる。これをインテグレーション（integration）という。たとえば，男女共学，人種別学の廃止，総合制高等学校などである。

一方，段階は，教育内容の水準や被教育者の年齢を基準に，就学前教育・初等教育・中等教育・高等教育（中等後の学校の多様化によって，最近では「中等後教育」とも呼ばれる）に分けられる。各人の教育が一つの学校のみで完結することはむしろ少ない。そこで，各人の教育を効率的に行おうとすれば，各段階の学校加担互に有機的に接続されている必要がある。この接続関係をアーティキュレーション（articulation）という。今日のアーティキュレーションではとりわけ，就学前教育，初等教育，前期中等教育，後期中等教育の接続・区分の再編制（幼小連携，小中一環，6・3制の弾力化，中高連携など）が改革課題となっている。

学校制度は，系統・インテグレーションと段階・アーティキュレーションの態様をもとにして，複線型，単線型，中間型の三つの類型に区分される。

① 複線型は，入学者の社会階層・階級，性，宗教，人種の違いなどによって複数の系統が用意され，系統間のインテグレーションはまったく考慮されていない制度である。つまり，各系統の教育内容に関連がなく，他系統への複教育者の移動もできない。

② 単線型は，文字どおり単一の系統のみから成るものであり，その意欲と能力に応じてすべての国民が初等・中等・高等の各段階を進んでいくことのできる制度である。教育を受ける機会を全国民に平等に保障するという「教育の機会均等」理念を学校教育において実現した制度といえる。

③ 中間型は，最初の段階（通常，初等教育のみ）は単一系統であるが，それから先が複数の系統に校分かれるものである。つまり，単線型の上に複線型が重なった形状をしている。系統が中途で分化するので，分岐型とも呼ばれる。

（2）現行法上の学校の三区分

戦後の学校は，法制上の扱いの違いによって3種類に区分することができる。一つは，既出の，学校法第1条に登場する8校種の「一条校」である。初等・中

等教育の一条校を管轄する教育行政機関は，国では文部科学大臣（文部科学省），地方公共団体では教育委員会となっている。

二つめは，専修学校と各種学校である。専修学校，各種学校は，一条校と同様に学校法に規定され，文部大臣と教育委員会に管轄されるが，「第一条に掲げるもの以外の教育施設」（学校法第124条），「学校教育に類する教育を行うもの」（第134条）として，一条校とは区別されている。

三つめは，学校法以外の法律に規定されているものであり，多種多様なものが存在する。スペシャリスト養成の高等教育機関である各種の大学校と，児童福祉施設として就学前の子どもを保育する保育所（園）が一般によく知られている。これらを管轄する機関は文部省・教育委員会ではなく，国では他の省庁，地方公共団体では首長（部局）である。

以前はこれら三種類の学校は，相互に分離・独立したものとして明確に峻別されていたが，近年，後述のように，生涯学習体系として学校制度を再編成しようとする意図などから，特に一条校と他の2種類の学校のあいだでの接続・連携関係の制度化が促進される傾向にある。

（3）一　条　校

第二次大戦後，わが国の学校制度は全面的に改革され，戦前の分岐型の制度は廃止されて，単線型制度に改変された。単線型制度を構成している学校が一条校（法律に定める学校）である。1947年に制定された学校教育法は，その第1条で戦後の学校の中核として8種類の学校を規定し，第2条以下の条文でそれぞれの学校の教育目的・目標や教育内容，被教育者の入学年齢を有機的に関連づけ，8種類の学校を単一の系統の中に位置づけている。具体的には，就学前の学校として幼稚園，初等教育機関として初等普通教育をほどこす小学校，中等教育段階を二分して前期の機関として中等普通教育をほどこす中学校，後期の機関として高等普通教育および専門教育をほどこす高等学校，そして高等教育機関として一般教育と専門教育を教授研究する大学を設置した（いわゆる「6・3・3・4制」）。

また，これらの学校に並行して特殊教育を行う盲学校，聾学校，養護学校も設けられた。盲学校，聾学校，養護学校は，障害の重度・重複化へ対応するために，また LD・ADHD・高機能自閉症等の軽度障害への支援も行うために，2007（平成19）年4月1日から特別支援学校に一本化された。特別支援学校は形状的には

別系統の学校にみえるが，小学校等とのインテグレーションが考慮されている。特別支援学校は幼稚園，小学校，中学校，高校に相応する課程（幼稚部，小学部，中学部，高等部）をもち，各課程の教育目標・内容および児童生徒の年齢と，相応する学校のそれらは相互に関連するようになっており，双方の学校は分離・隔絶していない。したがって，特別支援学校と小学校等は実質的には同一の系統に位置づけられていると解される。

　一条校の変遷を見ると他にも，5年制の専門的職業人の養成機関である高等専門学校が1962（昭和37）年度に創設された。また，1998（平成10）年の学校教育法改正により，前期中等教育（中学校）と後期中等教育（高等学校）を結合した中等教育学校が発足した。

　なお，一条校は，既述のように，法律によって「公の性質」を有する学校として性格づけられている（教基法第6条第1項）。一条校は設置者別に，国立学校（国が設置），公立学校（地方公共団体が設置），私立学校（学校法人が設置）に分かれるが，公の性質は国公立学校にはもちろん，私立学校にも適用される。

（4）専修学校・各種学校

　各種学校は法的には，一条校以外であって「学校教育に類する教育を行うもの」（学校法第134条）と定義されている（後述の学校法以外の法律に規定されている学校は除く）。実際の各種学校は職業や実際生活に役立つ知識・技能を身につけさせることを目的とした教育施設であり，在籍生徒数，教員組織，学科，カリキュラム，教育水準などにおいて多種多様なものが存在してきた。

　この種の教育の振興を図るためには，一定の規模と教育水準を有し，組織的教育を行うものを各種学校から区別し，別種の学校として位置づける必要があるとの声が強くなった。そこで，新設されたのが専修学校であり，1976年1月に発足した。専修学校の要件として，①修業年限が1年以上であること，②授業時数が文部大臣の定める授業時数（年間800時間）以上であること，③教育を受ける者が常時40人以上であることの3点が定められている（同法第124条）。

　専修学校には，高等課程，専門課程，一般課程の三課程がおかれる。高等課程は中学校卒業者を，専門課程は高校卒業者を教育対象としたものであり，一般課程は入学者を学歴によって限定しないものである（学校法第125条）。高等課程をおく専修学校は高等専修学校，専門課程をおく専修学校は専門学校と称すること

ができる（第125条）。被教育者の入学資格がこのように明定されたことによって，中学校あるいは高校に継続する学校として，高等専修学校は後期中等教育，専門学校は中等後教育に位置づけられたことになる。

　専修学校は一条校とは法的には別扱いであるが，一条校との接続や関連がないわけではない。専門学校を卒業した者は，その専門学校が一定の要件を満たせば，大学に編入することができる（学校法第132条）。高等学校の校長は教育上有益と認めれば，高等専修学校および専門学校における学修をその高校の科目の履修とみなし，単位を与えることができる（学校教育法施行規則第98条）。また，高等専修学校も高校，中等教育学校後期の科目履修をその高等専修学校の科目の履修とみなすことができる（専修学校設置基準第10条第1項）。

　各種学校には，規模や修業年限等の関係で各種学校に留まっている学校のみでなく，予備校，自動車操縦の学校，外国人学校（朝鮮人学校，アメリカンスクール等）など，その教育目標や教育課程の性格上，専修学校や一条校に位置づけがたい学校も含まれている。高校段階に相当する外国人学校の卒業者に大学入学資格を付与すべきとの声が従前からあったが，国際的な評価団体の評価を受けている学校と当該外国の正規課程と同等として位置づけられている学校の卒業者，および各大学の個別審査によって高校卒業と同等以上の学力があると認められる者に対して，大学入学資格が与えられるようになった。また，当該外国の正規課程と位置づけられている外国大学日本校についても，日本の大学院への入学資格，日本の大学への転学・編入学，日本の大学との単位互換が認められた。このように，各種学校である外交人学校についても，一条校との接続を図る制度改革が行われている。

（5）学校教育法以外の法律に規定される学校

　一条校および専修学校・各種学校に属さない学校，つまり学校教育法以外の法律に規定されている学校も，教育目的や教育課程において多種多様である。たとえば，職業能力開発促進法による公共職業能力開発施設（職業能力開発促進センター，職業能力開発校など），児童福祉法による児童福祉施設（保育所，児童自立支援施設など），各省庁設置法による文教研修施設（防衛大学校，航空大学校，自治大学校など）などがこれにあたる。

　これらは一条校とは法的には別扱いであるが，一条校と関連性をもたせるよう

な措置も講じられている。技能連携制度を活用して、定時制・通信制高校の校長は、一定の条件を満たす職業訓練校での学習をその高校の教科の履修とみなして所定の単位を与えることができる。また、大学評価・学位授与機構を通じて、大学校などの修了者にも学士、修士、博士の学位が授与できることになっている。

小学校就学前の子どもの保育（幼児教育）は、幼稚園と保育所に分かれて行われてきた。法制上、保育所は児童福祉施設として、幼稚園は一条校として位置づけられ、別制度となっている。このような二元的制度をあらためて、幼稚園と保育所を統合して幼児教育を一元化すること（「幼保一元化」）が必要であるとする主張が戦前からある。

ようやく2006年度に、幼稚園・保育所の両機能を備えた総合型施設である「認定こども園」制度が発足し、幼保一元化はとりあえず、いわば幼保の機能の一体化として実現した。認定こども園は、2011（平成23）年時点で762園が設置されている。さらに、2009年の民主党政権の誕生によって、子育てや幼児教育のあり方が抜本的に再検討され、「子ども・子育て新システム」が提言された。新システムでは、2013年度実施を目指して、子育て支援や保育・幼児教育行政が新設の「子ども家庭省」のもとで一元的に行われ、幼稚園と保育所を統合した「こども園」が創設されることになっている。

3　現代の学校制度の課題

わが国の学校制度は、1990年代後半以降、行政制度全般における地方分権化と規制緩和が進行するなかで、大きく変革されようとしている。それは、端的にいえば、児童生徒や保護者に複数の選択肢を与えるために、また地方・地域の特性や学校の実態を反映した特色ある学校づくりを促すために、学校制度を多様化し、柔軟化・弾力化することである。この改革方向は、2009年の民主党への政権交代によっても変わっていない。さまざまな具体的な改革が行われつつあるが、ここでは、わが国の公教育制度の特性を基本的に変えることになると考えられる、次の二つの改革を取り上げることにする。

（1）学校種間の接続・連携の多様化と柔軟化

戦後の学校制度の中核をなす一条校は、幼稚園、小学校（6年制）、中学校

（3年制），高等学校（3年制），大学（4年制）の明確な区分と接続を基本としてきた。これの見直しが行われつつある。その背景には，こどもの発達段階の変化，つまり中学1年生時点のみでなく，小学校の4，5年生時にも発達上の段差があることが発見されたこと，上級学校への適応に困難をきたす子どもの増加（集団生活になじめない小学1年生，中学校1年生時に不登校が急増する現象など），重複を避けるなど，教育内容を効果的・効率的に提供する必要性が高まったこと（総合的な学習の時間の創設，地域の特性を現出する学校設定科目の増加など）などがある。

　具体的には，研究開発学校や構造改革特区を活用するなどして，幼小連携，小中9年間の再編制（4・3・2制など），中高連携，高大連携の取り組みが行われ，そのための教育課程や教材が教育委員会と学校によって開発されている。こうした動きが国レベルの制度改革につながり，幼稚園（保育所）と小学校を統合した「初等学校」や，小学校と中学校を統合した義務教育9年制学校が実現する可能性もあると考えられる。また，これに合わせて，「義務教育免許状」の創設など教員免許制度の改革も検討されている。

（2）就学義務の柔軟化

　義務教育の性格と仕組みが変わろうとしている。既述のように，戦後の義務教育は，小学校（学校特別支援学校の小学部）と中学校（同中学部）に親が就学させなければならないという「就学義務」がとられた。要するに，国が指定したこれらの学校に就学させる以外の方法によっては，親は義務を遂行できないのである。

　増加する不登校のこどもへの支援の一つとして，従前から，不登校児童生徒が適応指導教室や民間施設等において指導を受けている場合，それが一定要件を満たす適切な指導であると校長と教育委員会が判断すれば，指導を受けた日数を学籍のある小学校ないし中学校への出席として扱うことが認められてきた。さらに，文部科学省は2005年に，不登校のこどもが自宅でインターネットや電子メール，テレビなど，ITを活用した学習活動を行っている場合にも，一定条件もとで出席扱いできるとした。

　所定学校以外における教育・学習活動も就学義務の内容として認められたのであり，明らかに就学義務が変質しているといえる。諸外国では，学校以外の施設

における教育や家庭における学習（ホームエデュケーションやホームスクーリング）を義務教育として認めているところも少なくない。わが国にも，不登校の子どもの親のみでなく，アメリカンスクールや中華学校など，所定の義務教育学校以外における教育を希望する親が少なからず存在する。近い将来，学校教育法の関連規定が改正されて，就学義務に限定されない義務教育の制度がつくられる可能性も否定できない。

参考文献
田原迫龍麿・仙波克也編著『教育法規要説』コレール社，2000年。
鈴木勲『逐条学校教育法』学陽書房，2009年。

（加治佐哲也）

第2章

教育法制の構造と機能

1 教育法規の体系

(1) 教育法規の分類

　法規およびそれによって成り立つ制度を総括して法制という。法規とは，広義では成文法のみならず判例法や慣習法，条理法などの不文法をも含む法規範一般を意味する。教育法規とは文字どおり教育に関する法規である。

　成文法とは，国や地方公共団体等が法律等の形式により，文書で定めたものである。不文法とは，文書で定められたものではなく，その法的効力が暗黙のうちに承認されたものであり，判例法や慣習法，条理法などがある。判例の拘束力はわが国では制度的には保障されていないが，実際には判例が法解釈上の影響力をもつ面もある。慣習法とは社会において長く維持された慣習の法的効力が暗黙のうちに承認されたものであり，条理法とはいわゆる社会通念とも呼ばれるもので，通常は法の欠けている部分を補充する解釈上ならびに裁判上の基準を意味する。

　教育法規は，このような成文法と不文法とで図2-1のように分類される。

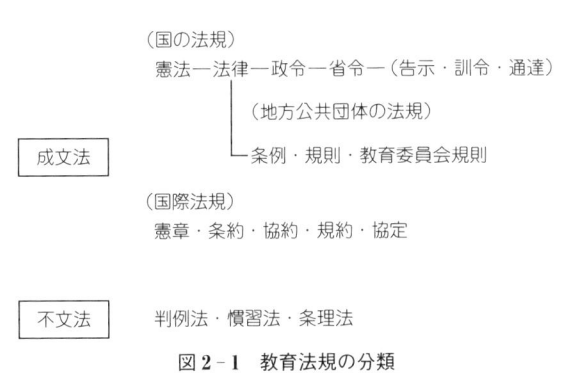

図2-1　教育法規の分類

第Ⅰ部　教育行政の理念と基本構造

■国の教育法規
① 憲　　法
　憲法は国の最高法規であって，その条規に反する法律，命令等はその効力を有しない（憲法第98条）。教育においても最高法規として，国民主権，基本的人権の尊重，平和主義というその基本理念をはじめ，憲法の規定が深くかかわっている。諸外国の憲法では教育について具体的な規定を定めているものが多いのに対して，日本国憲法には教育規定が少ないのが特色である。憲法で教育という文言が用いられている条文は，第20条第3項（国の宗教活動の禁止），第26条（国民の教育を受ける権利），第44条（議員及び選挙人の資格），第89条（公の財産の支出又は利用の制限）のみである。
　このうち唯一の直接的な教育規定ともいえる第26条は，次のように規定している。

> すべて国民は，法律の定めるところにより，その能力に応じて，ひとしく教育を受ける権利を有する。②すべて国民は，法律の定めるところにより，その保護する子女に普通教育を受けさせる義務を負ふ。義務教育は，これを無償とする。

　この条文は，大日本帝国憲法のもとでは教育が国民（臣民）の義務とされていたのに対して，教育を受ける権利を国民の基本的人権として明記し，また教育における機会均等の原則を明示している。そして具体的な措置については法律の規定にゆだねている。旧憲法のもとでは教育が天皇の大権事項として勅令により規定されたのに対して，国民の代表たる国会の制定による法律主義が採用されている。また第2項では，子どもの教育を受ける権利を保障するためにその保護者に対する義務と，制度としての義務教育の無償を定めて国の責任をも規定している。
② 法　　律
　法律は国の唯一の立法機関である国会によって制定される（憲法第41条）。教育に関する基本的な事項も法律で定められており，これらの法律制定により今日の民主的な教育制度が確立されているといえる。
　教育関係の主要な法律を領域別に整理してあげると次のとおりである。

> ① 教育の基本に関する法律
> 　教育基本法

② 学校教育に関する法律
　　学校教育法，学校図書館法，学校保健安全法，私立学校法など
③ 社会教育・生涯学習に関する法律
　　社会教育法，図書館法，博物館法，生涯学習の振興のための施策の推進体制等の整備に関する法律など
④ 教育行政に関する法律
　　地方教育行政の組織及び運営に関する法律，文部科学省設置法など
⑤ 教育財政に関する法律
　　義務教育費国庫負担法，市町村立学校職員給与負担法など
⑥ 教育職員に関する法律
　　教育公務員特例法，教育職員免許法など

③ 政令・省令・告示・訓令・通達

　法律では通常基本的な事項のみが定められ，具体的な事項については政令や省令にゆだねられる。内閣は，憲法および法律の規定を実施するために政令を制定する（憲法第73条）。代表的なものとして学校教育法施行令がある。

　各省大臣は，主任の行政事務について，法律若しくは政令を施行するため，又は法律若しくは政令の特別の委任に基づいて，それぞれの機関の命令として省令を発することができる（国家行政組織法第12条）。代表的なものとして学校教育法施行規則や各学校の設置基準，教科用図書検定規則などがある。

　各省大臣，各委員会および各庁の長官が，その機関の所掌事務について発するもののうち，広く国民に知らせるために公示を必要とする場合の形式が告示であり，所管の諸機関および職員に対して命令または示達する際の形式が訓令と通達である（国家行政組織法第14条）。告示の代表的なものとして，各学校の学習指導要領がある。

■地方公共団体の教育法規

　普通地方公共団体（都道府県・市町村）は，法令に違反しない限りにおいて，法律又はこれに基づく政令により処理することとされる事務に関し，条例を制定することができる（地方自治法第14条）。その制定にあたっては議会の議決を必要とする。教育に関する条例としては，公立学校・公民館等の公立教育施設の設置条例などがある。

また地方公共団体の長は，法令に違反しない限りにおいて，その権限に属する事務に関し，規則を制定することができる（地方自治法第15条）。教育委員会もまた，法令又は条例に違反しない限りにおいて，その権限に属する事務に関し，教育委員会規則を制定することができる（地方教育行政の組織及び運営に関する法律〔以下，地教行法〕第14条）。代表的なものとして，学校管理規則，公立学校の学則などがある。

近年の地方分権化の動きの中で，地方公共団体が地域の特性を生かして主体的に教育を実施する範囲は今後もますます拡大されることが予想され，地方の教育法規の適正な構築が期待される。

（2）国際教育法規

以上のような国内法規に加えて，国際化の進展や国連など国際関係機関の役割の増大とともに，人権や教育に関する各種の条約や宣言，協約，規約，協定が整備されてきている。憲法第98条第2項は，「日本国が締結した条約及び確立された国際法規は，これを誠実に遵守することを必要とする。」と定めており，国際的な教育法規の国内での実施とともに，今や世界的な文化の向上や教育の充実への貢献が求められていると言える。

条約は国家間または国家と国際機関間の文書による合意であり，批准・公布によって国内法としての効力をもつ。教育に関係する代表的な条約としては，児童の権利条約がある。児童の権利条約は1989年に国連総会で採択されたが，わが国では1994年に批准された。同条約は，児童の意見の尊重，児童の最善の利益等を柱として，児童の権利を体系的に規定している。教育については，締約国は教育について児童の権利を認めるものとし，その権利を達成するために初等教育の義務制と無償制などの具体的な措置を定めている（第28条）。

代表的な国際宣言としては，「すべて人は，教育を受ける権利を有する」（第26条）と定めた世界人権宣言（1948年），「児童は，教育を受ける権利を有する」（第2条）と定めた児童権利宣言（1959年），学習権の承認を人類の課題としたユネスコ学習権宣言（1985年）などがある。また国際人権規約（1966年）のA規約は，「高等教育は，（中略），すべての者に対して均等に機会が与えられるものとする」（第13条2（c））と，義務教育レベルにとどまらず高等段階での教育の保障についても規定している。

これらの国際法規によって，国際的に人権尊重が重視されるとともに各国における教育権保障のための政策が次第に進展しつつある。

2　教育権の構造

（1）教育権の種類

教育権には，教育を受ける権利と教育をする権利とが含まれる。

教育を受ける権利は，前述のように憲法第26条で保障されているが，その権利の内容についていえば，教育を受ける権利が十分に保障されるように国家に対して教育を請求する国民の社会権的権利と言える。

教育をする権利については，教育をする主体としては親，国，教師が考えられる。親の教育権については，民法第820条が「親権を行う者は，子の利益のために子の監護及び教育をする権利を有し，義務を負う」と規定している。また世界人権宣言第26条3項は「親は，子に与える教育の種類を選択する優先的権利を有する」としている。このように親の教育権は，実定法上の根拠を有するといえる。もともと教育は私事として営まれ，子の教育は自然的血縁関係に基づき親の自由にゆだねられていた。したがって親の教育権は自然的な権利と考えられる。親の教育の権利に関してはさらに，学校教育選択の自由や適切な教育を要求する権利なども含まれよう。

国の教育権については，国家は国民の教育の付託に基づき教育に関与する権能があると考えられている。国家の発展に伴い教育の社会的機能が認識されるようになり，一方では人権思想の高まりとともに教育が国民の基本的人権として位置づけられるようになった。それに伴い教育制度を組織的に決定，実現すべき立場にある国は，国政の一部として広く適切な教育政策を樹立，実現すべく，必要かつ相当と認められる範囲において権能を有すると考えられている。

教師の教育権については，憲法第23条による学問の自由から教師の教育権を導き出す説があるが，公権力による支配・介入を受けないで教師が自由に子どもを教育する権利はないとされている。教師の職務権限に関しては，国・地方公共団体・学校（教師）間で，適切に役割分担されて決定されるべき事項であり，その職務権限の範囲内で教師の教育の自由裁量が認められると考えられている。

以上のような教育権の構造については，これまで多くの裁判で争点とされてお

(2) 学習権の内容

　教育権とともに学習権という概念がある。学習権とは，学習する主体の自発性や能動性の面から教育に関する権利を捉える概念であり，特に，人間的成長発達のためには学習が不可欠であるという認識に立つ。

　1985年のユネスコによる「学習権宣言」は，その冒頭で「学習権を承認することは，今や，以前にもまして重大な人類の課題である」とし，学習権は基本的人権の一つでありその正当性は普遍的に認められるとしている。そして宣言では，子どもを対象とした学校教育中心の教育からさらに進んで，成人の生涯にわたる学習権の保障を要請している。

　もとより日本国憲法第26条は，すべての国民に教育を受ける権利を保障しており，生涯学習社会への移行が着実に進展しつつある中で，すべての国民に学習権を保障するという視点で，さらなる教育システムの改善が求められている。

3　教育基本法

（1）教育基本法の位置づけと改正の経過

　現在のわが国の教育法制は，一般に教育基本法法制と呼ばれているが，それは，教育基本法の制定過程とその規定内容とに由来している。現行の教育基本法（以下，新教基法）は，1947（昭和22）年公布の教育基本法（以下，旧教基法）の全部を59年ぶりに改正したものであり，2006（平成18）年12月22日に公布・施行された。

　旧教基法は，日本国憲法の精神に則り教育の基本を確立するために，1947年3月31日に公布・施行された法律である。憲法案検討時には，教育の具体的な内容について章を設ける案も出されたが，教育の基本については別に制定する教育の根本法で規定することとされ，教育の具体的な事項について規定のない現行の憲法が制定された。その後，教育の根本原則を定めた旧教基法が予定通り制定された。このような制定の経過から，教育基本法は別名教育憲法あるいは準憲法的教育規定などと呼ばれてきた。

　旧教基法は，1946年の第一次米国教育使節団報告書を受けて，教育刷新委員会による建議を経て法案が作成されており，その条文には，アメリカの民主的・自

由主義的教育システムが大きく反映されていた。

　旧教基法の制定以降，その見直しが議論されることは度々あったものの改正されることはなかった。しかし2000年3月に発足した教育改革国民会議が，同年12月に見直しを提言したことによって，教育基本法の改正が現実味を帯びてきた。そして2003年3月には中央教育審議会が，「新しい時代にふさわしい教育基本法と教育振興基本計画の在り方について」を答申した。答申は，教育の危機的な状況を指摘し，大胆な見直し・改革が必要とした。そして新しい時代にふさわしい教育の実現のため，信頼される学校教育の確立，郷土や国を愛する心と国際社会の一員としての意識の涵養，教育振興基本計画の策定等7項目の改革の方針を掲げ，教育基本法の改正案を明示した。その後，政府は2006年4月に教育基本法改正案を国会に提出し，11月には衆議院本会議で可決，12月には参議院で与党単独で採決が行われ可決・成立した。

（2）教育基本法の規定内容

　新教基法は，前文と4章18条からなる。以下，各条文をみていこう。

　　前　文

　我々日本国民は，たゆまぬ努力によって築いてきた民主的で文化的な国家を更に発展させるとともに，世界の平和と人類の福祉の向上に貢献することを願うものである。／我々は，この理想を実現するため，個人の尊厳を重んじ，真理と正義を希求し，公共の精神を尊び，豊かな人間性と創造性を備えた人間の育成を期するとともに，伝統を継承し，新しい文化の創造を目指す教育を推進する。／ここに，我々は，日本国憲法の精神にのっとり，我が国の未来を切り拓く教育の基本を確立し，その振興を図るため，この法律を制定する。

　一般に法律には前文を付さないが，教育基本法は，憲法と関連して教育上の基本原則を明示するきわめて重要な法律であるという認識から，法律制定の趣旨を明らかにするために前文が置かれている。我が国の未来を切り拓く教育の基本を確立するために本法を制定するとしている。

第1章　教育の目的及び理念
第1条（教育の目的）　教育は，人格の完成を目指し，平和で民主的な国家及び社会

> の形成者として必要な資質を備えた心身ともに健康な国民の育成を期して行われなければならない。

本条は，わが国の教育目的規定の最上位に位置づけられるもので，学校教育等個別領域の教育目的・目標は，この目的の達成を目指して具体化されることになる。

> 第2条（教育の目標）　教育は，その目的を実現するため，学問の自由を尊重しつつ，次に掲げる目標を達成するよう行われるものとする。
> 一　幅広い知識と教養を身に付け，真理を求める態度を養い，豊かな情操と道徳心を培うとともに，健やかな身体を養うこと。
> 二　個人の価値を尊重して，その能力を伸ばし，創造性を培い，自主及び自律の精神を養うとともに，職業及び生活との関連を重視し，勤労を重んずる態度を養うこと。
> 三　正義と責任，男女の平等，自他の敬愛と協力を重んずるとともに，公共の精神に基づき，主体的に社会の形成に参画し，その発展に寄与する態度を養うこと。
> 四　生命を尊び，自然を大切にし，環境の保全に寄与する態度を養うこと。
> 五　伝統と文化を尊重し，それらをはぐくんできた我が国と郷土を愛するとともに，他国を尊重し，国際社会の平和と発展に寄与する態度を養うこと。

本条は，第1条の教育の目的を実現するための，今日的に重要と考えられる具体的な事柄を5項目に整理して規定している。この目標規定は，今回の改正論議で特に焦点となったところであり，幾多の議論を経て，わが国と郷土を愛することなどが規定された。

> 第3条（生涯学習の理念）　国民一人一人が，自己の人格を磨き，豊かな人生を送ることができるよう，その生涯にわたって，あらゆる機会に，あらゆる場所において学習することができ，その成果を適切に生かすことのできる社会の実現が図られなければならない。

本条は，すでに考え方としては定着してきた感のある生涯学習の概念について，それが教育に関する基本的理念としてさらに発展するように新設された。

> 第4条（教育の機会均等）　すべて国民は，ひとしく，その能力に応じた教育を受け

> る機会を与えられなければならず，人種，信条，性別，社会的身分，経済的地位又は門地によって，教育上差別されない。
> 2　国及び地方公共団体は，障害のある者が，その障害の状態に応じ，十分な教育を受けられるよう，教育上必要な支援を講じなければならない。
> 3　国及び地方公共団体は，能力があるにもかかわらず，経済的理由によって修学が困難な者に対して，奨学の措置を講じなければならない。

　本条は，教育の機会均等について引き続き規定するとともに，障害者が十分な教育を受けられるよう必要な支援を講ずべきことを新たに規定している。

> **第2章　教育の実施に関する基本**
> 第5条（義務教育）　国民は，その保護する子に，別に法律で定めるところにより，普通教育を受けさせる義務を負う。
> 2　義務教育として行われる普通教育は，各個人の有する能力を伸ばしつつ社会において自立的に生きる基礎を培い，また，国家及び社会の形成者として必要とされる基本的な資質を養うことを目的として行われるものとする。
> 3　国及び地方公共団体は，義務教育の機会を保障し，その水準を確保するため，適切な役割分担及び相互の協力の下，その実施に責任を負う。
> 4　国又は地方公共団体の設置する学校における義務教育については，授業料を徴収しない。

　本条は，憲法26条2項を受けて義務教育について規定している。旧法で9年と明記されていた義務教育の年限については，時代の要請に柔軟に対応して年限延長なども検討できるようにするために，学校教育法にゆだねている。また，新たに義務教育の目的，義務教育の実施についての国と地方公共団体との責務について規定している。

> 第6条（学校教育）　法律に定める学校は，公の性質を有するものであって，国，地方公共団体及び法律に定める法人のみが，これを設置することができる。
> 2　前項の学校においては，教育の目標が達成されるよう，教育を受ける者の心身の発達に応じて，体系的な教育が組織的に行われなければならない。この場合において，教育を受ける者が，学校生活を営む上で必要な規律を重んずるとともに，自ら進んで学習に取り組む意欲を高めることを重視して行われなければならない。

本条は，学校教育が体系的・組織的に行われるべきこと，また学校教育の基本として，児童等が規律を重んずるとともに，学習意欲を高めることを重視すべきことを新たに規定している。

> 第7条（大学） 大学は，学術の中心として，高い教養と専門的能力を培うとともに，深く真理を探究して新たな知見を創造し，これらの成果を広く社会に提供することにより，社会の発展に寄与するものとする。
> 2 大学については，自主性，自律性その他の大学における教育及び研究の特性が尊重されなければならない。

本条は，21世紀が知の世紀として，大学が果たす役割がますます重要となっているという認識のもとに新設され，大学の役割や，自主性・自律性などの大学の特性が尊重されるべきことを規定している。

> 第8条（私立学校） 私立学校の有する公の性質及び学校教育において果たす重要な役割にかんがみ，国及び地方公共団体は，その自主性を尊重しつつ，助成その他の適当な方法によって私立学校教育の振興に努めなければならない。

わが国の学校教育の発展において私立学校が大きな役割を果たしてきた事実に基づいて本条が新設され，私立学校の振興について規定している。

> 第9条（教員） 法律に定める学校の教員は，自己の崇高な使命を深く自覚し，絶えず研究と修養に励み，その職責の遂行に努めなければならない。
> 2 前項の教員については，その使命と職責の重要性にかんがみ，その身分は尊重され，待遇の適正が期せられるとともに，養成と研修の充実が図られなければならない。

本条は，教員の使命と職責の重要性を踏まえ，教員は研究と修養に励み，養成と研修の充実が図られるべきことが規定されている。なお旧法の「全体の奉仕者」という教員の位置づけに関する規定については，教員の職務の公共性は従来と変わるものではないものの，その文言が公務員を想定させるということから，今回私立学校の条文が新設されたのに合わせて削除された。

> 第10条（家庭教育） 父母その他の保護者は，子の教育について第一義的責任を有す

> るものであって，生活のために必要な習慣を身に付けさせるとともに，自立心を育成し，心身の調和のとれた発達を図るよう努めるものとする。
> 2　国及び地方公共団体は，家庭教育の自主性を尊重しつつ，保護者に対する学習の機会及び情報の提供その他の家庭教育を支援するために必要な施策を講ずるよう努めなければならない。

　本条は，民法820条「親権を行う者は，子の利益のために子の監護及び教育をする権利を有し，義務を負う」の規定を踏まえて，父母その他の保護者が，子の教育について第一義的責任を有することを明記するとともに，家庭の教育力の低下が指摘される中で，家庭教育がすべての教育の出発点であるという視点から，国や地方公共団体が家庭教育支援に努めるべきことを規定している。

> 第11条（幼児期の教育）　幼児期の教育は，生涯にわたる人格形成の基礎を培う重要なものであることにかんがみ，国及び地方公共団体は，幼児の健やかな成長に資する良好な環境の整備その他適当な方法によって，その振興に努めなければならない。

　幼児期の教育は，生涯にわたる人間形成の基礎が培われる重要な時期であるという視点から本条が新設され，幼稚園，保育所等で行われる教育のみならず，家庭や地域で行われる教育を含めた幼児期の教育の振興に努めるべきことを規定している。

> 第12条（社会教育）　個人の要望や社会の要請にこたえ，社会において行われる教育は，国及び地方公共団体によって奨励されなければならない。
> 2　国及び地方公共団体は，図書館，博物館，公民館その他の社会教育施設の設置，学校の施設の利用，学習の機会及び情報の提供その他の適当な方法によって社会教育の振興に努めなければならない。

　本条は，社会教育が国や地方公共団体により奨励・振興されるべきことを引き続き規定している。

> 第13条（学校，家庭及び地域住民等の相互の連携協力）　学校，家庭及び地域住民その他の関係者は，教育におけるそれぞれの役割と責任を自覚するとともに，相互の連携及び協力に努めるものとする。

本条が新設され，学校，家庭，地域住民など社会を構成するすべての者が，教育におけるそれぞれの役割と責任を自覚し，相互に連携協力に努めるべきことを規定している。

第14条（政治教育）　良識ある公民として必要な政治的教養は，教育上尊重されなければならない。
　2　法律に定める学校は，特定の政党を支持し，又はこれに反対するための政治教育その他政治的活動をしてはならない。

本条は，政治的教養は教育上尊重されるとともに，教育が政治的に中立でなければならないことを引き続き規定している。

第15条（宗教教育）　宗教に関する寛容の態度，宗教に関する一般的な教養及び宗教の社会生活における地位は，教育上尊重されなければならない。
　2　国及び地方公共団体が設置する学校は，特定の宗教のための宗教教育その他宗教的活動をしてはならない。

本条では，宗教に関する一般的な教養は教育上尊重されるべきことを新たに規定するとともに，教育が宗教的に中立でなければならないことを引き続き規定している。

　第3章　教育行政
第16条（教育行政）　教育は，不当な支配に服することなく，この法律及び他の法律の定めるところにより行われるべきものであり，教育行政は，国と地方公共団体との適切な役割分担及び相互の協力の下，公正かつ適正に行われなければならない。
　2　国は，全国的な教育の機会均等と教育水準の維持向上を図るため，教育に関する施策を総合的に策定し，実施しなければならない。
　3　地方公共団体は，その地域における教育の振興を図るため，その実情に応じた教育に関する施策を策定し，実施しなければならない。
　4　国及び地方公共団体は，教育が円滑かつ継続的に実施されるよう，必要な財政上の措置を講じなければならない。

本条は，教育行政の基本として，教育は不当な支配に服することなく，法律の定めるところにより行われるべきことを規定するとともに，国と地方公共団体の

役割分担や必要な財政措置について新たに規定している。旧法で規定されていた「教育行政は諸条件の整備確立を目的として行われなければならない」と，国の教育に対する関与を抑制する規定は削除され，教育行政が公正かつ適正に行われることが規定されている。

> 第17条（教育振興基本計画）　政府は，教育の振興に関する施策の総合的かつ計画的な推進を図るため，教育の振興に関する施策についての基本的な方針及び講ずべき施策その他必要な事項について，基本的な計画を定め，これを国会に報告するとともに，公表しなければならない。
> 2　地方公共団体は，前項の計画を参酌し，その地域の実情に応じ，当該地方公共団体における教育の振興のための施策に関する基本的な計画を定めるよう努めなければならない。

本条が新設され，国と地方公共団体が総合的かつ計画的に教育施策を推進するための基本計画を定めることについて規定している。教育基本法の精神をさまざまな教育上の課題の解決に結びつけていくため，また具体的な取り組みを着実に進めていくために教育振興基本計画が策定される（第1期＝平成20年7月，第2期＝平成25年6月に策定）。

> 第4章　法令の制定
> 第18条　この法律に規定する諸条項を実施するため，必要な法令が制定されなければならない。

本条は，教育及び教育行政の法律主義とともに，教育基本法に基づき教育関係の法令が制定されるべきことを規定している。

4　教育基本法改正後の動向

教基法の改正後は，教基法を具体化するための法改正が短期間で断続的に行われた。2007（平成19）年には，学校教育法，地教行法，教育職員免許法及び教育公務員特例法の，いわゆる教育関連三法が大改正された。主な改正点として，学校教育法では，義務教育の目標と役割，学校種ごとの目的・目標の明確化，副校長等の配置による学校組織運営体制の確立，学校評価・情報提供の義務化が，教

育職員免許法では，免許状の有効期間10年間と免許更新制の導入が，教育公務員特例法では，指導が不適切な教諭等の認定及び研修の実施，研修後の措置等が，地教行法では，教育委員会の執行と責任の明確化と不適切な執行に対する国の責任の明確化等が規定された。法改正はさらに，2008（平成20）年の学校保健法（学校保健安全法に改称），社会教育法，図書館法など，教育制度の中核を構成するあらゆる法律の改正へと及び，教育法制が大変革を遂げることとなった。

　2008（平成20）年3月には，新教基法及び改正学校教育法で明確にされた教育の目的・目標に基づき，小・中学校の学習指導要領及び幼稚園教育要領が改訂された（高等学校学習指導要領は2009（平成21）年3月に改訂）。新指導要領では，「生きる力」の育成という理念を継承したうえで，確かな学力，豊かな心，健やかな体の調和を図ることが重視されている。また2008（平成20）年7月には，新教基法第17条第1項に基づき，政府による初めての教育振興基本計画が閣議決定され，「教育立国」の実現を主眼として，今後10年間を通じて目指すべき教育の姿と，今後5年間の総合的施策・具体的な数値目標が設定された。この教育振興基本計画は，その後2013（平成25）年6月策定の第二期教育振興基本計画へと引き継がれている。

　このような教育改革の波は，その後2012（平成24）年12月に第二次安倍内閣が誕生した後は，教育改革が政府の最重要課題の一つとして位置付けられ，教育再生実行会議が設置されるなどして，改革・改善の取り組みが積極的に推進されている。

参考文献

市川須美子他編『教育小六法』学陽書房，2013年。
上原貞雄編『教育行政学』福村出版，1991年。
結城忠『学校教育における親の権利』海鳴社，1994年。
佐藤全他編『教育経営研究の理論と軌跡』玉川大学出版部，2000年。
坂田仰ほか『新訂版　図解・表解教育法規』教育開発研究所，2012年。
文部科学省ホームページ『教育基本法資料室へようこそ』
　　www.mext.go.jp/b_menu/kihon/index.htm　（2014年1月22日）

（松元健治）

第 3 章

教育行政の概念と基本理念

1 教育行政の成立と展開

(1) 戦前の教育行政

　教育は，人の発達を助成する人間形成の作用であるとともに，人類の文化を伝達，普及する機能を果たしてきた。教育の本源は，親がわが子に対して行う教育にあるとされる。それゆえ，人類の文化や産業が未発達の時代にあっては，子どもの教育は親による家庭教育や，種族の共同生活における無意図的・社会機能的教育を通して行われていたが，やがて人類の文化や産業が発達し，社会生活の組織化と分業化が進んでくると，教育を計画的，組織的に行う専門の教育機関として学校が出現するようになる。最初の学校は，宗教団体などによって設立されたものであって，国家が直接に関与するものではなかった。しかし，近代国家が成立するに及んで，教育が国家社会を存続，発展させる上で重要な機能を果たすと認識されるようになると，国家が教育に関与することとなった。教育が国家社会にとって重要な意義をもち，国民に対して教育を社会的制度的に保障することが国家の責務とされるとき，教育は国家機能の重要な一部となり，行政の対象となった。

　国家が法的整備をして統一的な教育制度を構築し，全国民に共通の学校教育を本格的に開始したのは，世界的に見れば19世紀後半であり，わが国では，1872（明治5）年制定の「学制」に始まる（田原迫，1998，12頁）。この「学制」は「全国ノ学政ハ之ヲ文部一省ニ統フ」と規定しており，前年の7月に設置された文部省が，中央政治機構の一部門として教育事務を国家的に統括することとなった。文部省は，教育は国家事務であるという考え方に基づいて，中央支配のもとに，国家の富国強兵のために教育の普及を図った。文部大臣には「教育学問ニ関スル事務ヲ管理」する権限が与えられるとともに，省内には「学事視察ノ事」に従事する視学制度が設けられた。また，1890（明治23）年の小学校令改正の際には，

第Ⅰ部　教育行政の理念と基本構造

教育法規はその一部を除いてすべて勅令の形式で制定されるようになったほか、同年10月には「教育に関する勅語」も渙発され、これがその後国民の教育の在り方を根本的に規定するようなった。こうして文部省は発足当初から、全国の教育を支配する集権的機能を有した中央教育行政機関として誕生した。その後いくたびかの改正が加えられながらも、教育管理の中央集権方式という基本は、戦前を通じて変わることはなかった。

（2）戦後の教育行政：1990年代の教育行政改革を中心に

戦後は、日本国憲法（1946年）や教育基本法（1947年）が制定され、教育行政の基本も旧憲法体制下と比べると大きく変化した。すなわち、文部省は従前の中央集権的、監督行政的色彩を払拭し、指導助言機関たる役割をになって戦後の民主的教育体制の確立に向けて再出発した。1948（昭和23）年に教育委員会が、公正な民意により、地方の実情に即した教育行政を行う地方教育行政機関として創設された。その後、1955年保守合同により誕生した自民党政権下では、1956（昭和31）年に「地方教育行政の組織及び運営に関する法律」（以下、地教行法）を成立させるとともに、この地教行法体制下で、学校管理規則の制定や勤務評定の実施（1956年）、学力調査の実施（1956年）、特設道徳の実施及び学習指導要領の告示（1958年）など、各種の改革が行われ、教育の管理体制は徐々に整えられていった。一方これらをめぐって文部省と日教組の対立も激化した。その後も、戦後の教育は量的・質的拡大を続ける中で、一方で画一主義の教育や管理強化という批判に晒されながらも、教育行政は、福祉国家の標榜のもと、国民の「教育を受ける権利」を保障するため、教育の諸条件の整備に積極的に取り組んでいった。

しかし、1980年代後半、とりわけ1990年代に入ると、わが国では、社会の成熟化や財政事情の悪化および経済成長の鈍化傾向を背景に、従来型の福祉国家観の見直しが求められ、いわば「小さな政府」の思想のもと、地方分権化や規制緩和や民営化を基本原理とする行政改革が提唱されるようになった。

1998（平成10）年6月の「中央省庁等改革基本法」をはじめとする一連の中央省庁再編の法律（文部科学省の設置）と、地方自治法をはじめとする関係法の一括改正を目的とした1999（平成11）年の「地方分権の推進を図るための関係法律の整備等に関する法律」（以下、地方分権一括法という）の制定により、国の行政組織・運営の簡素化、効率化と地方に対する国の関与の縮減、地方の自主性の拡大

という方向で行政改革が進められた（河野，2008，205頁）。この地方分権一括法により，地教行法の一部が改正され，①教育長の任命承認制度の廃止，②文部大臣の措置要求等の廃止，③都道府県（教委）の基準設定の廃止等が行われた。

　また，2004（平成16）〜2006（平成18）年にかけて，小泉内閣において，国庫補助負担金の廃止・縮減，税財源の移譲，地方交付税の縮減によって地方財政の自立と健全化をはかるという「三位一体」の税財政改革が論議される中で，義務教育費国庫負担金制度は，その存廃・削減をめぐる激論の末，都道府県が支給した教職員給与費の実支出額の3分の1を国が負担し，負担金総額の範囲内で，都道府県が自ら教職員の給与額や教職員の配置数を決めることで決着が図られた。これによって地方の自由度を大幅に拡大するとともに，国庫負担制度の根幹は維持されることになった。

　さらに，県費負担教職員制度については，2005（平成17）年10月の中央教育審議会答申「新しい時代の義務教育を創造する」において，教職員の人事権は，「市区町村に移譲する方向で見直すことが適当である」と指摘され，「教職員人事権を市区町村に移譲する場合には，…人事権者と給与負担者はできる限り一致することが望ましく，人事権移譲に伴う給与負担のあり方も適切に見直すことを検討する必要がある」と提言された。また，2007（平成19）年3月の中央教育審議会答申「教育基本法の改正を受けて緊急に必要とされる教育制度の改正について」でも，県費負担教職員の人事権は，引き続き検討されることになった。

　また，学校レベルにおいては，1987年8月の臨時教育審議会最終答申，とりわけ1998（平成10）年9月の中央教育審議会答申「今後の地方教育行政の在り方について」以降，公立の小・中学校を複数校の中から選ぶことができる学校選択制とともに，学校の自主性・自律性の確保に向けた取り組みが強力に推進されるようになった。つまり，後者については，これまで教育委員会が有していた権限の一部を学校に移譲し，学校はその権限を活用して自らの責任のもとに経営を行うという自律的学校経営の構築へ向けた改革が始まった。2000（平成12）年1月の学校教育法施行規則一部改正等により，学校の自主性・自律性の確立に向けた職員会議の見直しや学校評議員制度の導入などの法整備が行われるとともに，2002（平成14）年3月の小・中学校の設置基準の制定により，学校の自己点検・自己評価とその公開および情報提供の努力義務が明示され，アカウンタビリティ（説明責任）の履行が強く求められるようになった。また，2004年3月の中央教育審議

会答申「今後の学校の管理運営の在り方について」により，学校運営協議会の設置の提言およびこれに伴う地教行法の一部改正（同年6月）が行われるともに，2005（平成17）年1月には，中央教育審議会教育制度分科会（地方教育行政部会）が，「地方分権時代における教育委員会の在り方」を答申し，地方教育行政システムの改革の方向性や学校の裁量権限の更なる拡大の必要性を示した。さらに2005年10月の中央教育審議会答申「新しい時代の義務教育を創造する」においても，人事，教育課程，学校予算にかかわる学校の裁量権限の拡大や管理職の補佐機能の充実や自己評価の実施とその公表の義務化並びに学校関係者評価の努力義務が提言され，これらの提言の一部は，2006年12月の教育基本法改正を機に，2007（平成19）年の学校教育法（以下，学校法）および同法施行規則（以下，学校法施規）の改正により法制化された。文部省は，これを受けて，2008年1月に「義務教育諸学校における学校評価ガイドライン」（2006年3月刊）を改訂するとともに，「幼稚園における学校評価ガイドライン」を策定し，公表した。

　これら一連の答申や改革は，教育現場（学校）に権限を付与し，学校自らが責任をもって経営にあたるとともに，その活動結果の評価に基づいて，保護者には学校選択を可能にし，教育行政機関には結果の評価に基づく資源配分や支援を行わせるという仕組み（競争的環境）を整えようとしたものといえる。

2　教育行政の概念

　教育行政とは何かその概念を明らかにするために，まずは教育行政を構成する諸要素から検討し，次いで教育行政の定義について触れよう。

（1）教育行政の諸要素

　教育行政とは何かを，その主体，客体，対象，目的，そして作用の五つの観点（要素）から考察を加えることにする（堀内・小松，1989，13-15頁）。まず，教育行政の主体は，国または地方公共団体であるが，より具体的には，国の場合は，国民主権に基づき権力を行使する内閣総理大臣および内閣，そして教育行政をもっぱらつかさどる文部科学大臣および文部科学省であり，地方の場合は，教育委員会および地方公共団体の長である。したがって，教育行政の客体は，国が主体である場合には国民あるいは教育委員会であり，地方公共団体が主体である場合に

は当該地域の住民である。

　次に，教育行政が対象とするのは教育であるが，私的でインフォーマルな教育は，原則としてその対象に含まれない。今日，教育行政の主な対象となるのは，最も組織的・計画的な教育活動を行う学校教育のほか，社会教育や生涯学習である。また，学術，科学技術，文化，スポーツの振興や宗教にかかわる行政事務も教育行政の対象とされる。

　教育行政の目的に関していえば，新教育基本法第16条第2項は，「国は，全国的な教育の機会均等と教育水準の維持向上を図るため，教育に関する施策を総合的に策定し，実施しなければならない」と規定し，教育行政の目的は，教育政策の策定と実施を通して，国民の教育の機会均等の保障と教育水準の維持向上を図ることであることを示している。なお，新教育基本法第16条第1項で，「教育は不当な支配に服することなく，この法律及びその他の法律に定めるところにより行われるべきものであり」と定められており，旧教育基本法に存在した「国民全体に対し直接に責任を負って」という文言が削除されたことから，教育行政機関による教育内容への権力的介入を阻む歯止めがなくなったという批判もあるが，本条は教育行政の法律主義の原則を踏まえた規定となっている。新法においても，教育行政の政治的中立性の確保は求められる。

　教育行政は，その作用の性質に着目するとき，①規制作用，②助成作用，そして③実施作用の三つの類型が認められる。規制作用は，教育行政の主体である国や地方公共団体がその客体である地方公共団体もしくは私人（国民や住民）に対して，就学義務の賦課または猶予・免除（学校法第16条，18条），市町村立学校の設置・廃止の認可（学校法第4条），大学や高等専門学校の設置・廃止にかかわる認可（学校法第4条）などの，一定の義務を課し，あるいは解除する等の行政行為をさす。規制作用を行う場合には，法律上の根拠が必要とされる。

　助成作用は，教育行政の主体が教育行政の客体に対して，精神的，財政的に奨励，振興，鼓舞するために行う作用である。具体的には，専門的・技術的な指導助言や財政的援助がこれに当たる。助成作用は規制作用と異なり，強制力の行使ではないこと，また行政客体の自主性を前提としていることなどから，非権力的作用であるといわれる。それゆえ，助成作用は，法に禁止の規定がない限り，特別の法的根拠がなくてもこれを行うことができるとされるが，実際には法律上の根拠を設けている場合が少なくない。

実施作用は，国や地方公共団体が教育事業を直接に行う行為をいう。具体的には，国や地方公共団体が自ら学校を設置し，維持，運営したり，講演会を開いたり，出版物の作成，配布を行うことをさす。教育行政は，一般には他の行政領域と比較すると，実施作用や助成作用が多く，規制作用が少ないとされる。

（2）教育行政の諸定義

次に，教育行政とは何かを，これまで多くの研究者によって提案された教育行政の諸定義から考察することにしよう。

■公法学的教育行政

この見解では，伝統的な三権分立論を前提に，行政は立法や司法とともに国家作用の一つであり，教育行政は内務，外務，軍務，財務，法務などとともに，行政の一部門を構成すると考えられる。たとえば，「教育行政は行政の一部門であり，教育について行われる行政である」（相良，1970，3頁）とか「教育行政とは，教育政策として定立された法の下に，その法の定めに従って，具体的に教育政策を実現する公権力的作用を意味する」（木田，1976，18頁）とか「教育行政とは，教育政策として基本的に定められた教育目的を具体的に実現する国家作用である」（天城，1970，2頁）といった定義がその代表的なものである。これらの定義は，教育行政が公権力作用の一つであることを強調し，教育行政の一般行政における位置を明らかにするのには有益である。しかし反面，現代国家下における教育行政が，単なる法の執行行為にとどまるものではなく，行政における立法（政令，省令）や行政処分の実施等によって，準立法機能や準司法機能などの，より積極的な国家活動を遂行している点を見逃す恐れがあると指摘される。

■機能主義的教育行政論

戦後，教育行政は，戦前の国家主義的・官僚主義的教育行政学から，アメリカ的自由主義的・民主主義的教育行政へと大きく転換する中で，アメリカの教育行政学者メールマン（Moehlman, A. B.）らに代表される機能主義的見方に立つ教育行政の影響を受けるようになった。たとえば安藤堯雄は「教育行政とは，社会的，公共的活動としての教育活動に目標を指示し，その目標達成のために必要な条件を整備確立し，その達成を助長することである」（安藤，1950，282頁）と，また伊

藤和衞(かずえ)は「教育行政は統治組織における教育の経営である」と定義した(伊藤,1966, 50頁)。またわが国旧教育基本法第10条も同じように機能主義的立場から,教育行政を定義していることは周知の通りである。教育行政を教育「目的」を達成するための「手段」ないしサービス活動として捉える,このような機能主義的教育行政観は,権力的な発想を避け,教育行政を自律的,専門的に行われる教育を円滑に展開するための条件整備活動であると捉えるために,教育の立場から教育行政の在り方を検討する余地を残しているといわれる。またこの種の見解は教育行政を非権力的な教育事業の経営として捉え,教育行政の経営(管理)的側面を重視するために,教育行政の技術的・中立的性格を強調することになる。このため教育行政は管理科学の一分野として,すなわち行政の能率の向上を目指す理論と技術を提供する学問として位置づけられ,教育行政の公的性格の部分が捨象され,その結果,私的管理と公的管理とを分かつ理由を見失うことになると指摘される(河野,1995, 34頁)。

■統治学的教育行政論

この見解は,教育行政の本質をその政治との密接な関連性の中に求め,政治と行政を連続的,整合的,循環的に把握しようとするもので,いわば統治学的教育行政論ともいうべきものである。宗像誠也(せいや)は,教育行政を次のように捉えている。

> 私は,教育行政とは権力の機関が教育政策を現実化することだ,と考えている。そして,教育政策とは権力に支持された教育理念だ,と考えている。ここに教育理念というのは,教育の目的と,内容と方法との総体を意味し,そこには当然なんらかのイデオロギーが貫いているわけである。　　　　　　　　　　　　　(宗像,1969, 1頁)

宗像は,このように定義し,教育行政の権力的性格やイデオロギー的性格を強調する。教育行政は,不当な支配に服することなく,教育の中立性を確保することが求められるが,それでもなお,教育行政のイデオロギー的性格を抜きにしては考えることはできないという。さらに宗像は「私は,教育政策に対していうときは,教育立法をも含めて,広義における教育行政という言葉を使用する」(宗像,1969, 3-4頁)と述べ,教育行政を教育政治(=教育政策の形成過程ないし政治過程)との密接な関係において捉えようとする。これは,教育行政を教育政治

(政治過程) から峻別することの困難さばかりでなく，むしろ峻別することによって教育行政の本質を見失うことの危険性を指摘したものといえる。

以上のように見てくると，教育行政の捉え方には，大きくは2通りあるように思われる。第一と第二の定義は，公法学的教育行政論に立つか，機能主義的教育行政論に立つかによって，教育行政を権力的に捉えるか，非権力的に捉えるかの違いはあるものの，いずれも，基本的には三権分立論を前提に，政治-行政二分論の立場をとっている。そこでは，教育行政は，所与の教育政策（法）の執行過程ないし管理過程として限定的に捉えられ，教育行政学は法解釈学か管理技術学の学問として位置づけられる。一方，第三の定義は，どちらかというと，教育行政を広く社会的政治的文脈の中で捉え，政治と行政は連続的，整合的，循環的であると説く政治-行政融合論の立場に近いものといえよう（二宮・岡東・河野，1995，35頁）。

3 教育行政の基本構造と一般原則

(1) 教育行政と教育政策

本来，教育行政は，三権分立論の立場からは，国または地方公共団体の政府を通じて，法律等の法形式で作られた教育政策を効果的に実現していく過程であると捉えることができる。このように，教育行政を教育政策の側面から見るとき，教育行政は多元的に対立する教育上の社会的利益（価値）を公益にまで調整統合し，それを教育政策として形成する過程（＝政治過程）とその政策の目的や内容を人的・物的・財政的条件を整備しながら，効果的に実現する過程（＝管理過程）の両側面より捉える必要があろう。すなわち，現代教育行政は，絶えず教育上の「公益」とは何かを問い続ける中で，教育政策が公益にまでどのように調整統合され，その調整統合された教育政策がどのように効果的に実施され，そしてそれがわれわれ国民ないし住民の生活にどのような影響（効果）をもたらすのか（＝政策評価の過程），この一連の過程を総合的に考察していかなければならない。

一般に，この教育政策の過程（＝政策循環）は，図3-1に示されるように課題設定（agenda setting）→政策立案（Policy making）→政策決定（policy decision）→政策執行（policy Implementation）→政策評価（Policy evaluation）の五つに分けて捉えることができる（佐々木，2000，76-80頁）。

第一の「課題設定」は，行政府として教育政策の課題は何かを認知する過程で

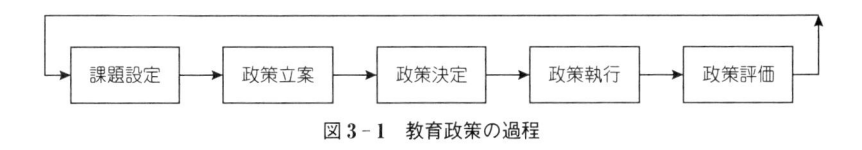

```
┌─────────────────────────────────────────────────────────────┐
↓                                                             │
課題設定 → 政策立案 → 政策決定 → 政策執行 → 政策評価 ──────┘
```
図3-1 教育政策の過程

ある。この課題の認知は、選挙や陳情、利益団体の活動などを通じての争点提起、住民、マスコミ、議会、政党などからの問題提起、あるいは世論調査や行政職員による調査等によって行われ、政策課題（目標）が設定される。第二の「政策立案」は、行政府が課題解決のために必要な手段、方法が検討され、より合理的で、より効果的な解決案の作成を目指して、複数の政策代替案の作成、最適案の選択、政府原案の確定の作業が行われる。第三の「政策決定」は、行政府として政策が正式にオーソライズされる過程であり、国会や地方議会（教育委員会）での審議・議決を経て、政策案（議案）から政策（法律、条例）に変換される。この過程では、政党間や各種教育団体等の外部（利益）団体との調整も行われる。第四の「政策実施」は、オーソライズされた政策が、行政府の長（首長）や官僚機構（職員機構）によって執行されていく過程である。この政策が法律で示される場合、その具体的な実施に向けて政令や規則、あるいは内部の実施要項などが作成される。第五の「政策評価」は、実施された政策が、当初の意図や目的どおり実現できたか、その成果は政策課題の解決にどの程度寄与したかなど、その効果性などが評価される。この評価結果は、新たに第一の段階に組み込まれ、次年度の政策の課題設定や立案へとフィードバックされることになる。この一連の過程は、政策のPDCA（評価―実施―点検・評価―改善）サイクルと呼ばれる。

このように教育行政は、一定の諸手続を経て法形式で定められた、教育政策の実現を通して、社会における教育問題の解決を図ろうとするものである。教育政策は、いわば行政府の活動方針といわれるべきもので、それは、一般に抽象の程度に応じて、通常、政策（policy）→施策（program）→事業（project）と三つの階層で捉えられる。この場合、政策は国や地方自治体の教育のあるべき姿を示す理念（例えば「高齢者福祉の充実」）、施策はその政策理念を達成するための具体的な方策（例えば「高齢者の社会参加支援」）、そして事業は施策目的を達成するための個別手段（例えば「シルバー人材センターの拡充」）を表す。政策は、このように「政策―施策―事業」といった一種の目的と手段の因果関係に基づく体系（層）、すなわち政策体系をなす。教育行政の活動は、政策の執行活動ないし政策

の実現過程であるということができよう。新教育基本法第17条で教育振興基本計画（平成25年度より第2期基本計画が開始）の策定が，また地教行法第27条で教育委員会の教育事務の管理および執行状況の点検・評価が強く求められているのはPDCAサイクルに基づく政策の効果的実現を通して，教育行政活動の改善を図るとともに，国民や住民への説明責任を果たすことを要請されているからにほかならない。

（2）教育行政の一般原則

ところで，教育行政を展開するに当たっては，戦前の教育行政の反省と教育そのもののもつ特性とから，これまで伝統的に，次のようないくつかの原則が導き出されている。

■教育行政の法律主義

これは，教育行政が法律に基づいて行われることをさし，教育行政の民主的運営を求めたものである。戦前は，教育財政などにかかわる一部の法規を除いて教育法規のほとんどが勅令の形式で制定されていた。これは，教育を政党勢力の争いから守ることにあったとされるが，実質的には教育政策が文部官僚や枢密院官僚の手に握られ，皇道思想に基づく教育に道をひらくとともに，教育政策の決定に国民が参加する機会を奪うことになったとされる。

■教育行政の中立性

人格の完成を目標とする教育は，本来価値観の多様性を前提として自主的な価値（観）形成を目指しているので，特定の価値観やイデオロギーの押しつけがあってはならない。ここに教育の中立性が要請される一つの理由がある。また，公教育が国民の教育権を保障するために，国民の全体意思として行われる以上，教育行政は，教育の公益を実現するために，一党一派に偏することがないよう教育の中立性の確保が求められる。この教育や教育行政の中立性を確保するために，政治的中立性（新教基法第8条），宗教的中立性（第9条），教育行政の中立性（第16条）のほか，教育委員会における教育委員の定数の2分の1以上の同一政党所属禁止（地教行法第4条）の規定が設けられている。

第3章 教育行政の概念と基本理念

■教育行政の地方分権

　憲法第92条が保障する地方自治の原則は教育行政における基本的原理の一つである。この原理は，地方公共団体が国から一定程度独立して地方の教育事務を処理すること（団体自治）とその教育事務の処理に住民の意思を反映させること（住民自治）の二つの側面を有し，教育行政の地方分権化と民主的運営を目指したものといえる（清水，1990，219頁）。戦前は，教育は国の事務とされ，官僚統制による中央集権的な教育行政が行われたが，戦後は，地方自治の本旨に従って，国民の教育は地方公共団体の固有事務とされ（地方自治法第2条第3項5号），具体的には教育委員会が地方公共団体の教育にかかわる権限を引き継いだ。近年では，1999年の地方分権一括法の制定により，地方分権改革を進めるため，機関委任事務が廃止され，地方事務は自治事務と法定受託事務に分けられた。さらに，2009（平成21）年9月に誕生した民主党政権では，地域主権改革の実現のため，「ひもつき補助金の一括交付金化」などが検討されたことがある。

■教育行政の自主性・専門性

　戦前は，教育は国の事務とされていたので，地方教育行政は内務大臣によって任命された府県知事の下に統括され，また，教育事務を直接執行する学務部・課長も内務大臣によって任命されていた。このように教育行政は一般行政官によって一般行政の一部として行われていた。また，府県の学務部に置かれた視学は，唯一教育専門職として教職者より選任されたものの，その役割は国の教育政策（教育課程）の実施状況を監視することにあり，実際には国の行政機関が権力的な監督行政を行うのを補ったとされる（堀内・小松，1989，5-6頁）。

　しかし，戦後は，教育行政を一般行政から独立させて，教育の自主性や専門性を確保することが教育行政の改革理念の一つとなり，教育委員会は，この改革理念の実現のために，地方公共団体の長から独立した合議制の執行機関（行政委員会）として創設された。教育委員会には，指導主事などの教育専門職が配置され，指導行政を展開している。

■教育行政の能率性

　能率性（化）とは，適切に定められた産出に要する費用を最小化することであって，単に供給費用が安価であればよいという，絶対的意味での費用極小化を

意味しない。そこには，望ましい産出（政策目的）が何であるかが先ず問われなければならないし，最も効率的な目的達成の手段が選択される必要がある（市川，1975，111頁）。限られた資源の効率的活用や浪費の節減を行うことは，企業と同様，教育事業を展開する教育行政部門においても必要とされる。

■教育行政の説明責任

　教育行政は，国または地方公共団体の行政府（教育委員会）を通じて，公益にまで調整統合された教育政策を効果的に実現していくことになる。この場合，教育政策は，公共の目的のために公共の負担において遂行されるべき教育事務（＝公共事務）と考えられるため，教育政策の遂行にあたっては，教育費ないし投入された税金に見合うだけの効果や結果を生み出しているかが常に問われることになる。したがって，教育行政は，この問に答えるため，教育政策の達成状況を適正に評価し，国民や住民に対して，教育政策や行政活動の正当性や合理性や成果をわかりやすく説明していく責任，すなわち説明責任（アカウンタビリティ）の履行が強く求められる。

4　今後の課題

　最後に，近年の教育行財政改革の動向と今後の課題について簡単に触れ，「むすび」としたい。

　第一に，1980年代後半以降，とりわけ1990年代に入って地方分権化と規制緩和・民営化を基本原理とする教育行財政改革が展開されてきたが，これらの改革によって教育の活性化や，地域の実態に即した，多様で，個性的な教育サービスの提供が期待される一方で，教育格差や競争激化や公共性の喪失の問題も懸念される。一連の教育行財政改革が教育現場にどのような影響を与えたのか十分な検証が待たれる。

　第二に，近年一連の教育改革で，学校評価，第三者評価，教員人事評価，全国学力・学習状況調査など，各種の評価制度が導入されつつあることからも推察されるように，教育行政の事後規制を重視し，教育活動の結果・説明責任を問う動き（＝アカウンタビリティ・システムの構築）があることは注目される。2005（平成17）年10月の中央教育審議会答申「新しい時代の義務教育を創造する」では，

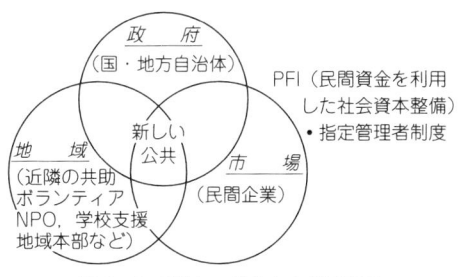

第 3 章　教育行政の概念と基本理念

図 3-2　「新しい公共」と教育行政

「国の責任によるインプット（目標設定とその実現のための基盤整備）を土台にして，プロセス（実施過程）は市区町村や学校が担い，アウトカム（教育の結果）を国の責任で検証し，質を保証する教育システムへの転換」が説かれており，国は，目標や基準の設定と教育の成果の検証による品質保証にその大きな役割と責任を担い，いわゆる「評価国家」の構築に向けた教育の構造改革が進められている。しかし，評価国家といわれるだけの実質を備えるためには，相当程度の人的・財的資源の投入が必要であり，その実現にはなおも大きな困難を伴う。また，教育のプロセス（実施過程）を市区町村や学校が担う一方，国が目標・基準の設定や教育の成果の検証に責任を負う場合，その運用次第では，国の統制がより強まることも予想される（河野，2008，214頁）。

　第三に，近年，PFI（民間資金を利用した社会資本整備）や指定管理者制度や構造改革特区制度の設置などに見られるように，教育などの公共サービスが公民連携（パブリック・プライベート・パートナーシップ）によって提供される動きが随所に現れてきていることを指摘したい。これまで公共＝官（行政）の意識が強く，官が公共サービスの担い手とする見方が支配的であった。しかし国家財政の悪化と公共空間を社会全体で支えることの重要性が再認識されるに伴って，公共サービスは，官（行政）のみだけでなく，市場（企業）や地域住民（市民），NPO，ボランティア，そして企業などによっても提供されるべきとする「新しい公共」論が登場しつつある。公共サービスの提供主体は，図 3-2 に示されるように政府（国，地方自治体）や市場（企業）や地域（家庭内の自助，近隣の共助，ボランティアなど）が想定される。新教育基本法第13条の「学校，家庭及び地域住民等の相互の連携協力」の定めや，最近の学校運営協議会（コミュニティ・スクール）・学校支援地域本部の設置や ICT 活用教育推進の動きは，こ

のような文脈において理解されなければならない。このことは，総合行政の一環として教育行政を進める近年の動きとも絡んで，教育行政の在り方に再考を促すものといえる。

参考文献

天城勲『教育行政』第一法規出版，1970年。
安藤堯雄『教育行政学』光文社，1950年。
市川昭午『教育行政の理論と構造』教育開発研究所，1975年。
伊藤和衛『教育行政学』国土社，1966年。
木田宏『教育行政法（全訂版）』良書普及会，1976年。
黒崎勲『教育行政学』岩波出版，1999年。
河野和清『現代アメリカ教育行政学の研究』多賀出版，1995年。
河野和清編著『現代教育の制度と行政』福村出版，2008年。
河野和清編著『地方分権下における自律的学校経営の構築に関する総合的研究』多賀出版，2004年。
相良惟一『教育行政学』誠文堂新光社，1970年。
佐々木信夫『自治体の公共政策入門』ぎょうせい，2000年。
清水俊彦「教育行政」細谷俊夫ほか編『新教育学大事典』第2巻，第一法規出版，1990年。
田原迫龍磨・仙波克也『教育法規要説』コレール社，1998年。
二宮皓・岡東壽隆・河野和清『教育の制度と経営』福村出版，1995年。
堀内孜・小松郁夫『現代教育行政の構造と課題』第一法規出版，1989年。
宗像誠也『教育行政学序説（増補版）』有斐閣，1969年。

（河野和清）

第4章

教育行政の構造と機能

1 文部科学省

　中央レベルの教育行政組織としては，広義には内閣および内閣総理大臣を含むが，狭義には文部科学省および文部科学大臣をさす。

(1) 文部科学大臣
　文部科学大臣は，文部科学省の長であり（文部科学省設置法第2条），教育に関する主任の大臣として国の教育行政事務を分担管理する。同時に，文部科学大臣は，閣僚として内閣の職権に関与し，内閣の所管事項に属する教育関係事務の処理にあたる。

　文部科学大臣の権限には，①所掌事務を統括し，職員の服務を統督すること，②法律・政令の制定・改廃について閣議を求めること，③法律・政令の施行のため，もしくはその特別の委任によって文部科学省令を発すること，④公示の必要な場合に告示を発すること，⑤所掌事務について，命令または示達のため，訓令・通達を発すること，⑥行政機関相互の調整を図る必要がある場合，関係機関の長に対し必要な資料の提出・説明を求め関係行政機関の政策に関して意見を述べること，などがある（国家行政組織法第10～第15条）。

(2) 文部科学省の任務
　文部科学省は，2001（平成13）年1月6日の中央省庁の再編により，当時の文部省と科学技術庁が統合して誕生した。それまでの文部省（1871年設置）が担ってきた，教育，学術，スポーツ，文化の振興と科学技術庁（1956年設置）が担ってきた科学技術の推進という役割を合わせて，スタートした。

　文部科学省の任務は「教育の振興及び生涯学習の推進を中核とした豊かな人間性を備えた創造的な人材の育成，学術，スポーツ及び文化の振興並びに科学技術

の総合的な振興を図るとともに，宗教に関する行政事務を適切に行うこと」(文部科学省設置法第3条)である。この任務の遂行にあたっては，「教育行政は，国と地方公共団体との適切な役割分担及び相互の協力の下，公正かつ適正に行」(教育基本法第16条)うことになっている。

> ＊従前の文部省設置法と比べてみると，「豊かな人間性を備えた創造的な人材の育成」という新しい言葉が挿入されたことが注目される。また，「社会教育」という用語が消えて，「生涯学習の推進」という表現が新たに登場し，わが国の教育行政における「生涯学習」重視の方向性が明確化されている。

文部科学省の所掌事務の具体的な内容については，文部科学省設置法第4条に97項目にわたってあげられているが，それらは，①教育，学術，文化，宗教に関する事項，②学校教育，社会教育に関する事項，③地方教育行政に関する事項，④科学技術に関すること，その他に分類することができる。

(3) 文部科学省の組織

文部科学省の組織は，本省(内部部局，所属機関)と外局の文化庁(内部部局，所属機関)からなる(図4-1参照)。

本省には，大臣官房，国際統括官，生涯学習政策局，初等中等教育局，高等教育局，科学技術・学術政策局，研究振興局，研究開発局，スポーツ・青少年局の9局のほか，中央教育審議会などの各種審議会がある。

> ＊旧文部省には，生涯学習審議会，大学審議会，教育課程審議会，教科用図書検定調査審議会，教育職員養成審議会，保健体育審議会などが置かれていた。これら七つの審議会は文部科学省のスタートと同時に中央教育審議会に一本化された。審議会の内には，教育制度，生涯学習，初等中等教育，大学，スポーツ・青少年の五つの分科会が設置されている。

(4) 中央教育行政と地方教育行政とのつながり

文部科学省の事務や権限は，通常，国が国民や法人に一定の義務を課したり行為を制限・禁止したり許認可したりする規制作用，地方や学校法人の教育事業につき資料や情報の提供などによって支援・奨励する助成作用，国がみずから教育事業を遂行する事業活動などに分類される。これらの作用のなかで，全国的な教育の機会均等の保障，教育水準の維持・向上を図るために，地方に対して行う規

第4章 教育行政の構造と機能

```
┌─────────────────────┐
│ 文部科学大臣          │
│  副大臣（2名）        │
│  大臣政務官（2名）     │
│ 事務次官             │
└─────────────────────┘
```

大臣官房 — 人事課／総務課／会計課／政策課／国際課

文教施設企画部 — 施設企画課／施設助成課／計画課／参事官

生涯学習政策局 — 政策課／生涯学習推進課／情報教育課／社会教育課／男女共同参画学習課／参事官

初等中等教育局 — 初等中等教育企画課／財務課／教育課程課／児童生徒課／幼児教育課／特別支援教育課／国際教育課／教科書課／教職員課／参事官

高等教育局 — 高等教育企画課／大学振興課／専門教育課／医学教育課／学生・留学生課／国立大学法人支援課

私学部 — 私学行政課／私学助成課／参事官

科学技術・学術政策局 — 政策課／企画評価課／人材政策課／研究開発基盤課／産業連携・地域支援課

研究振興局 — 振興企画課／基礎研究振興課／学術機関課／学術研究助成課／ライフサイエンス課／参事官（2名）

研究開発局 — 開発企画課／地震・防災研究課／海洋地球課／環境エネルギー課／宇宙開発利用課／原子力課／参事官

スポーツ・青少年局 — スポーツ・青少年企画課／スポーツ振興課／競技スポーツ課／学校健康教育課／青少年課／参事官（2名）

国際統括官

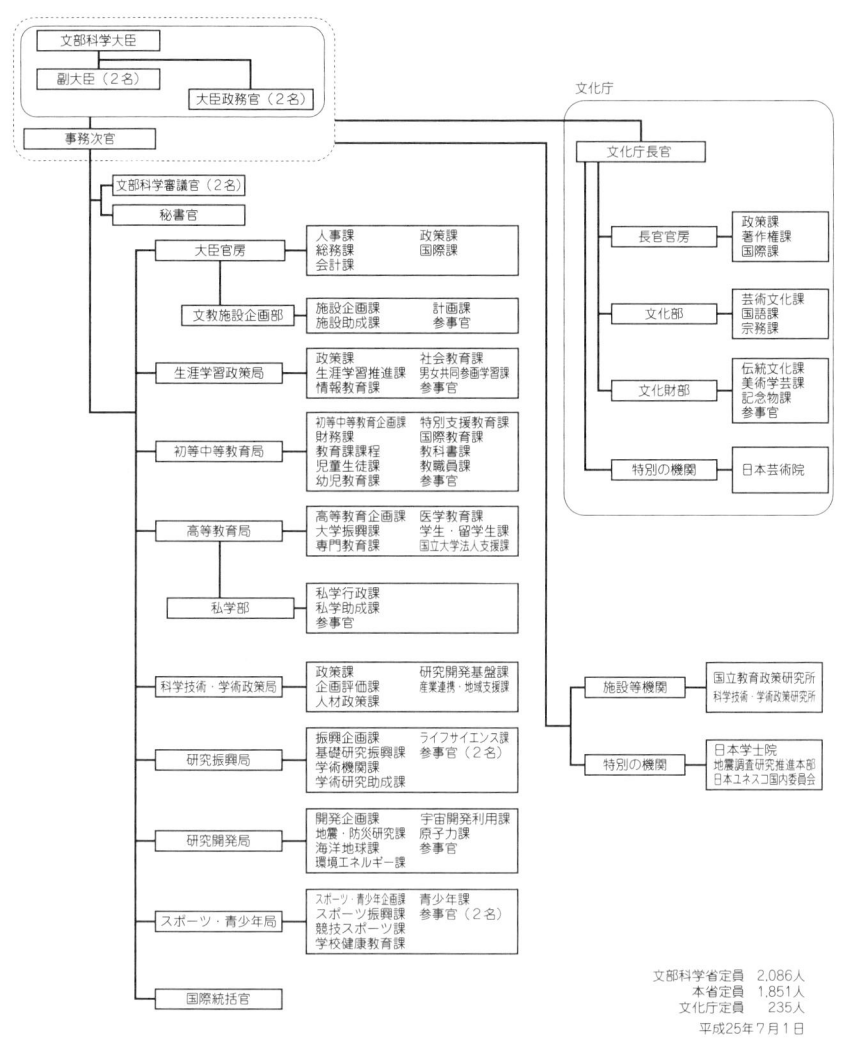

文化庁
- 文化庁長官
- 長官官房 — 政策課／著作権課／国際課
- 文化部 — 芸術文化課／国語課／宗務課
- 文化財部 — 伝統文化課／美術学芸課／記念物課／参事官
- 特別の機関 — 日本芸術院

施設等機関 — 国立教育政策研究所／科学技術・学術政策研究所

特別の機関 — 日本学士院／地震調査研究推進本部／日本ユネスコ国内委員会

文部科学省定員　2,086人
本省定員　1,851人
文化庁定員　235人
平成25年7月1日

図 4-1　文部科学省の組織

出典：文部科学省 HP。

制作用の実態については，これまで度々議論の対象となってきた。

中央教育行政機関はこれらの権限を行使するにあたって「法律に別段の定めがある場合を除いては，行政上及び運営上の監督を行わないものとする」とされて

きた。このことは一般に「指導行政」といわれているものであり、教育行政の基本的な特徴である。

　法律上では文部科学省と地方教育委員会との間は「指揮監督」の関係ではなく上下関係を認められていない。いわばパートナーシップ（協調関係）で展開されているものとみるべきであろう。

　文部科学省の権限にかかわる改革は中央省庁再編の目的であった行政の減量化、効率化だけではなく、教育行政の地方分権化と対になっている。文部科学省の権限をどうするかについては国と地方教育行政機関の〈これからの関係づくり〉と深くかかわっているといえよう。

参考文献
上原貞雄 1994年『教育行政学』福村出版。
河村正彦 2003年『新しい教育の探求——ひろい視座からこれからの教育を考える』川島書店。
教育法令研究会 2006年『図表でわかる教育法令』学陽書房。
小松茂久 2005年『学校改革のゆくえ——教育行政と学校経営の現状・改革・課題（改訂版）』昭和堂。
下村哲夫・窪田眞二・小川友次 2005年『教育法規便覧（平成18年版）』学陽書房。
高橋靖直 2004年『教育行政と学校・教師』玉川大学出版部。　　　　（岡崎公典）

2　教育委員会制度

（1）教育委員会の設置と職務

　教育委員会制度は、戦後、教育の民主化を目指して導入された地方教育行政制度であり、1948（昭和23）年の教育委員会法の制定によってスタートした。現在、教育委員会制度は、教育委員会法に代わって1956（昭和31）年に成立した、地方教育行政の組織及び運営に関する法律（以下、地教行法）に基づいて運用されている。地教行法は、制定以後何度か大がかりな改正が行われており、直近では2014（平成26）年6月に改正され、これにより新しい教育委員会制度が発足した。新制度の詳細についてはここで触れることができないが、旧法から引き継がれた規定の条番号については、改正法に準じて記述する。

教育委員会は合議制の執行機関であり，行政委員会の一つである。行政委員会は，政治的中立性や多元的な利害の調整が要求される分野の行政事務を処理するために置かれる行政機関である。教育委員会の設置単位は，おおむね都道府県・指定都市そして市町村という一般行政の単位と一致しているが，なかには若干の例外があり，一部教育事務組合，全部教育事務組合等の教育事務組合がそれに該当する（地教行法第2条）。教育事務組合とは，さまざまな事情から複数の地方公共団体が事務の一部を共同処理するために設置される一部事務組合のうち，教育事務の一部または全部を共同処理するものである。また，東京都23区の教育委員会は，特別区として市の教育委員会とほぼ同様に取り扱われている。

　教育委員会の職務は，地教行法第21条に規定されているが，内容を次のように整理・分類することができる。

① 学校教育に関すること：学校の設置管理，教職員人事及び研修，児童・生徒の就学，学校の組織編制，教育課程，教科書その他の教材の取扱い，教職員や幼児・児童・生徒の保健・安全，学校給食に関する事務の処理等
② 生涯学習・社会教育に関すること：青少年教育，女性教育，公民館事業等
③ 文化財保護・芸術文化の振興に関すること：文化財の保存・活用，文化施設の設置運営，文化事業の実施等
④ スポーツの振興に関すること：スポーツ施設の設置・運営やスポーツ事業の実施，指導者の育成等
⑤ 国際交流に関すること：ユネスコ活動等
⑥ 所掌事務に関すること：教育調査・指定統計の実施，広報・相談など

　教育委員会は，上記の教育事務を処理するための「教育委員会規則」を，教育委員会議で定めることができる（地教行法第15条）。

　なお，公立大学に関すること，私立学校に関すること，教育財産の取得・処分，教育委員会の所掌に係る事項に関する契約の締結，教育委員会の所掌に係る予算の執行については，地方公共団体の長の権限に属する事務とされている（地教行法第22条）。また，都道府県知事は，私立学校に関する事務の管理・執行に際し，必要と認められる場合，都道府県教育委員会に対し，学校教育に関する専門的事項について助言・援助を求めることができる（地教行法第27条）。

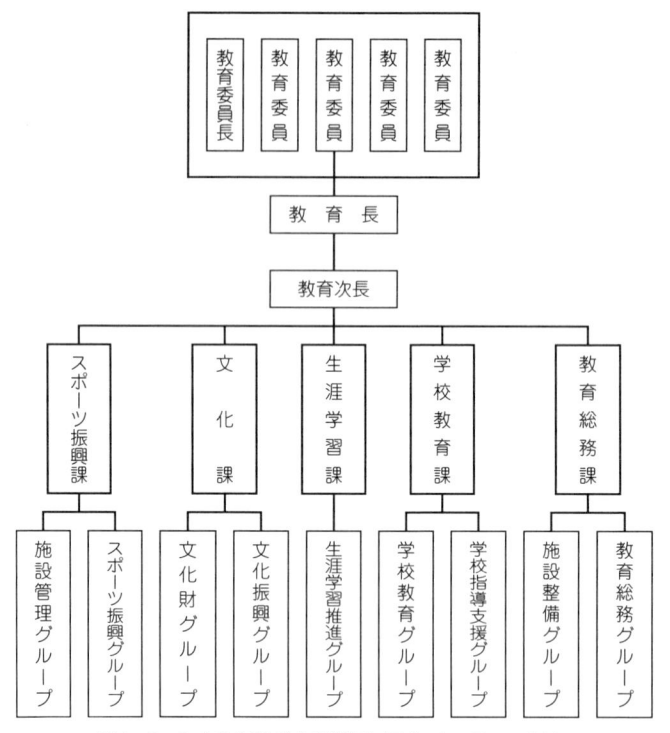

第Ⅰ部　教育行政の理念と基本構造

図4-2　S市教育委員会組織図（平成21年4月1日時点）
（人口：約60,000人）
出典：S市教育委員会ホームページより作成。

（2）教育委員会の組織と運営

　教育委員会の組織については，地教行法第3条～22条に規定されている。次の図は，地教行法の規定に基づく教育委員会の組織の例である。以下，この図に従って，各々の役割について述べる。
① 教育委員

　教育委員は，当該地方公共団体の長の被選挙権を有し（都道府県知事は満30歳以上，市町村長は満25歳以上の日本国民），人格が高潔で教育，学術および文化に関し識見を有する者で，かつ欠格条項（①破産者で復権を得ない者，②禁錮以上の刑に処せられた者）に該当しない者のうちから，地方公共団体の長が議会の同意を得て任命する。教育委員は非常勤職員であり，任期は4年，再任も可能で

ある。しかし，地方公共団体の議会議員もしくは長，他の行政委員会の委員，地方公共団体の常勤の職員との兼職が禁止されており，守秘義務，政治活動の制限等の，服務についての規定もある。

　教育委員の定数は原則として5人だが，条例の定めるところにより，都道府県，指定都市，都道府県や指定都市が加入する教育事務組合の場合は6人以上に，町村の場合は3人以上で構成される場合もある。教育委員の任命にあたっては，3人以上（教育委員定数が3人の町村については2人以上）が同一の政党に所属することがあってはならず，年齢，性別，職業等においても著しい偏りがないよう配慮される。また，教育委員のうち，保護者（親権を行う者及び未成年後見人）が含まれていなければならない。

　教育委員のうちから，教育委員会の代表者たる教育委員長が選挙されるが，その任期は1年，再任も可能である。教育委員長の役割は，教育委員会議を主宰し，会議開催に際して教育委員を招集する。事故等により教育委員長が欠けたときは，あらかじめ教育委員会の指定する教育委員がその職務を行う。原則として，教育委員長および在任教育委員の半数以上の出席がなければ，会議を開催し議決をすることができず，議事は出席者の過半数で決し，可否同数のときは教育委員長が決する。そして教育委員会議は，公開が原則とされ，地域住民の傍聴を容易にするための広報上の工夫等がなされなければならない。

　いわゆる教育委員会とは，狭義にはここに述べた3～6名で構成される執行機関をさす。

② 教 育 長

　教育長は，教育委員会事務局職員の指揮監督をし，教育委員会の権限に属するすべての事務を処理する。その一方で，教育長はすべての教育委員会議に出席する教育委員でもあり，専門的観点から議事についての助言をする。そのため，教育長の身分は他の教育委員と異なり，常勤の地方公務員である。

　かつて，都道府県・指定都市の教育長は文部大臣（当時）の承認を得て，市町村の教育長は都道府県教育委員会の承認を得て，当該教育委員会が任命するという任命承認制をとっていた。しかし，1999（平成11）年の地教行法改正以降，教育委員長を除く教育委員のうちから当該教育委員会が任命するという，兼任制を採っている。

第Ⅰ部　教育行政の理念と基本構造

③ 教育委員会事務局

　教育委員会には，教育委員会の権限に属する事務を処理させるために教育委員会事務局が置かれる。一般的に，教育長の下に教育次長などの役職が置かれ，その下に各課・係が置かることが多いが，これらの組織編制については地教行法ではなく，教育委員会規則により定められることになる。それぞれの課や係には，指導主事，社会教育主事，事務職員，技術職員等がそれぞれ配置されるが，指導主事も社会教育主事も「専門的教育職員」であるため，教育長の選考により採用される。一方，事務職員や技術職員は，教育行政に関する専門性は制度上問われないため，首長部局で採用された後，教育委員会事務局に配置されることが多い。

（3）教育委員会制度の原理

① レイマン・コントロール

　意思決定機関たる教育委員会の委員は，教育行政の専門家ではなく，地域社会の良識ある一般人の中から選出される。その一方で，教育委員会事務局を指揮監督する教育長は，専門的観点から助言を行うと共に，教育委員会議における決定事項を技術的，合理的に実施する。この両者の関係は，素人統制（layman control）と専門的指導性（professional leadership）の調和と説明されてきた。また，地方議会の承認を得て選ばれる教育委員が，地域住民の代弁者として教育行政組織の独善を抑制するという意味で，レイマン・コントロールは「住民統制」と訳されることもある。

　ただし，教育長職に資格要件が存在せず，教育委員との兼任制を採っている点について，レイマン・コントロールと専門的指導性の境界が曖昧であると指摘されている。また，従来から教育委員会所掌事務が，実質的に教育長に一任される形で展開されてきた点，教育委員会制度発足当時と異なり，教育委員の選出が住民の直接選挙に拠らない点について，レイマン・コントロールが理念通りに機能していないとの批判もある。

② 教育行政の中立性・安定性の確保

　一方，教育委員の選出については，公選制ではなく任命制をとることで，政治的確執を避け，職業，性別，年齢，党派等の構成に偏りが生じることなく，教育委員を人選することが可能と説明されてきた。また，合議制を採ることにより，多様な民意をくみ取りながら，公正中立に教育行政を展開することが可能である。

ただし，教育委員の構成を見ると，都道府県教育委員会，市町村教育委員会ともに，60歳以上の教育委員が占める割合が50％を超えているなど，多様な民意をいかにくみ取るかという点については，課題も多い（文部科学省『平成21年度教育行政調査』(2009年))。また，独任制に比べ，合議制の教育委員会では責任の所在が不明確であり，かつ行政執行に迅速さを欠くとの問題も指摘されている。
③　一般行政からの相対的独立
　教育委員会は，教育委員会規則の制定権に見られるように，行政委員会として独立性を保障されている。先述の，教育委員会が処理すべき教育事務（地教行法第23条）については，地方公共団体の長から独立して執行できるようになっている。教育財産の取得・処分や契約の締結に関して，教育委員会が独自に権限を行使することはできないが，地方公共団体の長は，取得した教育財産の管理権をすみやかに教育委員会に引き渡さなければならない（地教行法第28条）。また，地方公共団体の長が，歳入歳出予算のうち教育に関する事務についての議案を作成するときには，教育委員会の意見を聞くことを義務づけている（地教行法第29条）。
④　地　方　自　治
　本来，文部科学省・都道府県教育委員会・市町村教育委員会の関係は原則として対等であり，上位機関からの「指導・助言・援助・勧告」という作用も，あくまで合理的・専門的・技術的・広域的観点からのものであり，非権力的なものと解されてきた。これは，戦前の教育行政が，著しく国家主義的・中央集権的であったことへの反省からきている。ただし，実際には機関委任事務の存在，教育長の任命承認制など，都道府県・市町村いずれにおいても，教育委員会の自治は大幅に制限されてきた。また，都道府県教育委員会には，市町村教育委員会に対し，市町村立学校の組織編制，教育課程，教材の取り扱いに関する基準を設定する権限が与えられていた（旧地教行法第49条）。
　これらは，地方分権推進，地方自治促進の観点からすでに廃止になったが，上位機関から下位機関への影響力は，今でも根強く残っている。

（4）地方教育行政のガバナンス・モデルと教育委員会制度

　2006（平成18）年に教育基本法が改正されたことを受け，翌年にはいわゆる教育三法が改正された。これにより，地教行法に基づく教育委員会制度の在り方にも，大きな変更が加えられることになった。教育委員会制度の在り方については，

制度創設時より多くの議論がなされているが，伊藤（2004, 41-58頁）は，教育委員会制度改革における主な議論を，下記のように三つのガバナンス・モデルで説明している。

① 教育委員会活性化モデル

教育委員会活性化モデルは，教育委員会制度の現状枠を維持しつつ，教育委員会組織の機能を充実（活性化）させようとする考え方である。そのために，教育委員会組織の専門化を進め，責任体制の明確化などを図ることを目指す。

② 地域総合行政モデル

一方，地域総合行政モデルは，教育委員会制度自体を廃止・縮小しようとする考え方である。教育委員会事務局組織を，住民の直接選挙で選ばれる地方公共団体の長の補助機構とすることで，教育行政の透明性を高めるとともに，他の行政運営と一体化させようとするのが主な特徴である。

③ 市場・選択モデル

最後に，市場・選択モデルは，学校が文部科学省や教育委員会などの行政機関によって管理運営されるのではなく，市場原理によって統制されることを目指している。そのため，このモデルは学校が市場の中で自律的に運営されるよう，さまざまな規制を弱めていくことから実現される。また，生涯学習施設などの民営化もこうした考え方に基づいている。

これら三つのモデルは，文部科学省の関与を極力弱め，地方分権を推進することで，公教育の画一性を克服しようとしている点において共通している。1999（平成11）年の「地方分権一括法」を受けて機関委任事務が廃止になったことにより，同年に改正された地教行法では，教育長の任命承認制の廃止とともに，教育委員会がそれぞれ国・都道府県という上位機関から指揮監督を受けるという条文が削除された（旧地教行法第55条）。これにより，地方教育行政については，地域の独自性が発揮されることになる。

一方，地方分権を推進した後，何を地方教育行政の推進力とするかについて，これら三つのモデルにはそれぞれの違いがある。①教育委員会活性化モデルでは，教育長や専門的教育職員などの教育官僚組織，②地域総合行政モデルでは，住民により選ばれた首長，③市場・選択モデルでは，消費者・顧客としての住民が，それぞれ想定されている。

2007（平成19）年の地教行法改正では，市町村教育委員会に指導主事を配置す

ることが努力義務とされた（地教行法第18条）。また，教育長に委任できない事務（事務の管理及び執行の基本的な方針，教育委員会規則の制定・改廃，学校その他教育機関の設置・廃止，職員の任免等に関すること）が明記され（地教行法第25条），その一方で，教育委員会には所掌事務の管理・執行の状況について自己点検・評価を実施し，議会に報告することが義務づけられた（地教行法第26条）。これらの規定は，①教育委員会活性化モデルに即したものといえる。

　しかし，こうした規定とは別に，2007（平成19）年の地教行法改正では，スポーツに関すること（学校体育を除く），文化に関すること（文化財の保護に関することを除く）について，条例の制定に基づいて地方公共団体の長が管理執行できるようになった（地教行法第23条）。これまで，地方公共団体の長が，地域振興等の観点から包括的に教育行政を展開しようとしても，教育委員会の存在が弊害になっているとの批判があった。そう考えれば，この規定は，地方公共団体の長が地域総合行政の中で生涯学習を推進する可能性を開くものでもあり，②地域総合行政モデルに即したものといえる。

　一方，1980年代以降全国で見られるようになった，学校選択制や通学区域の弾力化といった試みは，一連の規制緩和に即した改革である。もともと，教育委員会は，行財政上の効率性や地理的条件，児童・生徒の教育的条件などの観点から，学校の適正配置・適正規模を考慮して学校の設置・統合・廃止を図り，「学区」という通学区域を設定して児童・生徒を就学させてきた。これにより，所管内の学校の均質化を図るねらいがあったからである。しかし，公立学校における学力低下や教員の質の低下といった問題が指摘され始めると，子ども・保護者に学校を選択する権利を与える一方で，教育委員会の学校管理権限を学校に移譲し，学校に自律性を与えて競争的環境下に置き，教育の活性化を図ろうとする施策へと路線が変化したのである。2002（平成14）年に成立した構造改革特別区域法により，近年，一部自治体において小中一貫校や小学校での英語教育など，子ども・保護者のニーズに応えようとする取り組みが全国に先んじる形で見られたが，それらのほとんどが学校選択制を導入する自治体で展開されている。

　2007（平成19）年の法改正では，文部科学大臣が都道府県教育委員会に，都道府県教育委員会は市町村教育委員会に対し，学校の設置や組織編制等11項目にわたって，指導・助言・援助をすることができるとされた（地教行法第48条）。また，文部科学大臣による教育委員会への是正要求権（第49条），教育委員会の事務の管

理執行が法令等に違反する場合，改めるよう指示を出すこと（第50条）が明記された。さらに，文部科学大臣と教育委員会は，それぞれの所掌事務の適正な執行と管理のために連携協力すること（第51条），その際，文部科学大臣は必要に応じて調査を実施したり（第53条），教育委員会に対し資料・報告の提出を求めることができる旨が規定された（第54条）。これらの規定は，むしろ地方教育行政に対する文部科学省の主導性が強まるとの懸念もある。しかし，ナショナル・ミニマムの保障と地方自治の両立を考えれば，「国と地方公共団体との適切な役割分担」（教基法第16条）の方法を真剣に探る必要がある。

2013（平成25）年12月13日，中央教育審議会は「今後の地方教育行政の在り方について」を答申し，その後の国会審議等を経て，2014（平成26）年6月13日には地教行法改正，2015（平成27）年4月から新教育委員会制度が発足した。新教育委員会制度は，①首長が主催する総合教育会議の設置，②首長が任命する新教育長の設置など，首長の権限強化と教育行政への積極的関与を制度化したことが特徴である。新制度では，住民の直接選挙により選ばれた首長がリーダーシップを発揮し，地域の実情に見合った特色ある教育行政を展開することが期待されるが，反面，教育行政の政治的中立性，継続性・安定性，専門性が損なわれることへの懸念もある。

いずれにせよ，「地方教育行政は誰が主導するのか」は，自治体教育行政の根源的な問いである。新制度によっていかなる成果と課題がもたらされるのか，今後も教育委員会制度の在り方には注目していく必要があろう。

参考文献

伊藤正次「教育委員会」松下圭一・西尾勝・新藤宗幸編『岩波講座　自治体の構想4　機構』岩波書店，2004年。

小川正人『市町村の教育改革が学校を変える——教育委員会制度の可能性』岩波書店，2006年。

河野和清編『現代教育の制度と行政』福村出版，2008年。

黒崎勲『教育学としての教育行政＝制度研究』同時代社，2009年。

岡本徹・佐々木司編著『新しい時代の教育制度と経営』ミネルヴァ書房，2010年。

解説教育六法編集委員会編『解説　教育六法　2010年版』三省堂，2010年。

新藤宗幸『教育委員会——何が問題か』岩波新書，2013年。

（三山　緑）

第Ⅱ部
教育行政の諸領域

第5章

学 校 経 営

1　学校経営の概念

　学校経営とは,「社会的に吟味された学校の教育目的を,さらに学校独自の立場から公的に吟味を加えつつ,その効果的達成を目指して,人的・物的・教育課程上の諸条件を整備していく,学校当事者による組織的・計画的活動である」と捉えられる（河野,2004）。

　学校の教育活動は,国や都道府県,市町村の教育行政機関において示された学校の教育目的に従い展開される。たとえば,法的に示された学校種毎の教育目的は,「小学校は,心身の発達に応じて,義務教育として行われる普通教育のうち基礎的なものを施すことを目的とする」（学校教育法第29条）や「中学校は,小学校における教育の基礎の上に,心身の発達に応じて,義務教育として行われる普通教育を施すことを目的とする」（学校教育法第45条）等の条文にみることができる（他に,学校教育法第22条（幼稚園）,50条（高等学校）,63条（中等教育学校）,72条（特別支援学校）に学校種毎の教育目的が規定される）。これらは,憲法第26条の教育を受ける権利や教育基本法第1条「教育は,人格の完成を目指し,平和で民主的な国家及び社会の形成者として必要な資質を備えた心身ともに健康な国民の育成を期して行わなければならない」という教育の目的を受けて,定められたものである。

　法律に代表される「社会的に吟味された」学校の教育目的に加えて,実際の学校経営においては,各々の学校の教育目的が「学校独自の立場」からも吟味されることとなる。ここでいう「学校独自の立場」から吟味というのは,たんに学校の教育目的・目標が国などの教育政策の反映を意味するのではなく,校長の教育理念や教育専門家としての教職員の立場からこれに配慮を加えたり,保護者や地域住民からの教育的要望等を組み入れたりすることをさす。

　このようにして設定された学校の教育目的（目標）を達成していくために学校

は，人的条件や物的条件や教育課程上の条件を整えていく必要がある。人的条件とは一義的には当該学校の教職員の適材適所の配置などを指す。教職員それぞれに求められる職務や役割，あるいは，得意・不得意，個性等を考慮した上で学校経営が行われる。また，人的条件を広義に捉えるならば，保護者や地域の人材をいかにして学校で活用できるか等も考慮される必要がある。物的条件には，学校の施設，設備，教材や教具等が含まれる。たとえば，ある学校において「いのちの大切さを理解すること」を教育目的の一つに設定し，その具体的取り組みとして食育活動（あるいは総合的な学習）に野菜の栽培と収穫，調理を位置づける場合には，菜園や耕作具，肥料，調理器具等といった物的条件の整備が欠かせない。さらには，教育目的を達成するにあたり，いかなる教育内容をいかなる配列で児童生徒に示すかといった教育課程への配慮も欠かすことができない。ここでは学習指導要領に示される基準の他に学校独自の取り組みも加味され，年間計画として具体化されることとなる。

　以上の活動は，学校当事者により組織的・計画的に行われる。ここでの「学校当事者」とは，校長をはじめとする教職員が基本となるが，教育基本法に学校，家庭及び地域住民等の相互の連携協力（13条）が規定されているように，今日では保護者や地域住民を学校当事者として学校経営に参加させることが一層重要となっている。

2　学校経営の過程と学校評価

　学校のみならず公的機関や非営利団体，私企業，さらには私的なサークル活動等あらゆる組織体において，その組織が目標達成に向けて行う活動の過程には計画（Plan），実施（Do），評価（See）という共通した要素を見出すことができる。これらは，計画→実施→評価→計画→……というように循環的なモデル（PDSサイクル）として捉えることができ，マネジメント・サイクルと呼ばれる。近年では，実施後の評価や改善を強調するために，計画（Plan）→実施（Do）→評価（Check）→改善（Action）→計画→……の循環（PDCAサイクル）としてマネジメント・サイクルを捉えることも定着しつつある。マネジメント・サイクルは，組織の特性や達成しようとする目標に応じて短期・中期・長期のいずれの視点からも適用できるが，我が国の学校経営の過程をマネジメント・サイクルに従って

捉える場合には，4月から翌年の3月までの学年度を一つのサイクルとすることが多い。

　計画（Plan）段階では，各種法令や国・地方公共団体の教育政策を前提としながら，学校及び地域の実態や課題を把握しながら，当該学校としての教育目標を設定し，その目標を達成するための手段や方法，目標の達成度を測定するための基準等を学校経営計画として立案することとなる。学校経営計画は最終的には校長の責任において立案するものであるが，学校評議員や教職員の意見を参考にすることも有効となり得る。また，学校運営協議会が設置されている学校においては，教育課程の編成やその他教育委員会規則で定める事項について学校運営協議会から承認を得ることが求められる。

　実施（Do）段階では，学校経営計画に従って教育目標の達成を目指して活動が展開されるが，それは，組織を通じて行われる。校長には，施設や設備の整備や限界を考慮しつつ，教職員を適材適所に配置し，適切な指揮・監督の下でモラールの向上や労働過重負担にも配慮することなどが求められる。

　そして，評価（See）段階では，実施段階の活動によって，教育目標がいかなる程度達成されたのかを評価するとともに，学校経営計画に従って経営が実施されたのかが検討される。ここでは，仮に当初の学校経営計画通りに学校経営が行われていないとの評価結果を得たとしても，校長は，その原因が計画段階にあったのか，実施段階にあったのか，施設や設備の限界によるものなのか，教職員の力量の不足によるものなのか，教職員の力量を活かしきることのできなかった組織としての問題なのか，あるいはそれらすべてを含めての校長自身の力量の不足によるものなのか等を丁寧に分析することが必要である。その際，学校評議員や教職員の意見を参考にすることは有効である。いずれにせよ，学校経営評価の本質がフィードバック機能にあることを理解し，評価結果を改善へとつなげることが重要である。

　このように学校経営の過程をマネジメント・サイクルの観点から捉えた場合，学校評価が重要な役割を果たすことがわかる。このようなことから，2007（平成19）年には学校教育法が改正され，学校評価とその結果に基づいて学校経営の改善を図るために必要な措置を講ずることが義務化された（第42条）。さらに同規定を受けて，学校教育法施行規則では自己評価とその公表義務（第66条），保護者等評価（学校関係者評価）とその公表義務（第67条）が規定された。2008（平成20）

年には，文部科学省は各学校や設置者による学校評価の取り組みの目安として『学校評価ガイドライン』を公表した（2010年改訂）。ここでは，学校評価が「自己評価」「学校関係者評価」「第三者評価」の三つに分類された。いずれの評価手法を通じてもマネジメント・サイクルに従って学校経営の改善に資することが期待されている。それと同時に，「学校関係者評価」には保護者や地域住民とともに学校の実態や課題を共有することによって相互理解の深化を図ることが，また，「第三者評価」には専門家等による客観的な評価を通じて信頼性を担保することが期待されている。

3　学校経営の組織

（1）校務の概念と分掌組織

　学校は，授業を通じての教育活動が中心となるものの，学校経営上必要とされる仕事は授業のみにとどまるわけではない。このような授業を含めて学校経営上必要な一切の仕事を指して「校務」と呼ぶ。校務を大まかに分類すれば，①学校教育内容に関する業務（教育課程の編成，各教科・生徒指導等の教育指導計画の作成，年間行事計画の策定等），②教職員の人事管理に関する業務（教職員の進退についての任免事務，共済・公務災害や定期健康診断等の福利厚生事務，労働時間・休憩時間等の届出・管理等），③児童・生徒管理に関する業務（指導要録の作成，入学・退学や卒業に関する学籍管理，健康診断等），④学校の施設・設備の保全管理に関する業務（校舎・運動場・プールなどの諸施設の維持・保全，実験器具・楽器・体育用具の確保等），⑤その他学校の運営に関する業務（学校予算の執行・管理，学外諸機関との渉外・連絡，PTA・地域社会との連携にかかわる事項等）に分けることができる。

　学校教育法に「校長は，校務をつかさどり，所属職員を監督する」（第37条4項）とあるように，校長はこれら校務の責任者となり，学校を経営する。実際の学校経営においては，校長が一人ですべての校務を処理するわけではなく，校務を処理するために所属職員に役割を分担させる。これを校務分掌といい，校務分掌を行うための組織を校務分掌組織という。法的には学校教育法施行規則第43条に「小学校においては，調和のとれた学校運営が行われるためにふさわしい校務分掌の仕組みを整えるものとする」（中学校，高等学校等にも準用）と規定され

第Ⅱ部　教育行政の諸領域

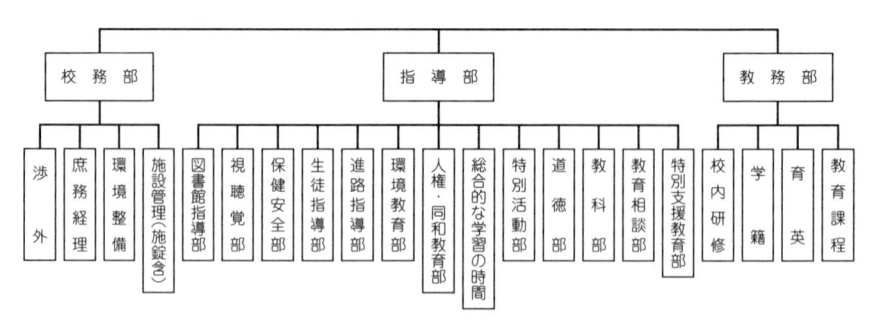

図5-1　A市立Ⅰ中学校「平成23年度学校運営と校務分掌表」（校務分掌組織図）
出典：『A市立Ⅰ中学校平成23年度学校要覧』をもとに執筆者作成。

る。この規定から読み取ることができるように，校務分掌は円滑な学校経営を実現するために必要なものと位置づけられているが，各学校における具体的な校務分掌組織は，それぞれの学校における教育目標や諸条件（児童生徒の実態，教職員数，地域社会の状況等）に応じて決められることとなる。

　校務分掌を組織化するうえで重要なのは，学校経営的な視点である。すなわち，学校の教育目的や教育目標を効果的・効率的に実現するためにはいかなる組織編成をとることが望ましいかという点である。学校に求められる役割が変化する中で，組織上の理由によって学校がその変化に対応出来ない場合には，役割の変更や新たな担当を設置したり，従来の組織を統合あるいは廃止する等の柔軟な対応が求められる。また，新たな担当を設置するといった組織変更を伴わなくとも，教職員のキャリアや得意・不得意を考慮した適材適所の配置を行うことが求められる。

　図5-1は，A市立Ⅰ中学校における平成23年度の校務分掌組織図である。

　図から読み取れるように，Ⅰ中学校では，「教務部」「指導部」「校務部」を設置し，業務を分担する体制がとられている。図中では省略したが，出典となった校務分掌組織図には「教務部」「指導部」「校務部」のそれぞれに担当者となる教員名が付されており，当該教員を中心とした校務執行体制の実現が図られていることがうかがえる。さらに，これら3つの部のもとに，より細かく業務を分担する担当が置かれている。すなわち，教務部のもとには「教育課程」「育英」「学籍」「校内研修」の4つの担当，指導部のもとには「特別支援教育部」「教育相談部」「教科部」をはじめとする13の担当，そして，校務部のもとには「施設管

理」「環境整備」「庶務経理」「渉外」の4つの担当が置かれ，それぞれが役割を分担している。

　また，多くの学校では，校務を分担して，専門的かつ円滑に処理するために，職員会議を母体にして，各種の校内委員会が設置されている。これらの校内各種委員会では，学校全般あるいは特定の事項についての方針や具体的活動の企画立案，実施後の振り返り，評価等が行われる。たとえば，I中学校では運営委員会，企画委員会，進路指導委員会，研修委員会，人権・同和委員会等14の校内委員会が置かれている。その中の一つである生徒指導委員会を例にとれば，校長と教頭，生徒指導主事，各学年生徒指導係，養護教諭，スクールカウンセラーによって構成される委員が定期的（平成23年度は木曜日4校時）に委員会を開催し，生徒指導に関する情報交換・共有，対応の協議等を行っている。

（2）職員会議

　職員会議は，全教職員が参加し，学校の基本問題について審議したり，意思形成などを行う学校経営上極めて重要な組織ということができる。職員会議は，①教育委員会や校長の方針を伝達する機能，②重要事項について検討・協議する機能，③重要事項について連絡・調整する機能，④校内における研究・研修の機能等，さまざまな機能と役割を果たしている。

　職員会議は，このように学校経営上極めて重要な組織であるが，その設置については長い間法的根拠が存在せず，いわば慣例として設置・運営されてきた。そのため，職員会議の性格や位置づけをめぐっていくつかの論争があった。その一つが職員会議を議決機関と捉える立場であった。それによれば，職員会議は学校の重要事項を審議し，議決するものであり，校長といえどもその議決には拘束されるというものであった。他方，職員会議を諮問機関と捉える立場も存在した。この立場からは，職員会議の決定は校長に対する答申であって，校長の意思決定を拘束するものではないとの解釈が導き出された。さらには，職員会議を校長の補助機関と捉える立場も存在した。すなわち，職員会議を校長の職務執行のための補助機関とし，そこでの審議を教職員による校長の職務の補助執行の一つの形態と捉えるものであった。

　しかし，2000（平成12）年，学校教育法施行規則に「小学校には，設置者の定めるところにより，校長の職務の円滑な執行に資するため，職員会議を置くこと

ができる。2　職員会議は校長が主宰する」（第48条，中学校，高等学校等にも準用）という規定が設けられたことで職員会議に法的根拠が与えられることとなった。また，施行規則改正にともなう文部科学省通知では，「今回省令において規定した職員会議は，（中略）学校の管理運営に関する校長の権限と責任を前提として，校長の職務の円滑な執行を補助するものとして位置付けられるものであることに十分留意すること」（「学校教育法施行規則等の一部を改正する省令の施行について（通知）」平成12年1月21日）と明記され，校長の補助機関としての職員会議の位置づけが明らかとなった。

(3) 学校における危機管理と組織

　時として学校は危機的状況に遭遇し，校長をはじめとする教職員は緊迫状態の中で臨機応変の対応が求められる。危機管理の対象となる事態は，必ずしも頻発するわけではないが，万が一発生した場合には児童生徒，教職員，学校の施設・設備等に少なからず影響を及ぼしうるので，事態や局面に応じた対応が必要となる。

　学校での危機管理の対象となる課題はさまざまではあるが，概ね，①学校安全の領域（生活安全，交通安全，災害（防災）安全等），②学校保健の領域（感染症，急性疾患，水道汚染等の環境汚染），③生徒指導の領域（いじめ，自殺，非行等），④教師による犯罪行為等（体罰，ハラスメント等），⑤地域で発生する諸問題（近隣での犯罪の発生等）に分類することができる。

　学校の危機管理にあたっては，危険をいち早く発見し事件・事故の発生を未然に防ぐリスク・マネジメントの視点と万が一事件・事故が起こった場合に適切かつ迅速に対処を行い，被害を最小限にとどめ，事後措置も怠ることがないようにするクライシス・マネジメントの二つの視点が必要となる。リスク・マネジメントの視点については，学校保健安全法に「学校においては，児童生徒等の安全の確保を図るため，当該学校の施設及び設備の安全点検，児童生徒等に対する通学を含めた学校生活その他の日常生活における安全に関する指導，職員の研修その他学校における安全に関する事項について計画を策定し，これを実施しなければならない」（第27条）と規定されており，学校には事前の安全点検や児童生徒に対する指導，教職員の研修等の計画の策定が義務づけられている。加えて，同第29条では「学校においては，児童生徒等の安全の確保を図るため，当該学校の実情

第5章　学校経営

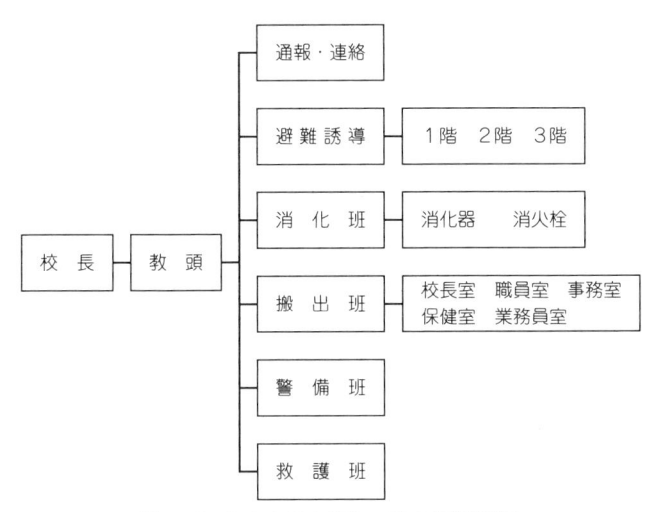

```
校 長 ─ 教 頭 ┬ 通報・連絡
              ├ 避難誘導 ─ 1階　2階　3階
              ├ 消 化 班 ─ 消化器　消火栓
              ├ 搬 出 班 ─ 校長室　職員室　事務室
              │            保健室　業務員室
              ├ 警 備 班
              └ 救 護 班
```

図5-2　A市立I中学校　「自主防災組織」
出典：『A市立I中学校平成23年度学校要覧』をもとに執筆者作成。

に応じて，危機発生時において当該学校の職員がとるべき措置の具体的内容及び手順を定めた対処要領を作成するものとする」と定められ，いわゆる危機管理マニュアルの作成が求められている。クライシス・マネジメントの視点からは，事件・事故発生時には危機管理マニュアルに沿った迅速かつ適切な対応が求められる。危機管理責任者である校長を中心に，児童生徒・教職員の安全確保，状況把握，救急救命，被害の拡大の防止等が図られるとともに，事態収拾後には保護者や関係者への連絡・説明，教育再開への準備，再発防止対策の検討，そして児童や教職員の心のケア等の対策が求められる。

　これら学校における危機への対応は，校長のリーダーシップとともに教職員の組織的な取り組み・対応が重要となる。児童生徒の自殺を例にとれば，学級担任個人としての取り組みも重要であるものの，校務分掌組織における生活指導・生徒指導，あるいは保健指導等の担当が自殺防止に向けての指導・支援の取り組みを企画立案し，学校全体として実施することも肝要である。また，万が一事態が発生した場合には，教育委員会や保護者，家庭への連絡や児童生徒の心のケア，場合によってはマスコミへの対応が必要となる。この場合も，校長や学級担任のみならず，渉外担当，生徒指導，保健指導担当やスクールカウンセラーといった教職員それぞれが役割を分担し，迅速かつ効果的に対応することが求められる。

特に，地震や火事に備えた防災組織は各学校で設けられており，万が一の場合には即応できる体制が整えられている。図5－2にA市立I中学校の自主防災組織図を例示したが，組織図からは地震や火事の際の教職員の役割分担があらかじめ決められていることが読み取れる。また，I中学校では，生徒に対する防災指導・教育とともに，年間計画に避難訓練の実施が定められており，防災組織を効果的に機能させるよう配慮されている。

4　学校経営をめぐる近年の動向

(1) 全国学力・学習状況調査

　平成19年度より，小学6年生と中学3年生を対象とする「全国学力・学習状況調査」が実施されることとなった。文部科学省は，調査の目的として「義務教育の機会均等とその水準の維持向上の観点から，全国的な児童生徒の学力や学習状況を把握・分析し，教育施策の成果と課題を検証し，その改善を図る」「そのような取組を通じて，教育に関する継続的な検証改善サイクルを確立する」「学校における児童生徒への教育指導の充実や学習状況の改善等に役立てる」の3つをあげている。調査は，平成22年度と平成24年度に関しては抽出調査および希望利用方式での実施，平成23年度は東日本大震災の影響を考慮して実施を見送ったものの，それ以外は悉皆調査として実施されている。調査の内容は，教科に関して国語と算数・数学（平成24年度調査では理科を追加）の「知識」に関する問題と「活用」に関する問題が出題されるとともに，生活習慣や学校環境に関して児童生徒や学校に対して調査が行われている。調査結果は国全体または都道府県ごとに公表されるとともに，教育委員会や学校には当該教委や学校の調査結果が提供される。また，児童生徒にも個人票が提供されることとなっている。

　学校経営の観点から全国学力・学習状況調査結果の効果的な活用が望まれる。具体的な活用方法や活用規模はさまざまであろうが，まずもっては調査結果を丁寧に分析し適切な対応をとることが求められる。場合によっては，教育目標をはじめとする学校経営計画全体を見直すきっかけとして活用されることもあれば，校内研修における基礎資料の一つとして用いられることもあろう。また，調査対象である小学6年や中学3年の学年の問題としてではなく，調査結果が小学校6年間ないしは中学校3年間の継続的な学習の成果であると捉えると，学校全体の

系統的な学習指導を構築・実施する全校的な取り組みも必要となる。それは，必然的に，教職員の長所や特徴が活かされる組織の見直しにもつながる。さらに付言すれば，単年度の調査結果のみを学校経営に活用するだけでなく，中長期的なスパンで調査結果を分析し，有効に活用することも求められる。そのためには，管理職や教職員の異動や担当学年や校務分掌の交代といった組織の継続性を阻む要因にも十分に配慮する必要がある。

（2）教員の大量退職と若手教員の増加

平成22年度学校教員統計調査では，本務教員のうち，50歳以上の者が公立小学校で38.5％，公立中学校で34.0％，公立高等学校で37.4％を占めていることが明らかにされた。同調査では，その実数を公立小学校，公立中学校，公立高等学校のそれぞれで14万2,130名，7万897名，5万9,000名と見込んでいる。これらの数値は今後10年間に退職する教員の割合ないしは実数を示す。無論，定年退職後の再任用を考慮に入れる必要があるので，先にあげた教員数すべてが10年間で学校を去るわけではないが，教員の大量退職時代を迎えている状況であることは間違いない。一方，教員の大量退職は必然的に大量採用という事態を生み出しており，先の調査の年次統計によれば，平成21年度の採用者数は公立小学校で1万7,389名，公立中学校で1万919名，公立高等学校で8,459名である。これは，平成12年度の採用者数と比較すれば，それぞれ2.9倍（5,992名），2.1倍（5,094名），1.3倍（6,515名）となる（括弧内は平成12年度間の採用者数）。

新規採用者ならびに若手教員の増加は，意欲に満ちた人材による活力ある学校づくりといったポジティブな側面がある反面，経験不足に起因する授業力・児童生徒理解力の低下というネガティブな側面もあるとの指摘もある。したがって，これに対応するためには彼らを指導するための人材の育成や研修体制の構築といった課題も生まれる。新規採用教員には初任者研修が制度化されており，行政による取り組みも充実しつつある。しかし，初任者研修を終えた採用2年目以降の若手教員に対してはOJTを通して力量形成を図ることとなるため学校現場の役割が大きくなり，従って各学校では学校経営計画の中に若手教員の力量形成の機会（校内研修）をきちんと位置づけることが必要となってくる。

第Ⅱ部　教育行政の諸領域

参考文献

田代尚人・佐々木司編著『新しい教育の原理』ミネルヴァ書房，2010年。

岡本徹・佐々木司編著『新しい時代の教育制度と経営』ミネルヴァ書房，2009年。

渡邉正樹編『新編学校の危機管理読本』教育開発研究所，2008年。

河野和清「学校経営」二宮皓編著『教育と社会・制度（増補改訂）』協同出版，2002年，61-73頁。

菱村幸彦『学校経営と法律の接点』教育開発研究所，2002年。

岡東壽隆・林孝・曽余田浩史編集『学校経営重要用語300の基礎知識』明治図書，2000年。

（市田敏之）

第6章

教育課程行政

1 教育課程行政の仕組み

(1) 教育課程と教育課程行政

　教育課程とは，学校教育の目的や目標を達成するために，教育の内容を児童・生徒の心身の発達に応じ，授業時数との関連において総合的に組織した学校の教育計画であると定義される。教育課程の編成は各学校において行われるが，編成にあたっては教育関係法令，学習指導要領，都道府県および市町村教育委員会の基準や指導・助言に従う必要がある。また地域の実態，学校の実態，児童生徒の心身の発達段階や特性を十分に考慮することが求められる。

　本節のテーマである教育課程行政とは，この教育課程に関する国と地方公共団体の基準設定や指導・助言などの行政作用を総称したものである。教育行政機関は各学校が教育課程を編成するための基準を設定し，学校がその基準に従って教育課程を編成するための指導・助言を行うことを主な役割としている。

(2) 教育課程の法制

　学校が教育課程の編成を行うにあたっては，日本国憲法をはじめ教育関係法令や学習指導要領といった国家的基準を遵守しなければならない。その基本となるのは教育基本法（以下，教基法）と学校教育法（以下，学校法）である。

　教基法は1947年に制定された日本の教育全体の基本原理と理念を明示した法律であり，2006年に約60年ぶりに改正された。本法には教育の目的（第1条），教育の目標（第2条）が定められ，さらに義務教育として行われる普通教育の目的（第5条第2項）が定められている。これらを踏まえて学校法では各学校段階別に教育の目的・目標が規定されている。たとえば小学校の場合「小学校は，心身の発達に応じて，義務教育として行われる普通教育のうち基礎的なものを施すことを目的とする」（学校法第29条）とし，その目的を実現するために第21条各号に掲

げられた義務教育の目標を達成するよう行われることが定められている（第30条）。幼稚園（第22，23条），中学校（第45，46条），高等学校（第50，51条），中等教育学校（第63，64条），特別支援学校（第72条）についてもこれと同様である。各学校は教育課程を編成するに当たってこれらの法律を基盤としながら，地域や学校の実態に即した教育目標を設定することが求められる。

（3） 教育課程行政における文部科学大臣・文部科学省の役割

　次に，教育課程行政における文部科学大臣・文部科学省の役割についてみていく。学校法には教育課程に関する事項は文部科学大臣が定めるとされている。これを受けて，文部科学大臣は学校教育法施行規則（以下，学校法施規）において具体的な教育課程の領域や授業時数等について定めている。小学校の場合を例にあげると，教育課程の編成（学校法施規第50条），授業時数（第51条），教育課程の基準（第52条），教育課程編成の特例（第53条），履修困難な各教科の学習指導（第54条），教育課程の研究上の特例（第55条），特色ある教育課程編成の特例（第55条の2），不登校児に対する教育課程編成の特例（第56条），課程の修了・卒業の認定（第57条），卒業証書の授与（第58条）が定められている。特に教育課程の基準としては，文部科学大臣が別に公示する小学校学習指導要領によることと記されている。学習指導要領を教育課程の基準とすることは中学校や高等学校等でも同様である。これによって，文部科学大臣・文部科学省による各学校への関与は教育内容全般に及んでいる。

　なお，学習指導要領は文部科学省において作成される。学習指導要領（幼稚園においては幼稚園教育要領）は幼稚園，小学校，中学校，高等学校，特別支援学校に分かれている。最新の幼稚園教育要領および小学校・中学校学習指導要領は2008年，高等学校・特別支援学校学習指導要領は2009年に告示された。これらは幼稚園が2009年，小学校が2011年，中学校が2012年，高等学校が2013年から全面実施された。また，特別支援学校については，幼稚園，小学校，中学校，高等学校それぞれの実施時期に準じて実施された。さらに，学習指導要領に基づく教育課程の実施状況については文部科学省によって「教育課程の編成実施状況調査」が行われており，学習指導要領の各教科の目標や内容に照らした学習の実現状況の把握が行われている。

　学習指導要領の改訂は，文部科学省内に設置されている中央教育審議会の答申

に基づいて行われる。中央教育審議会には五つの分科会（教育制度，生涯学習，初等中等教育，大学，スポーツ・青少年の各分科会）が置かれており，このうち初等中等教育分科会は初等中等教育の振興，初等中等教育の基準，教育職員の養成と資質の保持・向上等に関する重要事項の調査審議を主な所掌事務としている（中央教育審議会令第5条）。分科会内には，初等中等教育の基準を専門的に審議する教育課程部会が置かれ，この中にはさらに各教科等に関する専門部会が置かれている。

（4）教育課程行政における教育委員会の役割

　都道府県・市町村（特別区含む）教育委員会には，学校が行う教育課程の編成・実施を管理する権限が与えられている（地方教育行政の組織及び運営に関する法律〔以下，地教行法〕第23条第5項）。学校の管理を行うにあたっては「教育委員会は，法令又は条例に違反しない程度において，その所管に属する学校その他の教育機関の施設，設備，組織編制，教育課程，教材の取扱その他学校その他の教育機関の管理運営の基本的事項について，必要な教育委員会規則を定めるものとする」（地教行法第33条）と定められており，各教育委員会は学校管理に関する教育委員会規則をそれぞれ定めている。これは一般に「学校管理規則」と呼ばれる。学校管理規則には，教育課程の内容について立ち入った規定は一般に設けられておらず，主として教育課程の編成及び変更に関する手続きが定められている。たとえば，東京都教育委員会の場合「東京都立学校の管理運営に関する規則」において教育課程の編成（第13条），教育課程編成の基準（第14条），授業時間の割り振り（第14条の2），連携型高等学校（第14条の3），教育課程の届出（第15条），年間授業計画等の作成（第15条の2），宿泊を伴う学校行事（第16条），教材の使用（第17条），教材の選定（第18条），承認または届出を要する教材（第19条）について定められている。

　なお，教育委員会の事務局には「指導主事」を置くことになっている（地教行法第19条）。指導主事の役割は学校における教育課程，学習指導その他学校教育に関する専門的事項について指導を行うことにある。そのため，教育に関する識見を有し，教育課程や学習指導についての教養と経験がある者でなければならない。

　以上の教育課程に関する事務の適正な処理を図るため，文部科学大臣は都道府県又は市町村教育委員会に対して，また都道府県教育委員会は市町村教育委員会

に対して必要な指導，助言又は援助を行うことができる（地教行法第48条）。

(吉田香奈)

2 学習指導要領の構成と変遷

（1）学習指導要領の構成

　前述したように，学習指導要領は，教育課程の基準として教育課程行政の中核的位置を占め，教科書制度や入試制度と深い関係にある。

　学習指導要領の構成は，2011（平成23）年度から全面実施されている小学校学習指導要領の場合，「第1章　総則」「第2章　各教科」「第3章　道徳」「第4章　外国語活動」「第5章　総合的な学習の時間」「第6章　特別活動」となっている。第1章総則では，教育課程編成の一般方針や授業時数等の取扱い，指導計画の作成等に当たって配慮すべき事項などについて述べられている。第2章では国語，社会，算数，理科，生活，音楽，図画工作，家庭，体育の各教科について，教科の目標や各学年の目標及び内容，指導計画の作成と内容の取扱いなどが述べられている。また，幼稚園教育要領では，「第2章　ねらい及び内容」で，ねらい及び内容が幼児の発達の側面から，五つの領域（心身の健康に関する領域「健康」，人とのかかわりに関する領域「人間関係」，身近な環境とのかかわりに関する領域「環境」，言葉の獲得に関する領域「言葉」，感性と表現に関する領域「表現」）にまとめられている。

（2）現行の学習指導要領の特徴

　旧学習指導要領の要点は，授業時数の縮減，授業時数の縮減以上の教育内容の厳選，各学校の特色ある教育活動を展開するための「総合的な学習の時間」の創設，選択教科の授業時数の拡大や各学校で独自に設定できる学校設定教科・科目などによる選択学習の幅の拡大，等があげられる。しかし，旧学習指導要領に対しては，学力低下を招くとの批判が起こり，2003（平成15）年に一部改正が行われた。この改正では，学習指導要領の性格が教育課程編成の最低基準であることが明確にされ，学習指導要領に示されていない内容を発展的な学習などによって指導できるとされた。

順次実施されてきた現行の新学習指導要領は，旧学習指導要領の基本理念である「生きる力」を引き継ぎつつ，それを育む手立てにおいて課題（「生きる力」の意味や必要性についての共通理解や授業時数の確保など）があったとの認識から，次のような諸観点から改訂が行われた。それらは，改正教育基本法等を踏まえた改訂，「生きる力」という理念の共有，基礎的・基本的な知識・技能の習得，思考力・判断力・表現力等の育成，確かな学力を確立するために必要な時間の確保，学習意欲の向上や学習習慣の確立，豊かな心や健やかな体の育成のための指導の充実，であり，授業時数の増加や小学校における外国語活動の導入などが実施されることになった。

（3）学習指導要領の法的性格の変遷

学習指導要領は，1947（昭和22）年以来，およそ10年ごとに改訂されてきたが，法的拘束力や基準性をめぐっては長い間論争が行われてきた。ここでは，学習指導要領の位置づけがどのように変化してきたのかをみていく。

1947年に学校教育法が制定され，同施行規則の第25条には「小学校の教育課程，教科内容及びその取扱いについては，学習指導要領の基準による」と規定された。これに伴い，同年に「学習指導要領一般編（試案）」が公表され，学習指導要領は「学習の指導について述べるのが目的であるが，これまでの教師用図書のように，一つの動かすことのできない道をきめて，それを示そうとするような目的でつくられたものではない。新しく児童の要求と社会の要求に応じて生まれた教科課程をどんなふうに活かして行くのかを教師自身が研究して行く手びきとして書かれたものである」（序論一）とされ，手引き書としての性格が強調された。これは，米国教育使節団報告書（1946〔昭和21〕年）の文部省の機能を指導・助言に限定するという基本的方針と合致するものであった。この試案では，教育課程ではなく教科課程という用語が使用されていたが，1951（昭和26）年の「学習指導要領一般編（試案）改訂版」で，初めて「教育課程」という用語が使用され，教科以外の活動を含めた用語として教育課程が用いられるようになった。

しかし，手引き書として位置づけられていた学習指導要領は，1955（昭和30）年の小学校および中学校の学習指導要領社会科編改訂版で「試案」の文字が削除された。さらに，1958（昭和33）年の学校教育法施行規則の改正に伴い，学習指導要領は文部省告示に改められ，法的拘束力が強調されるようになった。このこ

とは，国が教育課程の編成，教科書の内容，さらには教師の学習指導にまで一定の制限を課すことにつながることから，その法的拘束性を巡って激しい論争を引き起こした。この論争で主要な争点となっていたのは，教育内容を決定する権能が誰に帰属するのかという問題であった。

こうしたなか，いわゆる学力テスト裁判の最高裁判決（1976〔昭和51〕年5月21日）では，日本の法制上，子どもの教育内容を決定する権能が誰に帰属するのかについて，次のような二つの見解が対立しているとされた。

一つは，公教育制度において実現されるべき親を含む国民全体の教育意思は，「国民全体の意思の決定の唯一のルートである国会の法律制定を通じて具体化されるべきもの」であり，「法律は，当然に，公教育における教育の内容及び方法についても包括的にこれを定めることができ，また，教育行政機関も，法律の授権に基づく限り，広くこれらの事項について決定権限を有する」との見解である。これは国・文部省の教育権の解釈を踏まえたものといえる。

もう一つの見解は，子どもの教育を受ける権利を保障する責務をになう者は親を中心とする国民全体であり，公教育としての子どもの教育は，いわば「親の教育義務の共同化」ともいうべき性格をもつのである。したがって，権力主体としての国は，「国民の教育義務の遂行を側面から助成するための諸条件の整備に限られ，子どもの教育の内容及び方法については，国は原則として介入権能をもたず，教育は，その実施にあたる教師が，その教育専門家としての立場から，国民全体に対して教育的，文化的責任を負うような形で，その内容及び方法を決定，遂行すべきもの」であるとの見解である。この見解は，いわゆる国民の教育権論を踏まえたものである。

最高裁はこれら二つの見解を極端かつ一方的であり，両方とも全面的に採用することはできないとして次のように判決した。すなわち，国は，広く適切な教育政策を実施する立場から，あるいは憲法上の子ども自身の利益の擁護や子どもの成長に対する社会公共の利益と関心にこたえるために，「必要かつ相当と認められる範囲」において，教育内容を決定する権能を有することを否定すべき理由や根拠はどこにもみいだせない。しかし，教育は，「本来人間の内面的価値に関する文化的な営み」であり，「党派的な政治的観念や利害によつて支配されるべきでない」ことから，教育内容に対する国家的介入についてはできるだけ抑制的であることが求められ，「例えば，誤つた知識や一方的な観念を子どもに植えつけ

るような内容の教育を施すこと許されない」とした。こうした観点から，判決では，国の教育行政機関が教育内容や方法について遵守すべき基準を設定する場合には，「教育における機会均等の確保と全国的な一定の水準の維持という目的のために必要かつ合理的と認められる大綱的なそれにとどめられるべきもの」とした。こうした前提で，この裁判の対象となった中学校学習指導要領を見た場合，「全国的に共通なものとして教授されることが必要最小限度の基準と考えても必ずしも不合理とはいえない事項が，その根幹をなしていると認められ」，「教師による創造的かつ弾力的な教育の余地や，地方ごとの特殊性を反映した個別化の余地が十分に残されており，全体としてはなお全国的な大綱的基準としての性格をもつものと認められる」として，法的見地から，「上記目的のために必要かつ合理的な基準の設定として是認することができる」とした。

さらに，学習指導要領の法的拘束性や教師の教育の自由などをめぐって争われたいわゆる「伝習館高校事件」の1990（平成2）年1月18日の最高裁判決でも学力テスト事件の最高裁判決の趣旨を踏まえ，高等学校学習指導要領が「法規としての性質を有する」とされた。

以上のように，学習指導要領の法的性格については最高裁判決によって是認され，現在の教育課程行政はこれらの判例を踏まえて行われている。ただし，現行の学習指導要領は，特色ある学校づくりが推進されるなかで，最低基準としての性格が一層明確化され，総合的な学習の時間の創設，発展的な学習などが可能になっている。このような学習指導要領の性格を踏まえ，現在の教育課程行政の意義を検討する場合には，学校評価とその結果の公表，学校選択制度の導入などが図られ，学校の教育成果に対する責任（アカウンタビリティ）が問われていることを考慮する必要があろう。

3　教科書検定および教科書採択

（1）教科書と教育課程

教科書は，教科の主たる教材として使用義務が課された学校教育の重要な柱であり，教育課程と密接な関係にある。このことについては，次のような法律上の規定がある。まず，教科書とは，「小学校，中学校，高等学校，中等教育学校及びこれらに準ずる学校において，教育課程の構成に応じて組織排列された教科の

主たる教材として，教授の用に供せられる児童又は生徒用図書であつて，文部科学大臣の検定を経たもの又は文部科学省が著作の名義を有するもの」（教科書の発行に関する臨時措置法第2条）である。いいかえれば，文部科学省が著作の名義を有するもの以外は，適切な教科書がないなど特別な場合を除き（学校教育法施行規則第89条など），文部科学大臣の検定に合格したものでなければ教科書として使用できない。ただし，学校教育法第34条2項において「教科用図書以外の図書その他の教材で，有益適切なものは，これを使用することができる」とされ，教科書以外のいわゆる補助教材の使用も認められている。また，学校教育法においては，「文部科学大臣の検定を経た教科用図書又は文部科学省が著作の名義を有する教科用図書を使用しなければならない」ことが規定され（第34条1項など），学校教育において教科書の使用が義務づけられている。

　教科書が児童・生徒，教師の手に届き，授業で使用されるまでには，①編集→②検定→③採択→④発行および使用，の過程を経ている。①編集では，多くの場合，民間の発行者によって学習指導要領等をもとに図書が作成される。②検定（教科書検定）では，発行者から検定申請のあった図書について，文部科学大臣が教科用図書検定調査審議会の答申に基づいて検定を行う。③採択（教科書採択）では，検定に合格した数種類の検定済教科書の中から，学校で使用する教科書が決定（採択）される。④発行および使用では，採択された教科書の需要数に基づいて教科書が製造，供給され，児童・生徒に手渡される。なお，国・公・私立の義務教育諸学校（小・中学校，中等教育学校の前期課程及び特別支援学校の小・中学部）で使用される教科書は，すべての児童・生徒に対し，国の負担によって無償で給付されている（義務教育諸学校の教科用図書の無償措置に関する法律第3条）。

（2）教科書検定制度

　教科書検定制度とは，民間で著作・編集された図書について，文部科学大臣が，教育基本法や学校教育法，学習指導要領などの理念，趣旨に照らして教科書として適切か否かを審査し，合格したものに教科書としての使用を認めることである。このような教科書検定制度のねらいは，民間に教科書の著作・編集を委ねることで，著作者の創意工夫をこらした特色のある教科書が作成されるとともに，検定を行うことで適切な教科書を確保することにある。

日本では，1886（明治19）年に初めて教科書検定制度が導入され，小学校教科書については，1903（明治36）年から文部省（当時）の著作権を有するものの使用義務を課す国定教科書制度が採用された。戦後は，国定教科書制度が廃止され，かわりに教科書検定制度が採用され，現在に至っている。

　検定の必要性については，小・中・高等学校等の学校教育において国民の教育を受ける権利を実質的に保障するための全国的な教育水準の維持向上，教育の機会均等の保障，適正な教育内容の維持，教育の中立性の確保などがその理由とされている。

　しかしながら，教科書検定制度をめぐっては，東京教育大学教授であった家永三郎が自著の検定不合格を不服として提訴した，いわゆる家永教科書裁判（1997年終結）において，教育の自由，表現の自由，学問の自由，具体的検定処分等を主要な争点に争われた。三次にわたるこの裁判では，検定制度そのものの合憲性を支持したうえで，部分的に教科書検定の「行き過ぎ」を認めるものとなった。言いかえれば，教科書検定が恣意的な判断によって，適正な内容，教育の中立性確保をゆがめるものとなってはならないことが示されたといえよう。

　現在の教科書検定は，教科用図書検定規則に基づき，検定申請のあった図書について，文部科学大臣が教科用図書検定調査審議会（以下，検定審と略記）に対してその図書が教科書として適切かどうかを諮問し，その答申に基づいて合否の決定を行う。検定審の審査に先立ち，教科書調査官の調査が行われ，専門の事項を調査する必要があるときは，検定審に専門委員が置かれ調査に当たる。検定審では，教科書調査官や専門委員の調査結果と審議委員自身の調査結果に基づいて審議が行われる。その際の基準として文部科学省は，「義務教育諸学校教科用図書検定基準」および「高等学校教科用図書検定基準」を告示しており，この基準に従って検定が行われる。2003（平成15）年度の検定からは，学習指導要領に示されてない，いわゆる「発展的な学習内容」が一定条件のもとで教科書に記述できるように改訂された検定基準が適用されている。

　検定審において，必要な修正を行った後，再審査が適当であるとされた場合には，合否の決定が留保され，申請者（発行者）に検定意見が通知される。この通知を受けた申請者は，検定意見にしたがって修正し，「修正表」として提出する。修正が行われた申請図書については再度検定審の審査が行われ，その答申に基づいて合否の決定が行われる。なお，検定審査不合格の決定を行う場合には，事前

第Ⅱ部　教育行政の諸領域

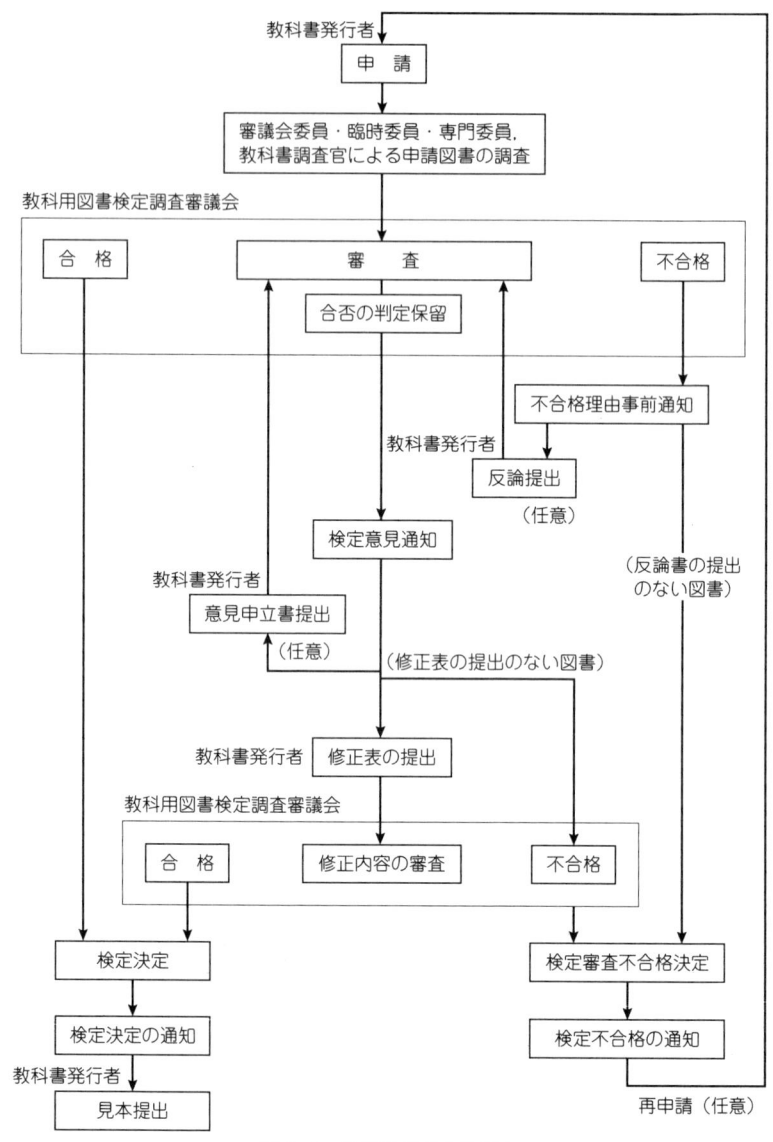

```
教科書発行者
    ↓
  [申　請]
    ↓
[審議会委員・臨時委員・専門委員，
 教科書調査官による申請図書の調査]
    ↓
┌─教科用図書検定調査審議会─────────────┐
│ [合　格]   [審　査]    [不合格]      │
│             ↕                       │
│         [合否の判定保留]             │
└──────────────────────────────────────┘
                        ↓
                 [不合格理由事前通知]
        教科書発行者    ↓
                 [反論提出]
         ↓       （任意）
     [検定意見通知]      （反論書の提出
                          のない図書）
  教科書発行者
   [意見申立書提出]
     （任意）   （修正表の提出のない図書）
                ↓
  教科書発行者
           [修正表の提出]
                ↓
┌─教科用図書検定調査審議会─────────────┐
│ [合　格]  [修正内容の審査]  [不合格]  │
└──────────────────────────────────────┘
    ↓                          ↓
[検定決定]              [検定審査不合格決定]
    ↓                          ↓
[検定決定の通知]        [検定不合格の通知]
教科書発行者
    ↓                    再申請（任意）
[見本提出]
```

図 6-1　教科書検定の仕組み
出典：文部科学省 HP より作成。

にその理由が通知され，申請者に反論する機会が与えられている。また，検定意見に対して異議がある場合にも，申請者は意見の申立てができる。

（3）教科書採択制度

　教科書の採択とは，小，中，高校などでどのような教科書を使用するかについて決定することである。教科書の採択権限は，公立学校の場合，その設置である市町村や都道府県教育委員会にあり，国立および私立学校の場合は校長にある。採択の方法は，小，中学校など義務教育諸学校の場合は，「義務教育諸学校の教科用図書の無償措置に関する法律」に定められている。高校の場合は，法令上具体的な規定はないが，公立高校の場合，採択の権限をもっている所管の教育委員会が採択している。なお，義務教育諸学校用教科書の場合，通常，4年間同じ教科書を採択することになっている。

　義務教育諸学校の場合，文部科学大臣に対して次年度用として発行者から届け出のあった検定済教科書がまとめられ，教科書目録が作成される。この教科書目録は，都道府県教育委員会を通じて各市町村教育委員会に送付される。発行者は，教科書の見本を都道府県教育委員会や市町村教育委員会，国・私立学校長に送付する。都道府県教育委員会は，適切な採択を行うために，教科用図書選定審議会を設置して採択の対象となる教科書を調査研究し，採択権者である市町村教育委員会や学校長に指導・助言することになっている。また，都道府県教育委員会は教科書センター（平成24年4月現在，全国で886箇所設置）等で校長や教員，採択関係者の調査・研究のために毎年，6月から7月の一定期間，教科書展示会を行っている。

　学校で使用される教科書の採択権限は市町村教育委員会にあるが，採択方法はいわゆる広域採択制が採られている。これは，都道府県教育委員会が設定した採択地区（「市若しくは郡の区域又はこれらの区域をあわせた地域」）ごとに，市町村教育委員会が協議して種目ごとに同一の教科書を採択する方法である（義務教育諸学校の教科用図書の無償措置に関する法律第12,13条）。通常，採択地区内の市町村は採択地区協議会を設置し，共同調査・研究を行っている。採択地区は，平成24年4月現在，全国で585地区あり，平均2～3の市または郡から構成されている。

　教科書採択制度の課題としては，教科用図書選定審議会や採択地区協議会等の

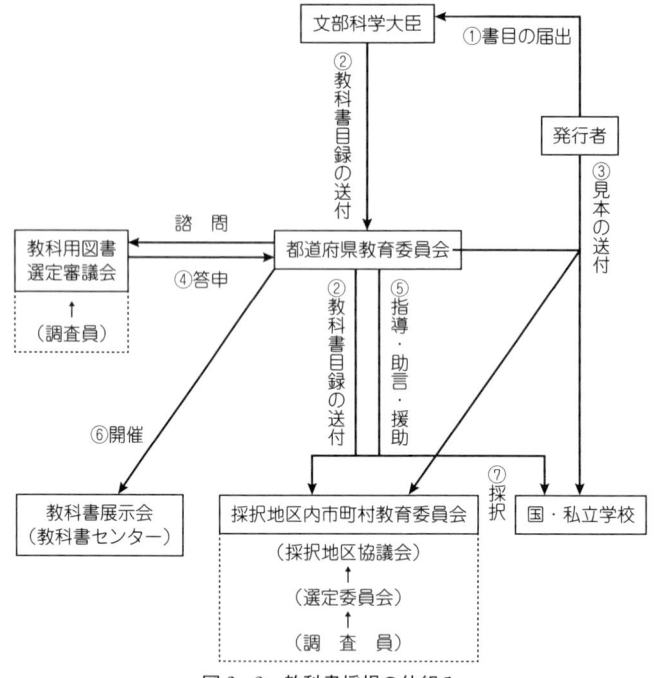

図 6-2 教科書採択の仕組み
出典：文部科学省 HP より作成。

委員に保護者代表等を加えるなどして保護者等の意見を反映しやすくすることや，広域採択に伴う教科書の種類の減少や画一化を防ぎ，多様でよりよい教科書づくりを促進することなどがあげられる。

(滝沢　潤)

参考文献
上原貞雄編『教育行政学』福村出版，1991年。
上原貞雄編『教育法規要解』福村出版，1992年。
平原春好『教育行政学』東京大学出版会，1993年。
田原迫龍磨編『現代教育の法制と課題』第一法規出版，1994年。
田原迫龍磨・仙波克也・有吉英樹編『教育行政の課題と展開』コレール社，1995年。
神田修・兼子仁編著『教育法規新事典』北樹出版，1999年。
黒崎勲『教育行政学』岩波書店，1999年。

文部科学省初等中等教育局『教科書制度の概要』，2005年。
文部科学省『小学校学習指導要領』2008年3月28日告示。
窪田眞二・小川友次『平成25年度版 教育法規便覧』学陽書房，2013年。

第 7 章

教職員の職務と教員評価制度

1 教職員の職務と服務

（1）学校に置かれる教職員の種類

　学校に勤務する教職員は，直接教育活動に携わる教育職員と事務処理を通じて教育活動を支える事務職員等からなる。具体的にどのような教職員を置かなければならないかについては，主に学校教育法（以下，学校法）で規定されている。小学校，中学校，中等教育学校，および特別支援学校には「校長，教頭，教諭，養護教諭及び事務職員」を（第37, 49, 69, 82条），高等学校には「校長，教頭，教諭及び事務職員」を（第60条），幼稚園には「園長，教頭及び教諭」を（第27条）それぞれ「置かなければならない」と規定している。ただし，「特別の事情があるときは」置かないことができる，あるいは副校長や主幹教諭，栄養教諭などのように必要に応じて「置くことができる」という規定もあり，一律にすべての学校に同じような教職員が置かれているわけではない。

　これ以外にも，各種の主任（学校教育法施行規則〔以下，学校法施規〕），司書教諭（学校図書館法），学校医・学校歯科医（学校保健安全法）など，法令の規定に基づき置かれる職がある。学校に置かれる主な教職員の職名とその職務，根拠となる法規定は，表 7-1，7-2 に示す通りである。

■校長・副校長・教頭の職務

　校長は学校の最高責任者であり，学校のあらゆる活動は校長の責任のもとで遂行される。その職務については学校法第37条第 4 項で「校務をつかさどり，所属職員を監督する」と規定されている。

　「校務」とは，学校の運営に必要な仕事のいっさいであり，①教育の管理，②児童生徒の管理，③教職員の管理，④施設・設備の管理，⑤学校事務の管理，⑥教育行政機関や関係諸団体をはじめとする学校外部との連絡調整などが含まれる。

第7章　教職員の職務と教員評価制度

表7-1　学校に置く主な教職員とその職務

職　名	職　務	校種 幼	校種 小	校種 中	校種 高	根拠規定
校　長(園　長)	校務をつかさどり，所属職員を監督する	◎	◎	◎	◎	学校法27, 28, 37, 49, 60, 62, 69, 70, 82条
副校長(副園長)	校長を助け，命を受けて校務をつかさどる	△	△	△	△	〃
教　頭※1	校長，副校長を助け，校務を整理し，必要に応じ児童の教育をつかさどる	○	○	○	○	〃
主幹教諭	校長，副校長，教頭を助け，校務の一部を整理し，児童の教育をつかさどる	△	△	△	△	〃
指導教諭	児童の教育をつかさどり，他の職員に対して，教育指導の改善・充実のため必要な指導助言を行う	△	△	△	△	〃
教　諭※2	児童の教育をつかさどる	◎	◎	◎	◎	〃
養護教諭※2	児童の養護をつかさどる	△	▲	▲	△	〃
栄養教諭	児童の栄養の指導及び管理をつかさどる	△	△	△	△	〃
事務職員	事務に従事する	△	○	○	○	〃
助　教　諭	教諭の職務を助ける	△	△	△	△	〃
講　師	教諭又は助教諭に準ずる職務に従事する	△	△	△	△	〃
養護助教諭	養護教諭の職務を助ける	△	△	△	△	〃
実習助手	実験又は実習について，教諭の職務を助ける				△	学校法60条
技術職員	技術に従事する				△	〃
寄宿舎指導員	寄宿舎における児童，生徒又は幼児の日常生活上の世話及び生活指導に従事する	※3				学校法79条
司書教諭※4	学校図書館の専門的職務を掌る	◎	◎	◎	◎	学校図書館法5条
学　校　医	学校における保健管理に関する専門的事項に関し，技術及び指導に従事する	◎	◎	◎	◎	学校保健安全法23条
学校歯科医	〃		◎	◎	◎	〃
学校薬剤師	〃		◎	◎	◎	〃
その他必要な職員		△	△	△	△	学校法27, 37, 49, 60, 69, 82条

◎：必ず置く，○：特別な事情があるときは置かないことができる，△：置くことができる，▲：養護をつかさどる主幹教諭を置くときは置かないことができる
※1：副校長を置くときは置かないことができる
※2：特別の事情があるときは教諭に代えて助教諭又は講師を，養護教諭に代えて養護助教諭を置くことができる(高校を除く)
※3：寄宿舎を設ける特別支援学校に置かなければならない
※4：主幹教諭，指導教諭又は教諭をもって充てる職(政令で定める規模以下の学校には当分の間置かないことができる)

表7-2 主任の職務と根拠規定

職名	職務	小	中	高	特別	根拠規程
教務主任	教育計画の立案その他の教務に関する事項について連絡調整及び指導,助言に当たる	○	○	○	○	学校法施規44条
学年主任	当該学年の教育活動に関する事項について連絡調整及び指導,助言に当たる	○	○	○	○	〃
生徒指導主事	生徒指導に関する事項をつかさどり,当該事項について連絡調整及び指導,助言に当たる		○	○	○	学校法施規70条
進路指導主事	生徒の職業選択の指導その他の進路の指導に関する事項をつかさどり,当該事項について連絡調整及び指導,助言に当たる		○	○	○	学校法施規71条
保健主事	小学校における保健に関する事項の管理に当る	○	○		○	学校法施規45条
学科主任	当該学科の教育活動に関する事項について連絡調整及び指導,助言に当たる			○	○	学校法施規81条
農場長	農業に関する実習地及び実習施設の運営に関する事項をつかさどる			○	○	〃
寮務主任	寮務に関する事項について連絡調整及び指導,助言に当たる				○	学校法施規124条
舎監	寄宿舎の管理及び寄宿舎における児童等の教育に当たる				○	〃
主事	部に関する校務を掌る				△	学校法施規125条
その他の主任等	必要に応じ,校務を分担する	△	△	△	△	学校法施規47条
事務長	事務職員その他の職員が行う事務を総括し,その他事務をつかさどる	△	△	◎	◎	学校法施規46条,82条
事務主任	事務をつかさどる	△	△			学校法施規46条

◎:必ず置く,○:主任が担当する校務を整理する主幹教諭を置くときその他特別な事情があるときは置かないことができる,△:置くことができる
なお,準用規定は省略した

「校務をつかさどる」とは，これら校務を処理するにあたって，校長が包括的職務権限と責任を有するということである。もちろん，学校としての最終的な決定権が校長にあるにしても，独断専行になることなく，所属教職員のモラールを喚起して，効果的かつ円滑な校務の遂行が図られるよう，総合調整的な役割を果たすことが求められよう。

包括的職務以外に，個々の法令で校長が処理することが規定されている職務がある。一例をあげれば，児童・生徒の懲戒（学校法第11条），学齢児童・生徒の出席状況の把握，長期欠席者の教育委員会への通知（学校法施行令第19，20条），指導要録・出席簿の作成，児童・生徒への退学・停学・訓告処分，卒業証書の授与（学校法施規第24，25，26，58条），感染症による出席停止・臨時休業，学校環境の安全確保（学校保健安全法第19，20，28条）などがある。また，教育委員会からの委任（地方教育行政の組織及び運営に関する法律〔以下，地教行法〕第26条），職務命令（地方公務員法〔以下，地公法〕第32条）により校長が処理する職務もある。

次に，「所属職員を監督する」とは，学校に所属する全教職員について，法令等の遵守すべき義務に違反しないように，またその行為が学校本来の目的達成に適切であるように監視し，必要に応じて指示・命令等を出すことである。監督には職務上の監督と身分上の監督がある。職務上の監督とは，所属職員の職務遂行についての監督であり，身分上の監督とは，所属職員の地方公務員あるいは教育公務員としての身分にかかわる事項についての監督である。

2007年の学校法改正により新たに副校長を置くことができることとなった。その職務は，校長を助け，命を受けて校務をつかさどる（第37条第5項）とともに，校長に事故があるときはその職務を代理し，校長が欠けたときはその職務を行う（同第6項）ことである。一方，教頭の職務は，校長・副校長を助け，校務を整理し，必要に応じて児童の教育をつかさどる（同第7項）とともに，校長・副校長に事故があるときはその職務を代理し，校長・副校長が欠けたときはその職務を行う（同第8項）ことである。

副校長，教頭ともに校長の補佐役であり，校務全般にわたって校長の円滑な職務遂行を助けることが第一の職務である。ただし，副校長が校長の命を受けた範囲内で校務の一部を自らの権限で処理できるのに対して，教頭の職務はあくまで校務の整理であり，校長や副校長が処理する校務の準備的事務や，校内での連絡・調整にとどまる。

第Ⅱ部　教育行政の諸領域

■主幹教諭・指導教諭・教諭・主任の職務

　副校長と同じく，2007年の学校法改正で主幹教諭と指導教諭を置くことができるようになった。主幹教諭の職務は，校長・副校長・教頭を助け，命を受けて校務の一部を整理し，児童の教育をつかさどる（第37条第9項）ことであり，担当する校務について一定の責任を持って整理し，他の教諭等に対して指示を出すことができるとされる。指導教諭の職務は，児童の教育をつかさどるとともに，他の職員に対して，教育指導の改善及び充実のために必要な指導び助言を行う（同第10項）ことである。

　教諭の職務は「児童の教育をつかさどる」（同第11項）ことである。「教育をつかさどる」とは，学習指導や生活指導といった教育全般を任務とするということである。「教育」とは，授業をはじめとする直接的な教育活動のみならず，それを支える教材研究，成績評価，保護者への対応，研修といった間接的な教育活動をも含む。

　ところで，教諭の職務に関しては，児童・生徒の「教育」が本務であって，それ以外の，たとえば学校事務や，施設設備の管理に関する事務などは，雑務であり，教諭の本務ではないとする説もある。確かに，教諭が雑務に煩わされることなく，本務である教育に専念できることは一つの理想形であり，そのような学校づくりが望まれるであろう。しかしながら，教諭が教育活動以外のさまざまな雑務も含めた事務を分掌しなければ学校運営が成り立たない場合が多いのも事実であり，教育をその職務の中核としつつも，教育とは直接関係しない雑務も含まれるというのが，教諭の職務の実態であるといえよう。副校長や主幹教諭といった新たな職設置のねらいの一つは，教師の多忙化を改善し，子どもと向き合える体制を整備することであるともされている。

　主任は従来，各学校に慣行として，あるい学校管理規則等に基づいて設けられていたが，1975年の学校法施規の一部改正により制度化された。その主旨は，「教育活動を円滑かつ効果的に展開し，調和のとれた学校運営が行われるような教職員の組織が必要である」（学校教育法施行規則の一部を改正する省令の施行について（通達）文初地第136号　1976年1月13日）というものであり，特に，教務主任，学年主任，生徒指導主事といった，基本的かつ，全国的にもほぼ共通に置かれることが多かったものについて，その設置および職務が規定された（表7-2）。また，同規則で規定された主任以外にも，各学校の必要に応じて校務を分担する主

任等を置くこともできることとなった（同第47条）。

　主任は，校長や教頭のような「独立職」ではなく，当該の学校に勤務する教職員をもって充てる「充当職」である。また，いわゆる「中間管理職」ではなく「指導職」として位置づけられ，その職務は「それぞれの職務に係る事項について教職員間の連絡調整及び関係教職員に対する指導，助言等に当たるものであり，当該職務に係る事項に関して，必要があれば，校長及び教頭の指示を受けてこれを関係教職員に伝え，あるいは，その内容を円滑に実施するため必要な調整等を行う」（同通達）ことであり，他の教職員に対して職務命令を発する権限はない。

（2）教職員の服務

　一般に，服務とは職員がその職務に忠実に従事するということである。公務員としての教職員の服務の基本となるのは，憲法第15条2項の規定「全て公務員は，全体の奉仕者であつて，一部の奉仕者ではない」，および教育基本法第9条1項の規定「法律に定める学校の教員は，自己の崇高な使命を深く自覚し，絶えず研究と修養に励み，その職責の遂行に努めなければならない」である。これを受けて，地公法，国家公務員法（以下，国公法），教育公務員特例法（以下，教特法）に具体的規定が設けられている。

　服務にあたっての根本的基準となるのは，「すべて職員は，全体の奉仕者として公共の利益のために勤務し，且つ，職務の遂行に当たつては，全力をあげてこれに専念しなければならない」（地公法第30条，国公法第96条）という規定である。

　公務員の服務義務は，この根本基準に加え，職務上の義務と身分上の義務に分けられる。職務上の義務とは，職員がその職務を遂行する上で遵守すべき義務であり，身分上の義務とは勤務時間中か否かを問わず，公務員としての身分を有するかぎり，遵守すべき義務である。具体的には，以下の様な服務義務が規定されている。

① 服務上の根本基準

根本基準（地公法第30条，国公法第96条）：公共の利益，国民全体に奉仕するために，全力で職務の遂行にあたらなければならい。

服務の宣誓（地公法第31条，国公法第97条）：上記根本基準に従って，全力で勤務することを宣誓しなければならない。

② 職務上の義務

法令等および職務命令に従う義務（地公法第32条，国公法98条1項）：職務遂行に当っては，法令等の規定に従うとともに，上司の職務上の命令に忠実に従わなければならない。

職務専念義務（地公法第35条，国公法第101条）：法令等に特別の定めがある場合をのぞき，勤務時間・職務上の注意力のすべてを職責遂行のために用いなければならない。

③ 身分上の義務

信用失墜行為の禁止（地公法第33条，国公法第99条）：職の信用を傷付け，職全体の不名誉となる行為を行ってはならない。

守秘義務（地公法第34条，国公法第100条）：職務上知りえた秘密を漏らすことは禁じられている。これは，在職中はもちろんのこと，退職後も同様である。

政治的行為の制限（地公法第36条，国公法第102条）：政党その他の政治団体の結成に関与，あるいはその役員となる等の政治的行為は制限されている。

争議行為の禁止（地公法第37条，国公法第98条2項）：同盟罷業，怠業といった国や地方公共団体の活動能率を低下させる怠業的行為は禁止されている。

営利企業等の従事制限（地公法第38条，国公法第103条）：任命権者の許可を得なければ，営利企業等に従事すること（兼業）ができない。

　公立学校の教職員は身分上は地方公務員であるが，「教育を通じて国民全体に奉仕する教育公務員の職務とその責任の特殊性に基づき」（教特法第1条），任免，服務，研修等については教特法の規定が適用される。

　服務に関する規定としては，政治的行為の制限があげられる。地方公務員は，勤務する地方公共団体の区域外であれば，一定の政治的行為をすることが認められているが（地公法第36条第2項），教育公務員の場合は「当分の間，地方公務員法第36条の規定にかかわらず，国家公務員の例による」（教特法第18条）とされ，勤務する地方公共団体の区域外であっても政治的行為が制限されている。また，公職選挙法では，公務員がその地位を利用して選挙運動をすることを（第136条の2），校長および教員が教育上の地位を利用して選挙運動をすることを禁止している（第137条）。

　営利企業等の従事制限に関しては，本務に支障がないと任命権者が認める場合には，給与を受けて（又は受けないで）教育に関する他の職を兼ねたり，教育に関する事業等に従事することができる（教特法第17条）と規定されており，一般

の公務員よりも条件が緩和されている。

（高橋正司）

2　教員評価制度

（1）教員評価の法制
　地公法第40条では「任命権者は，職員の執務について定期的に勤務成績の評定を行い，その評定の結果に応じた措置を講じなければならない」と規定されており，地方公務員の勤務評価は当該地方公共団体が行うこととなっている。公立学校教員の場合には，任命権者である教育委員会が行うこととなる。ただし，県費負担教職員については，地教行法により，地公法の規定にかかわらず，都道府県委員会の計画の下に，市町村委員会が実施することとなっている（第46条）。
　1956年の地教行法制定により教員の勤務評定が法制化された当時は，教職員組合の全国的な反対運動の末，きわめて形骸化されて存続することを余儀なくされていた。その状況を転換させ，近年の全国的な新しい教員評価制度設定への移行に口火をつけたのは，2000年度から本格実施に踏み切った東京都の人事考課制度である。その後の展開には，各自治体で温度差がみられるとともに，先頭を行っていた東京都において，教職員構成上抱える問題から，従来の方針からの転換を模索しつつあるようにみうけられる。本節においては，東京都の近年の動向をまず明らかにし，そのうえで，いくつかの自治体の傾向について概観してみることにする。検討素材としては，2013年10月現在，各都道府県・政令指定都市教育委員会ホームページで閲覧可能であったものに限定した。

（2）東京都における方針転換の模索
　東京都教育委員会の教員任用制度あり方検討委員会が2006年4月に出した「これからの教員選考・任用制度について」では，人事考課制度について，教員一人ひとりの業績や能力を適切に把握し，効果的な人材育成をこれまで以上に積極的に実施するため，2段階の絶対評価を校長の評価に一本化するとともに，絶対評価の評語をより活用しやすい段階に再構成し，評語に基づいたより効果的な人材育成を図っていくとしており，相対評価重視だった当初の姿勢を転換させる傾向

がみうけられる。これはベテラン教員の大量退職時期を迎えるにあたっての背に腹は代えられない「人材育成」重視への転換といってよいのではないかと考えられる。

「教育の職のあり方検討委員会報告」は，2006年7月に出されたものであるが，現状の課題として「教員の約85％が同一の教諭等の職にあるにも関わらず，実際には，職務の困難度や責任の度合いに，大きな違いがある」と指摘し，「教員の職責・能力・業績を適切に評価し，処遇に的確に反映させていく制度を構築することが必要である」と述べている。

「東京都教員人材育成基本方針」は，2008年10月に出され，大量退職・大量採用の時代に際して，若手教員が実力ある教員として成長していくために校内におけるコミュニケーションが十分に取られ，相互に支え合い，高め合う環境のなかで，意図的・計画的な人材育成が行われる体制を早急に整える必要があると述べている。そして，人事考課制度の目的を「教職員の資質能力の向上と学校組織の活性化にある」と明示したうえで，「①自己申告の目標設定があいまいであったり，求められる水準には満たないため，人材育成に十分役立っていないこと，②授業観察後の教員に対する指導・助言は，すべて校長・副校長が行うため，教員数の多い学校では，指導の時間が十分に確保できないこと，③業績評価の基準が概して甘いため，教員の職務遂行上の課題を的確に指摘できず，育成に生かせていない」という課題を指摘している。

また今後の方向性としては，人材育成に有効に活用するために，前提条件として学校経営計画をより具体的なものとすること，校長・副校長と職員との意思疎通が図れるようにすること，OJT（On the Job Training）を受けながら，キャリアプランを自己申告書に組み込むこと，また人材育成の視点から人事考課制度を有効に機能させている学校や教育委員会の実践事例を収集し他地区に還元していくこと，などとしている。

確かに若い世代と校長・副校長の世代とは，意思疎通に困難を来し，そのために現場で起きている問題が多々あるであろう。しかし，教員育成のためには，処遇の改善という金銭的価値を伴った手段では，その本質を誤ってしまうのではないだろうか。むしろ「考課」とは手を切ることで，「校内におけるコミュニケーションが十分にとられ，相互に支え合い，高め合う環境」がつくられるのであり，子どもや同僚とともに育つ教師のOJTは当然のことで，むしろOff-JT（Off the Job Training) を増やしてきたこれまでの「官製研修」のあり方を見直すべきではないだろうか。

(3) 各自治体ホームページにおける閲覧可能資料

　教員評価（自治体によって「人事評価」という名称をとる場合もあるが，ここでは「教員評価」に統一した）に関する資料として手引（またはマニュアル，ハンドブック，あらまし，概要版）を掲載していたのは，秋田県・神奈川県・島根県・熊本県（2006年版），青森県・福島県（2008年版），新潟市（2009年版），千葉県（2011年版），広島県（2012年版），栃木県・群馬県・静岡県・山口県・高知県・大分県・沖縄県（2013年版），山梨県（不詳）であった。

　教育委員会規則（または訓令）を掲載していたのは，広島県（2003年施行），宮城県・島根県・熊本県・大分県・沖縄県（2006年施行），青森県（2008年施行），千葉県（2011年施行）であり，それぞれ県立学校および市町村立学校（または県費負担）職員について制定し，かつ実施要領（または要綱）も併せて掲載していた。これらの自治体は，当然に本格実施を行っている自治体とみなすことができる。実施要綱のみを掲載していたのは，岡山県（2006年施行）であった。

　さらに苦情（または意見，異論，不服）対応に関する要領（または要綱）を掲載していたのは，宮城県・島根県・高知県・沖縄県（2006年施行），青森県（2008年施行），栃木県・群馬県（2009年施行），大分県（2010年施行）であった。静岡県は，人事評価制度相談窓口に関する資料を掲載している。

　2013年度も試行中であることを明示して手引等を掲載しているのは，山形県・山口県である。静岡市は2009年度の試行に関するリーフレットを，兵庫県は2009年度の試行に関する手引を掲載している。一方，ただ単に更新されていないという理由なのか，資料の掲載が，教員評価システムの検討に際して設置された委員会の報告書（または会議要録，議事要旨）の段階までに留まっているのが，京都市（2006年），徳島県（2009年），京都府（不詳）である。概要と実施結果の簡潔な資料を掲載しているのは長野県（2012年）である。

　さらに，東京都で問題になった人材育成の視点を検討するための委員会を設置し，その報告書や会議概要を掲載しているのは，広島県・宮崎県（2007年），山口県（2012年）である。なお，大阪府は2004年から評価・育成システム本格実施としているが，内容は明らかにしていない。兵庫県での人事評価・育成，岡山県で

の育成・評価の実施要綱が，それぞれ2006年から施行されている。青森県は2008年発行の手引を人材育成・評価システムと銘打っていた。京都府に関しては，年次不詳であるが，「人材育成システムの構築に向けて」の評価が謳われていた。

（4）評価の方法

筆者が2005年に行った調査においては，いくつかの自治体において，評価結果を処遇の改善に反映させるためには相対評価とせざるを得ない，という見解をとるものがある一方，処遇への反映については慎重な姿勢をみせるところもあった。

今回の調査で，相対評価と明示していたのは広島県・大分県のみで，他の自治体ではほとんど絶対評価としていた。東京都でさえ転換の意向をみせている相対評価について，大分県では，採用試験等をめぐる贈収賄事件の再発防止策として，この評価方法を採用し，評価結果の処遇等への反映を行う方向になったということである。京都市は，絶対評価を相対評価に置き換えることにより，処遇に反映させたいとしている。

処遇への反映について，否定的な見解を示しているのは青森県・静岡市である。明確に肯定しているのは，前述の大分県・京都市の他，神奈川県・長野県・高知県である。

（5）評価結果の本人開示の有無

多くの自治体で開示するという方針が示されていた（群馬県・宮崎県は「フィードバック」とし，沖縄県では両方の意味の違いをも説明している）。興味深いのは，大分県の「原則開示しないが，総合評価結果が『E』又は『D』の職員について，指導監督上特に必要と認められることから開示する」としている点で，他の自治体の「単に格差をつけるためにあるのではなく」「育成指導して，その能力を発揮させ」「低い評価を与えた教職員には，今後はもっと良い結果を得られるように，評価者自身が労を惜しまず，指導・助言に努めなければならない」という見解とも共通し，そこは評価してよいであろう。熊本県でも同様に，評価結果は開示しないが，助言すべき事柄等については，育成面談の機会等を通じてフィードバックするとしている。

秋田県では，結果開示と面談に関して校長に三つの選択肢が示されている。山形県では，観察・指導記録は開示しないことになっている。広島県では，全く開

示していない。

（6）苦情対応体制や批判的意見の扱い

　苦情対応体制については，前述の要綱を制定している自治体の他，福島県・神奈川県・山梨県・京都市・兵庫県・山口県・徳島県・大分県・宮崎県が整備済みまたはその意向を示している。長野県では，2011年度の実施結果で，苦情の申し出はなかったとしている。

　こうした苦情や批判的意見に対応する制度が整備された背景として，教員評価システム検討委員会における審議内容・意見聴取およびその過程において実施されたアンケート結果やパブリックコメントで出された意見が反映されているものもある。そうした資料を掲載しているのは，青森県・京都市で，それぞれのリンクを開いてみることをお勧めしたい。

（堀田哲一郎）

参考文献
田辺勝二『教育行政法概要』エーアンドエー，1995年。
田原迫龍麿・仙波克也『教育法規要説』コレール社，2001年。
田原迫龍麿・仙波克也ほか『教職専門叢書4　教育行政の基礎と展開』コレール社，1999年。
日本教育経営学会『講座日本の教育経営5　教育経営と教職員』ぎょうせい，1986年。
日本教育経営学会『講座日本の教育経営6　教育経営と指導者の役割』ぎょうせい，1987年。
森秀夫『要説　教育法制・行政　三訂版』学芸図書，1989年。
古賀一博ほか「『能力開発型』教職員人事評価制度に対する教員の意識傾向と諸特徴」
　　『教育行政学研究』第29号，西日本教育行政学会，2008年。
堀尾輝久ほか編『東京都の教員管理の研究』同時代社，2002年。
「学校教育法等の一部を改正する法律について（通知）」19文科初第536号，2007
　　http://www.mext.go.jp/b_menu/hakusho/nc/07081705.htm
東京都教育委員会人事制度等
　　http://www.kyoiku.metro.tokyo.jp/pickup/p_gakko/p_seido.htm
各都道府県，指定都市教育委員会へのリンク
　　http://www.mext.go.jp/b_menu/link/kyoiku.htm

第8章

教員養成・研修制度

1　戦前の教員養成

（1）師範学校制度の草創期

　組織的かつ計画的な教員養成は，近代公教育制度の成立に伴って始まった。周知の通り，わが国の近代公教育制度の成立は，1872（明治5）年に制定された「学制」による。全国は八つの大学区に，1大学区は32中学区に，さらに1中学区は210小学区に分けられた。すなわち全国に8の大学校，256の中学校，5万3,760の小学校を置くというフランスの学制にならった公教育制度が宣言されたのである。公教育制度を創設し普及させるために何よりも必要だったのが教員の養成であり，特に小学校の教員養成が喫緊の課題となった。そこで，1872年，学制の発布を前にして，東京に官立の師範学校が設立されている。

　師範学校は，2年課程で，アメリカ人スコット（Scott, M. M.）を教師として雇い，アメリカの教材，教具等を利用して，アメリカの小学校の教授方法を導入した。その後，小学校の急増とともに，1873（明治6）年に大阪と宮城，1874（明治7）に愛知，広島，長崎，新潟にも官立の師範学校が設立される。また，1874年には女子の教員を養成するための東京女子師範学校も設立されている。これら師範学校の卒業生は各府県の教員養成機関の訓導（旧制学校の正規教員の称，現在の教諭）や学務担当の官吏となったりして，地方の教員養成の中心的役割を果たすことになる。

　各府県の教員養成は，当初の教員需要に追いつけず，養成期間が2カ月から7カ月の伝習所，講習所，伝習学校，養成校などの応急的な教員養成機関から出発して，徐々に公立師範学校として整備されていった。文部省（当時）は，国の財政緊縮の要請もあって，教員養成の任務を補助金政策とともに府県の公立師範学校へ移管する政策に転換し，東京師範学校，東京女子師範学校以外の官立師範学校を1877（明治10）年，1878（明治11）年で廃止し，廃止された官立師範学校の

教員・施設等はそのまま所在地の府県立師範学校へ移管されている。

1880（明治13）年の改正教育令では，「各府県ハ小学校教員ヲ養成センカ為ニ師範学校ヲ設置スヘシ」（第33条）として，府県に対して明確に師範学校の設置義務を課すとともに，「小学校教員ハ官立公立師範学校ノ卒業証書ヲ有スルモノトス」（第38条）として私立の師範学校の設置を認めない方針が明らかにされた。また，1881（明治14）年の「師範学校教則大綱」により師範学校の学科構成や教育内容が示され，さらに，1883（明治16）年の「府県立師範学校通則」によって師範学校の目的，入学生徒定員の算定基準，施設・設備および職員の基準等が定められるなど，師範学校の全国基準が整えられる。学科構成は初等師範学科（修業年限1年：小学初等科教員養成），中等師範学科（修業年限2年半：小学初等科，中等科教員養成），高等師範学科（修業年限4年：小学各等科教員養成）に分かれ，入学資格は小学中等科卒業以上の学力を有する17歳以上の者とされた。師範学校の目的は「忠孝彝倫ノ道（忠義と孝行を常に守るべき道とする）ヲ本トシテ管内小学校ノ教員タルヘキ者ヲ養成」することとされ，儒教主義に基づく国家目的が明示されたのである。また，入学定員を管内の学齢児童の1,000人ないし1,500人に一人の割合で設定し，その3分の2は中等師範学科以上の者とするとして，教員の計画的養成の考え方も示されている。

（2）師範学校制度の確立

1886（明治19）年，初代文部大臣森有礼によって制定された「師範学校令」は，戦前の師範学校の制度的原型となり，その後の教師観の基礎を確立した。外交官として欧米列強の帝国主義を目の当たりにした森は，教育は富国強兵の為に国家に従属すべきで，優良な教員の養成こそが国民教育の成否を決するとして師範教育に力を入れたのである。森の国家主義的教育思想は，敗戦に至るまでの60年間，師範教育のあり方を決定的に支配するものであった。第1条では，「師範学校ハ教員トナルヘキモノヲ養成スル所トス但生徒ヲシテ順良親愛威重ノ気質ヲ備ヘシムルコトニ注目スヘシモノトス」（傍点筆者，以下同じ）として師範教育の目的を規定した。そして，師範学校は小学校教員を養成する公立の尋常師範学校（1897年に師範学校へ名称変更）と尋常師範学校教員および中等学校教員を養成する官立の高等師範学校に分けられた。尋常師範学校への入学資格は，高等小学校以上の学力を有し年齢17歳以上20歳以下の者とし修業年限は4年，高等師範学校は男

子師範学科と女子師範学科があり，前者は尋常師範学校卒業を入学資格として修業年限3年，後者は尋常師範学校2年修了を入学資格として修業年限4年であった。また，尋常師範学校の生徒の学資は公費負担（官立の学資は発足当初から官費支給：種目は食物・被服・日用品・湯浴・一週間手当・病気療養費など）とされた。続いて，「師範学校令」を受けたその他の各省令により，師範学校教育内容の国家基準は一層詳細になり，尋常師範学校卒業生には5年間の指定校への奉職義務と，あわせて10年間の教職従事義務が課せられた。教員に必要な資質とされた「順良」「親愛」「威重」の気質は，徹底した兵式体操と寄宿舎における兵式訓練によってその育成が図られた。寝起き・学習・食事・外出の時間など画一的に規制され，自室の棚に書籍を並べる順序，寝具の整頓の順序までも規制されていたという。

（3）師範学校の中等教育レベルから専門学校レベルへの昇格

　小学校への就学率が上昇し義務教育年限が延長されることで，就学児童数は拡大し，正規教員の慢性的不足が生じていた1907（明治40）年，「師範学校規程」が出され，師範学校には従来の高等小学校以上の学力を資格とするものを第1部として，加えて，中等学校卒業を入学資格とした修業年限1年の第2部が誕生する。このことは中等学校レベルであった師範学校を専門学校レベルへ昇格させる出発点となるのである。1931（昭和6）年の「師範学校規程」の一部改正では，第2部の修業年限が2年に引き上げられ，第2部のみの師範学校も認められ，その生徒数も急速に増加していく。

　1937（昭和12）年の日中全面戦争の勃発により，教育は戦争遂行に向けて改変される。小学校は「国民学校」と改称され，「教育勅語」を基本とした皇国民の育成が図られた。1943（昭和18）年に「師範教育令」が改正され，師範学校の目的は「皇国ノ道ニ則リテ国民学校教員タルベキ者ノ錬成ヲ成スヲ以テ目的トス」となり，長年，教員の資質・特性とされてきた「順良親愛威重」の言葉に替わって「皇国ノ道」「錬成」という戦時下の軍国日本を象徴する目的設定がなされる。また，師範学校は官立に移管され，予科2年，本科3年から成り，予科への入学資格は国民学校高等科修了，本科への入学資格は予科修了，中学校・高等女学校卒業とされ，ここに専門学校レベルの昇格が実現したのである。

　以上のように，戦前の正統な教員養成は官立・公立の師範学校のみで行われる

閉鎖的なものであり，教育内容をはじめ生徒の入学から卒業に至るまで国家統制の下に置かれたものであった。その結果，「師範タイプ」といわれる，画一的，権威主義的で融通の利かない教員が多く送り出されたといわれている。

2　戦後の教員養成

(1)「大学における教員養成」と「開放制」の原則

　第二次世界大戦敗戦後の日本は連合国の占領下に置かれ，戦後日本の教育改革は，1946（昭和21）年3月に連合国総司令部（GHQ）が招聘した米国教育使節団の第一次報告書によって方向付けられた。教員養成のあり方についての勧告は次のように要約できる。

> ① 教員養成は，教員養成を目的とした単科大学で教員に必要な専門的準備教育と十分な高等普通教育によって行われなければならない。
> ② 教員養成機関は，免許や授業の標準保持以外は政府からの指示を受けずに教育の理論と実際を発展させる自由を持つべきであり，カリキュラムは教師になるべき者を個人としてまた公民として育てるために自然科学，社会科学，人文科学及び芸術などの普通科目が重視されるべきである。また，児童の研究は特に重要なものである。

　すなわち，教員養成は，高等教育機関において，戦前のような徹底した国家統制から解放され，一般教養，専門教養，教職教養を重視して行われるべきとされたのである。

　1946（昭和21）年8月，米国教育使節団の勧告に基づいて，教育改革の具体的あり方を審議する「教育刷新委員会」が内閣の諮問機関として設置された。教育刷新委員会は教員養成について次のように建議して，戦後の教員養成制度の骨格を形成した。

> ① 教員養成は，総合大学及び単科大学において，教育学科をおいてこれを行う。（第17回総会採択）
> ② 小学校，中学校の教員は，主として次の者から採用する。（第34回総会採択）
> 　（ⅰ）教育者の養成を主とする学芸大学を修了又は卒業した者

> （ⅱ）総合大学及び単科大学の卒業者で教員として必要な課程を履修した者
> ③ 高等学校の教員は、主として大学を卒業した者から採用する。
> ④ 戦前の教員養成のためにする学資支給制指定義務制は廃止する。
> ⑤ 教員の養成に当たる学校は、官公私立のいずれとすることもできる。

　ここに、戦前の官立、公立のみの師範学校における閉鎖的であった教員養成は、国公私立すべての総合大学および単科大学で行われるという戦後教員養成制度の最大の特色である「大学における教員養成」と「開放制」の原則に基づくものとする新しい姿で提言されるのである。
　これらの提言は、1949（昭和24）年の「国立学校設置法」や「教育職員免許法」（以下、免許法）によって具体化される。すなわち、国立学校設置法により、旧師範学校等は教員養成を主目的とする学芸大学ないしは学芸学部・教育学部に再編され、免許法による所定の単位修得で一般大学の卒業生にも教員免許状が付与されることになったのである。

（2）教員の資質向上に向けての諸改革

　以来、戦後教員養成制度は、主として教員の資質向上という観点からのさまざまな答申や建議に基づいて改革がなされてきた。
　1953（昭和28）年の免許法の一部改正では、「教職課程認定制度」が導入された。所定の単位要件を満たせばどの大学でも免許状を取得できたのが、教職課程申請をして文部大臣（当時）が教員養成にふさわしい課程であると認定した大学でしか免許状が取得できなくなったのである。
　1978（昭和53）年には兵庫教育大学、上越教育大学、1981（昭和56）年には鳴門教育大学という、現職教員の研修のための大学院、いわゆる新構想教育大学・大学院が設置された。連動して国立教員養成系大学・学部にも、修士大学院の設置が急速に広まり、教員養成の場として大学院も大きく整備された。
　1988（昭和63）年の免許法の一部改正では、次の大きな制度改正が行われた。

> ① これまでの「1級・2級免許状」に代えて、普通免許状の種類を学部卒業程度を基礎資格とする「1種免許状」と短大卒業程度を基礎資格とする「2種免許状」とする。

② すべての校種に修士課程修了程度を基礎資格とする「専修免許状」の新設。
③ ２種免許状を有する者には、現職研修を通して１種免許状取得の努力義務を課す。
④ 社会人の有為な人材を学校教育に活用するための「特別免許状」の創設。
⑤ 免許状授与のための最低修得単位数を大幅に引き上げ、教職に関する科目に「教育の方法・技術」「生徒指導」「特別活動」「教育相談」「教育実習事前・事後指導」の科目が新設。

また、同年の「教育公務員特例法」（以下、教特法）改正により、教員採用後１年間の実践的な研修を積む「初任者研修制度」が創設され、条件付き採用期間も６カ月から１年間に延長されたが、上記の40年ぶりの免許法の改正を梃子に教員養成―採用―現職研修と一貫した体系で「教員の資質能力向上」が意図されたものであった。

1997（平成９）年の教育職員養成審議会（現在は中央教育審議会初等中等教育分科会教員養成部会）第１次報告「新たな時代に向けた教員養成の改善方策について」は、教員に求められる資質能力を明らかにした上で、それらを踏まえた教員養成カリキュラムの改善を提言した。その内容は、以下のように、1998（平成10）年の免許法の一部改正に反映されている。

① 我が国の社会全体に関わるテーマを内容とした「総合演習」の新設。
② 「外国語コミュニケーション」及び「情報機器の操作」（施行規則66条）の義務づけ。
③ 「教職への志向と一体感の形成に関する科目」の新設。
④ 中学校免許状にかかる「教育実習」の最低修得単位を５単位（事前・事後指導１単位を含む）に改める。
⑤ 「生徒指導、教育相談及び進路指導に関する科目」を充実させるために、現行の２単位から４単位に改める。なお「教育相談」にはカウンセリングの内容を義務づける。
⑥ 中学校及び高等学校１種免許状について、各教科の指導法にかかる単位数をそれぞれ８単位、４単位程度開設し、教科教育法の内容の一層の充実を図る。

また、1998（平成10）年の４月からは、議員立法によって成立した「小学校及び中学校の普通免許状授与に係る教育職員免許法の特例等に関する法律（いわゆる介護等体験特例法）」によって、小学校及び中学校教員免許状の取得に関して

は，2日間の特別支援学校，5日間の福祉施設での介護等体験が義務づけられている。

　2006（平成18）年，中央教育審議会は「今後の教員養成・免許制度のあり方について」答申を行った。教員が「国民や社会から尊敬と信頼を得られる存在」となるために，養成，採用，現職研修等の改革を総合的に進めることが一層強調され，①教職課程の質的水準の向上，②教職大学院制度の創設，③教員免許更新制の導入が提言された。

　その結果，教職課程の質的水準向上については，教員としての使命感をもって教科指導，生徒指導等を実践できる資質能力を確認する「教職実践演習」が2010年度入学生より必修科目と新設導入された。

　教職大学院は，2007（平成19）年4月から，教員養成教育の改善・充実を図るべく，高度専門職業人養成としての教員養成に特化した専門職大学院として創設され（開学は翌年度から），国立大学法人の19大学と私立大学の6大学，計25大学（2015年現在）が設けられている。教職大学院の標準修了年限は2年で，その目的・機能は，①学部段階での資質能力を修得した者の中から，さらにより実践的な指導力・展開力を備え，新しい学校づくりの有力な一員となり得る新人教員の養成，②現職教員を対象に，地域や学校における指導的役割を果たし得る教員等として不可欠な確かな指導理論と優れた実践力・応用力を備えたスクールリーダー（中核的中堅教員）の養成である。

　教員免許更新制は，2007（平成19）年6月の免許法の改正により，2009（平成21）年4月から免除職を除くすべての現職教員を対象として本格導入された。この免許更新制は，教員が教育の専門職として必要な資質能力を保持できるように，定期的に最新の知識技能を身に付けることにより，自信と誇りを持って教壇に立ち，社会の尊厳と信頼を得ることを目的とする制度である。あわせて2009（平成21）年4月以降に授与される免許状から10年間の有効期限が付けられることになった。免許状を更新するためには，教員個人が専門や課題意識に応じて，大学，教育委員会等が開設する講習の中から必要な講習を選択し，①教育の最新事情に関する事項（必修領域12時間）と②教科指導，生徒指導その他教育内容の充実に関する事項（選択領域18時間）の合計30時間からなる免許状更新講習を受講して，修了試験に合格しなければならず，期限までに修了できない場合は免許状が失効してしまう。

3 教員研修の概要

教特法第21条第1項は,「教育公務員は,その職責を遂行するために,絶えず研究と修養に努めなければならない。」として,「研究」と「修養」を意味する「研修」を公立学校教員に義務づけている。さらに,第22条では,「①教育公務員には,研修を受ける機会が与えられなければならない。②教員は,授業に支障のない限り,本属長の承認を受けて,勤務場所を離れて研修を行うことができる。③教育公務員は,任命権者の定めるところにより,現職のままで,長期にわたる研修を受けることができる。」とされ,一般公務員との比較からしても(地方公務員法第39条),教員には,「研修」する権利が幅広く認められていると考えるべきである。教員研修には,独立行政法人教員研修センターが行う国レベルの研修や都道府県等教育委員会が実施する研修および市町村教育委員会,学校,教員個人の研修がある。しかし,教特法第21条第2項「教育公務員の任命権者は,教育公務員の研修について,それに要する施設,研修を奨励するための方途とその他研修に関する計画を樹立し,その実施に努めなければならない」,地方教育行政の組織及び運営に関する法律第58条第2項「指定都市の県費負担教職員の研修は,(中略)当該指定都市の教育委員会が行う」,第59条「地方自治法第252条の22第1項の中核市の県費負担教職員の研修は,(中略)当該中核市の教育委員会が行う」とあるように,教員研修の第一の提供主体は都道府県・政令都市・中核市教育委員会にある。通常,研修を実施するための施設として教育センター等が設置され,教育委員会との連携協力の下に,各種の研修が企画,実施されている。そこで,本節では,都道府県・政令指定都市・中核市教育委員会が実施する法定の教員研修に絞って紹介する。

(1) 初任者研修

初任者研修は,1987(昭和62)年の臨時教育審議会の答申を受けて,1988(昭和63)年の教特法一部改正によって創設された研修であり,公立の小学校等の教諭等の任命権者が,小学校等の教諭等に対して実施する「その採用の日から1年間の教諭の職務の遂行に必要な事項に関する実践的な研修」(教特法第23条)である。この実践的な研修は,教員としての実践的指導力と使命感を涵養し,幅広い

知見を身に付けさせるために行われる研修である。初任者は，所属学校で学級や教科・科目を担当しながら研修を行う。

初任者研修には，校内研修と校外研修がある。校内研修は，週10時間以上，年間300時間以上実施される。講師は教育実践経験豊富なベテランの教員が務める。研修の主要な例としては，教員に必要とされる素養等に関する指導，初任者の授業を観察しての指導，授業を初任者に見せての指導等がある。校外研修は，年間25日以上実施される。研修の主要な例としては，各都道府県および指定都市等の教育センターでの講義・演習，企業・福祉施設等での体験研修，社会奉仕体験や自然体験にかかわる研修，青少年教育施設等での宿泊研修等があげられる。

（2）10年経験者研修

10年経験者研修は，2003（平成15）年4月1日から施行されている。公立の小学校等の教諭等の任命権者が，当該教諭等に対してその在職期間が10年に達した後相当の期間内に実施する「個々の能力，適性等に応じて，教諭等としての資質の向上を図るために必要な事項に関する研修」である（教特法第24条）。

校長は，研修対象者の教科指導・生徒指導等の状況等をもとに評価し，個々の能力や適正等に応じた研修計画書を作成し，教育委員会がこれらを調整し研修計画を決定する。夏期・冬期の長期休業期間等を利用して20日間程度，各都道府県の教育センター等でベテラン教師や指導主事等を講師として，模擬授業や教材研究，ケーススタディ等の校外研修が行われる。また，校外研修で修得した知識や経験を基盤として，校長，副校長，教頭，主幹教諭，指導教諭，教務主任等の助言のもとに，研究授業や教材研究等を中心に，課業期間中に20日間程度の校内研修を実施するものである。

ただし，この10年経験者研修は前述した10年に一度の教員免許更新講習との重複を解消するために，近年中に法定化を廃止し（2015年法改正予定），その後は，任命権者の判断にまかせる方針が決定している。

（3）指導改善研修

任命権者の「指導が不適切な教員」の人事管理システムの厳格な運用を通して，全国的な教育の水準の維持向上を図り，学校教育の信頼を回復することを目指して，2008（平成20）年度から実施されているのが指導改善研修である。これは，

任命権者（都道府県教育委員会並びに指定都市教育委員会）が「指導が不適切であると認定を受けた教員」に対して「その能力，適性等に応じて，当該指導の改善を図るために必要な事項」に関して原則1年以内で行う研修（教特法第25条の2第1項・第2項）である。文科省は「指導が不適切である」ことの具体例として，①教科に関する専門的知識，技術等が不足しているため，学習指導を適切に行うことができない場合（教える内容に誤りが多かったり，児童等の質問に正確に答え得ることができない等），②指導方法が不適切であるため，学習指導を適切に行うことができない場合（ほとんど授業内容を板書するだけで，児童等の質問を受け付けない等），③児童等の心を理解する能力や意欲に欠け，学級経営や生徒指導を適切に行うことができない場合（児童等の意見を全く聞かず，対話もしないなど，児童等とのコミュニケーションをとろうとしない等）と例示している。

任命権者は指導改善研修終了時に，指導改善研修を受けた教育職員に対して「指導改善を受けた者の児童等に対する指導の改善の程度に関する認定」を行い（教特法第25条の2第4項），この認定により「指導の改善が不十分でなお児童等に対する指導を行うことができないと認める教諭等」に対しては，免職その他の必要な措置を講ずる（教特法第25条の3）ことになっている。

この他，たとえば5年経験者研修，20年経験者研修など教職経験に応じた研修，教頭・校長・教務主任研修などの職能に応じた研修，教科指導，生徒指導等に関する研修などの専門的な知識・技術に関する研修などが行われている。また，長期派遣研修も行われているが，一般的な現職教員の教員養成系大学院への派遣研修以外で近年注目すべきものとしては，社会の構成員としての視野を広げる観点から，民間企業，社会教育施設，社会福祉施設など学校以外の施設等へ教員を派遣して行う研修で，概ね1カ月から1年程度の長期にわたる「長期社会体験研修」がある。

また，長期にわたる研修の中には，大学院修学休業制度（教特法第26条）がある。教員の専修免許状取得機会を拡充するための制度で，3年を超えない範囲で休職し，教員の身分を保有したまま国内外の大学院に在学して，日々の教育活動を通じて培われた課題に関して研究をすることができる。ただし，「ノーワーク・ノーペイ」の原則に基づき休業中の給与は支払われない。

60年ぶりに改正された教育基本法第9条第1項には，「法律に定める学校の教

員は，自己の崇高な使命を深く自覚し，絶えず研究と修養に励み，その職責の遂行に努めなければならない。」と規定された。教特法によって義務づけた研修を教育基本法にも盛り込むことによって，私立学校教員を含むすべての教員の研修の重要性を一層強調したものである。

4 教員養成・研修の改革動向と課題

　2006（平成18）年の学校教育法改正で，「生涯にわたり学習する基盤が培われるよう，基礎的な知識及び技能を習得させるとともに，これらを活用して課題を解決するために必要な思考力，判断力，表現力その他の能力を育み，主体的に学習に取り組む態度を養うことに，特に意を用いなければならない。（第30条第2項）」（下線筆者）と新しい学力観が法律で規定された。
　このような学力観を育成する新しい学びを支える教員の養成と，社会や学校現場での複雑化・高度化する課題へ対応できる「学び続ける教員像」の確立こそが肝要とする中央教育審議会教員の資質能力向上特別部会「教職生活の全体を通じた教員の資質能力の総合的な向上方策について」が2012（平成24）年8月に答申された。そこでは，これからの教員に求められる資質能力が下記のように整理されている。

---

① 教職に対する責任感，探究力，教職生活全体を通じて自主的に学び続ける力（使命感や責任感，教育的愛情）
② 専門職としての高度な知識・技能
 ・教科や教職に関する高度な専門的知識（グローバル化，情報化，特別支援教育その他の新たな課題に対応できる知識・技能を含む）
 ・新たな学びを展開できる実践的指導力（基礎的・基本的な知識・技能の習得に加えて思考力・判断力・表現力等を育成するため，知識・技能を活用する学習活動や課題探究型の学習，協働的な学びなどをデザインできる指導力）
 ・教科指導，生徒指導，学級経営等を的確に実践できる力
③ 総合的な人間力（豊かな人間性や社会性，コミュニケーション力，同僚とチームで対応する力，地域や社会の多様な組織等と連携・協働できる力）

　そして，当面の改善方策として，課程認定大学が教育委員会・学校との連携・

協働をこれまで以上に深め，下記の改革に積極的に取り組むという基本的な考えを示している。

> ① 修士レベル化に向け，修士レベルの課程の質と量の充実，教育委員会と大学との連携・協働による研修の充実等，ステップを踏みながら段階的に取組を推進し，その内の主要な取組は，教育振興基本計画に盛り込み計画的に進める。
> ② 修士レベルの教員養成の質と量の充実を図るため，修士課程等の教育内容・方法の改革を推進する仕組みを早急に構築する。
> ③「学び続ける教員像」を確立するため，教育委員会と大学との連携・協働により，現職研修プログラムを改善し，高度化する。

2012（平成24）年12月，衆議院議員総選挙において教員養成の修士レベル化を推進してきた民主党が惨敗，自民党が政権を奪回した。自民党は，民主党の教員養成6年制構想に対して，大学・大学院卒業後，准免許を付与し，インターンを経て，採用側と本人が適性を判断し，インターン修了後，認定の上，本免許状を付与して正式採用する「教師インターン制度」の導入を検討している（自民党教育再生実行本部）。また，教員の質の向上のため，教員養成大学・学部については，量的整備から質的充実への転換を図る観点から，学校現場での指導経験のある大学教員の採用増，実践型カリキュラムへの転換，大学と学校現場の連携強化などを目指している（教育再生実行会議）。これからの動向の変化に注目しなければならない。

戦後の教員養成の特色が「大学における教員養成」と「開放制の原則」であることは，先に述べた。特に「開放制」については，多様な人材を教育界に送り込むことができる反面，一般大学・学部での養成が養成目的大学・学部の養成に比べて専門性や教職への使命感などの面で劣ると批判されるなど，その是非について種々の議論があることも事実である。中央教育審議会答申「今後の教員免許制度のあり方について」(2006) では，「一定の単位の修得のみをもって一般大学・学部において教員養成を行っている現行の開放制を含めた教員免許制度全体を抜本的見直しも含めた検討が必要となろう」としている。

しかしながら，今後の教員養成制度の展開においても，戦前の養成制度の反省の上に確立された「開放制」の理念をしっかりと尊重し，専門性の確立とのバランスを取りながら，教員の一層の資質向上を図ることを目指すべきであろう。も

ちろん一般大学・学部が，開放制のもとで教員養成を行う機関として，個々の大学の明確な教育目標の下に教員の更なる資質向上を目指した教育に責任を持って取り組むべきことはいうまでもない。

参考文献

日本近代教育史事典編集委員会『日本近代教育史事典』平凡社，1971年。
学校教育研究所『復刻版　新日本教育年紀』学校図書，1997年。
山﨑英則・西村正登編著『求められる教師像と教員養成』ミネルヴァ書房，2001年。
田代直人・森川泉・杉山緑編著『教育の経営と制度』ミネルヴァ書房，2001年。
岡本徹・佐々木司編著『新しい教育制度と経営』ミネルヴァ書房，2009年。
有馬彰博『我が国の教員養成と免許制度の変遷』全私教協，2010年。

（岡本　徹）

第9章

社会教育行政

1 社会教育とは

　社会教育法（昭和24年6月10日 法律207号）（以下，社教法）第2条は「学校教育法に基き，学校の教育課程として行われる教育活動を除き，主として青少年及び成人に対して行われる組織的な教育活動（体育及びレクリェーションの活動を含む）をいう」と定義している。すなわち，法律上は，学校以外で主として青少年や青年を対象に行われる意図的組織的な教育活動をさしていう言葉である。

　学校教育，社会教育，家庭教育，企業内教育などから構成される生涯学習のなかで，社会教育は中心的な一部分を占める。家庭教育と学校教育が主として生涯の前半部分に集中し，また企業内教育が当然ながら就労期間に限られるのに対して，社会教育は，あらゆる年齢にわたってその場を提供しているのである。

　ここでは学習の場や各種プログラムによる学習機会を提供する公民館のほか，図書館，博物館，体育館をはじめとする各種スポーツ施設，青少年教育施設，女性教育施設などが社会教育のための施設として設置・運営されていることを前提に，社会教育の行政について検討してみよう。

　なお，主催事業としての学習プログラムの提供はもちろん，自主的な学習や集いの場として，地域におけるもっとも身近な社会教育の拠点が公民館であり，書籍・雑誌をはじめとする公刊資料による学習の場が図書館，実物資料による学習を可能にしているのが博物館である。また，さまざまな首長部局が行う広報・啓発活動にも，社会教育に位置づけられるものがある。たとえば，保健センターが母子保健や公衆衛生を目的に開催する各種講座は，内容，手法ともに社会教育の範疇である。

2 社会教育に関する行政組織

(1) 社会教育に関する国の行政組織

　社会教育が組織的意図的な教育活動としての教育の一環であることから，これを所管する国の行政機関は当然，文部科学省である（第4章図4-1参照）。具体的には生涯学習政策局が社会教育を所管する。ちなみに生涯学習政策局は文部科学省の筆頭局である。ここには政策課・生涯学習推進課・情報教育課・社会教育課・男女共同参画学習課の5課が置かれて，生涯学習の推進のための普及・啓発・情報提供，多様な学習機会の整備，学習成果の適切な評価のための行政を行っている。基本的な政策の企画・立案のほか，国内外の生涯教育事情調査，情報化などの政策の推進，社会教育の振興，家庭教育の支援のほか，男女共同参画等に関する生涯を通じた多様な学習機会の整備をするのがその内容である。これらに加えて，専修学校・各種学校の教育の振興，放送大学の整備充実に関する業務もこの生涯学習政策局の所管事項である。

　このほか国には，文部科学大臣の諮問機関である中央教育審議会に生涯学習分科会が置かれている。中央教育審議会は，文部科学大臣の諮問に応じて，教育の振興，生涯学習の推進，スポーツの振興等に関する重要事項を調査審議し，文部科学大臣に意見を述べる機関とされ，教育制度，生涯学習，初等中等教育，大学およびスポーツ・青少年の5分科会が設置されている。社会教育に関しては生涯学習分科会の審議事項である。

(2) 社会教育に関する地方の行政組織

　地方において社会教育を所管するのは，まず教育委員会である。社教法第5条が規定する地方（市町村）教育委員会の所掌事項は以下の通りである。

① 社会教育に必要な援助を行うこと。
② 社会教育委員の委嘱に関すること。
③ 公民館の設置及び管理に関すること。
④ 所管に属する図書館，博物館，青年の家その他の社会教育施設の設置及び管理に関すること。

> ⑤ 所管に属する学校の行う社会教育のための講座の開設及びその奨励に関すること。
> ⑥ 講座の開設及び討論会，講習会，講演会，展示会その他の集会の開催並びにこれらの奨励に関すること。
> ⑦ 家庭教育に関する学習の機会を提供するための講座の開設及び集会の開催並びに家庭教育に関する情報の提供並びにこれらの奨励に関すること。
> ⑧ 職業教育及び産業に関する科学技術指導のための集会の開催並びにその奨励に関すること。
> ⑨ 生活の科学化の指導のための集会の開催及びその奨励に関すること。
> ⑩ 情報化の進展に対応して情報の収集及び利用を円滑かつ適正に行うために必要な知識又は技能に関する学習の機会を提供するための講座の開設及び集会の開催並びにこれらの奨励に関すること。
> ⑪ 運動会，競技会その他体育指導のための集会の開催及びその奨励に関すること。
> ⑫ 音楽，演劇，美術その他芸術の発表会等の開催及びその奨励に関すること。
> ⑬ 主として学齢児童及び学齢生徒（それぞれ学校教育法第18条に規定する学齢児童及び学齢生徒をいう。）に対し，学校の授業の終了後又は休業日において学校，社会教育施設その他適切な施設を利用して行う学習その他の活動の機会を提供する事業の実施並びにその奨励に関すること。）
> ⑭ 青少年に対しボランティア活動など社会奉仕体験活動，自然体験活動その他の体験活動の機会を提供する事業の実施及びその奨励に関すること。
> ⑮ 社会教育における学習の機会を利用して行つた学習の成果を活用して学校，社会教育施設その他地域において行う教育活動その他の活動の機会を提供する事業の実施及びその奨励に関すること。
> ⑯ 社会教育に関する情報の収集，整理及び提供に関すること。
> ⑰ 視聴覚教育，体育及びレクリエーションに必要な設備，器材及び資料の提供に関すること。
> ⑱ 情報の交換及び調査研究に関すること。
> ⑲ その他第3条第1項の任務を達成するために必要な事務。

これらの業務が市町村教育委員会によって担われるが，市町村域を超える業務や連絡に関する事項は，都道府県教育委員会の所管である。社教法第6条は，都道府県教育委員会の事務として，以下の5項目を規定している。

> ① 公民館及び図書館の設置及び管理に関し，必要な指導及び調査を行うこと。
> ② 社会教育を行う者の研修に必要な施設の設置及び運営，講習会の開催，資料の配

布等に関すること。
③ 社会教育施設の設置及び運営に必要な物資の提供及びそのあっせんに関すること。
④ 市町村の教育委員会との連絡に関すること。
⑤ その他法令によりその職務権限に属する事項。

　また，教育委員会と市町村および都道府県の首長との関係について，社教法第7条・第8条は，地方公共団体の首長が教育委員会に対して，視聴覚教育を用いた社会教育的手段での広報宣伝を依頼もしくは協力を求めることができ（その他の行政庁も同様），他方，教育委員会は社会教育に関する事務を行うにつき必要があるときは，当該地方公共団体の長および関係行政庁に対し，必要な資料の提供その他の協力を求めることができることを規定している。

3　社会教育施設と職員

　社会教育のための施設には，公民館のほか，図書館，博物館，少年自然の家，青年の家，生涯学習センターなどと呼ばれるもの，女性教育施設，スポーツ施設のように目的を特化したものなどがある。最近では，同様のものが施設により，設置者により，異なるネーミングがされていることがあるので注意が必要である。学校もまた，社会教育のために活用することが想定されているが，近年の少子化傾向のなかで，いわゆる余裕教室を社会教育の用に充てている例も珍しくない。博物館，美術館，文学館，科学館，動物園，水族館などは，法律上博物館に分類される。
　これら施設には専ら社会教育を担当する職員が，社会教育主事，公民館主事，司書，学芸員，青少年教育指導員，スポーツ指導員などの職名で配置されている。
　社会教育に従事する職員の中で，資格が明確に定められているものがある。すなわち，社会教育主事，司書，学芸員である。このうち司書と学芸員については，大学において62単位以上を習得し法規（図書館法および博物館法ほか）に定める単位を取得することによって専門職員としての資格を得ることになっている。
　社会教育主事については，都道府県および市町村の教育委員会事務局におかれる職で，「社会教育を行う者に専門的学術的な助言と指導を与え」るが，「命令及び監督をしてはならない」（社教法第9条の3）と規定される職であり，この職を

第9章 社会教育行政

助けるものとして社会教育主事補がある。

社会教育主事，同補の職務内容は，必ずしも専門職として明白ではない。一般的には，以下のようにまとめられよう。

① 行政事務：管理・広報・報告など。文化振興とそのための後援，文化財保護などの内容が含まれることが少なくない。
② 指導助言事務：社会教育職員への指導助言，調査研究，年間事業計画の調整，講師など指導者を斡旋することなど。
③ 指導業務：自ら講師や助言者としての業務に従事することなど。

社会教育主事は教育委員会事務局の行政職員であることもあって，人事上，教員のような専門職として扱われず，大学在学中に社会教育主事の任用資格を得ていることが職員としての採用にあたって意味をもつ場合は希で，職員としての採用後，時日を経て社会教育主事任用資格を要する職に異動するにあたって，社会教育主事講習の受講を命ぜられ短時日のうちに資格を取得する例が大部分でる。法規上・社会教育主事への任用資格は以下の通り（社教法第9条の4）であるが，専門教育職員が短期に養成されていることに対して疑義なしとしない。

---

① 大学に2年以上在学して62単位以上を修得し，又は高等専門学校を卒業し，かつ，社会教育主事補の職にあった期間，官公署，学校，社会教育施設又は社会教育関係団体における社会教育に関係のある職で文部科学大臣の指定するものにあった期間，官公署，学校，社会教育施設又は社会教育関係団体が実施する社会教育に関係のある事業における業務であって，社会教育主事として必要な知識又は技能の習得に資するものとして文部科学大臣が指定するものに従事した期間が通算3年以上になる者で，社会教育主事の講習を修了したもの。
② 教育職員の普通免許状を有し，かつ，5年以上文部科学大臣の指定する教育に関する職にあった者で，社会教育主事の講習を修了したもの。
③ 大学に2年以上在学して，62単位以上を修得し，かつ，大学において文部科学省令で定める社会教育に関する科目の単位を修得した者で，社会教育主事補等であった期間が1年以上になるもの。
④ 社会教育主事の講習を修了した者で，社会教育に関する専門的事項について相当の教養と経験があると都道府県教育委員会が認定したもの。

前述のように，実際の運用においては，上記③または④に該当する有資格者を

任用するのではなく，①または②の講習を受講する資格のある候補者について，事後的に講習を受講させることにより要件を満たす例が大半である。

この点，図書館に置かれる司書ならびに博物館の学芸員の場合は，職と資格が明確になっているが，採用にあたっては行政事務職として一括されていることが多い。

社会教育に関する職員ではないが，都道府県・市町村では社会教育に関する教育委員会の諮問機関として社会教育委員が置かれている。

社会教育委員の定数，任期などは都道府県，市町村ごとに条例で定められ，学校教育および社会教育の関係者，家庭教育の向上に資する活動を行う者並びに学識経験のある者のなかから，教育委員会が委嘱することになっており，社会教育に関し教育長を経て教育委員会に助言するために，以下の職務を行う（社教法第17条）。

> ① 社会教育に関する諸計画を立案すること。
> ② 定時又は臨時に会議を開き，教育委員会の諮問に応じ，これに対して，意見を述べること。
> ③ 前二号の職務を行うために必要な研究調査を行うこと。

これらに加えて，教育委員会の会議に出席して社会教育に関し意見を述べることができる。また，市町村の社会教育委員は，当該市町村の教育委員会から委嘱を受けた青少年教育に関する特定の事項について，社会教育関係団体，社会教育指導者その他関係者に対し，助言と指導を与えることができる。

4 生涯学習時代における社会教育行政の課題

近年，地方分権化の促進や，家庭および地域の教育力の向上を目的として，社会教育法の改正が行われてきた。

その一つは，家庭の教育力の向上を図るため，家庭教育に関する講座等の実施および奨励の事務が教育委員会の事務として明記されたことと，家庭教育の向上に資する活動を行う者（「子育てサポーター」や子育てサークルのリーダー等）を社会教育委員および公民館運営審議会の委員に委嘱できるようにしたことである。

第二は，青少年にボランティア活動など社会奉仕体験活動，自然体験活動等の体験活動の機会を提供する事業の実施および奨励の事務が教育委員会の事務として明記されたことである。

　第三に，社会教育に関係のある業務であって文部科学大臣が指定するもの（社会教育事業における企画立案および指導等。たとえば，ボーイスカウト・ガールスカウトのリーダーや青年海外協力隊の隊員等の行う業務）に従事した経験を社会教育主事の実務経験として評価できるようにして，社会教育主事の資格要件を緩和したことである。

　そのほか，国および地方公共団体が社会教育行政を進めるにあたって，学校教育との連携の確保に努めるとともに，家庭教育の向上に資することとなるよう必要な配慮を行う旨の規定が新たに加えられた。

　これらに先立ち，「地方分権の推進を図るための関係法律の整備等に関する法律」（平成11年法律第87号）による改正では，

(1) 社会教育委員の構成に関して，従前の社会教育委員の委嘱の範囲を包括的な表現とし，教育委員会が地域の実情に応じて，学校教育および社会教育の関係者並びに学識経験のある者のなかから選考できるように配慮された（社教法第15条）。従前は，委嘱の手続きも定められていたものが，削除されている。

(2) 公民館運営審議会の必置規制が廃止され，任意設置となるとともに，同審議会の委員構成等が弾力化され，地方公共団体の特色をよりよく生かすことができるよう配慮された。これは，公民館の運営に民意を反映させる方法として，必ずしも公民館運営審議会という画一的な組織の設置に限らず，その名称も自由化し，地域の実情に応じた住民意思を反映させる仕組みによることも可能にしたものである。公民館運営審議会の必置規制の廃止に伴い，公民館長任命の際の公民館運営審議会からの意見聴取義務も廃止された。

　これらは，地方分権のための規制の緩和という側面をもちながらも，社会教育の運営を，実際に社会教育施設を利用する地域住民から遠ざける結果を生むことが危惧される。任意設置化や委員構成の弾力化によって，委員の任命権者の恣意によって，地域住民や利用者の意志を遠ざける人選も可能になるからである。こと，社会教育に関することだけに，公的責任とその監視の視点が問われることになろう。

　なお，市町村によっては，公民館に代えてコミュニティセンターなどの名称で公

民館類似の施設を首長部局の施設として教育委員会の所管外に設置し，社会教育法の関与が及ばない，集会施設としての機能のみを提供することが行われている。

次に，2003（平成15）年6月の地方自治法改正によって，従来の管理委託制度に代えて導入された指定管理者制度の問題である。

従来，公共施設の管理を議会の議決を経て，地方自治体の出資する法人，公共的団体等に委託できることとされていたものを，営利企業のほか，社会福祉法人などの公益法人，特定非営利活動法人（NPO法人）および法人格をもたない団体でも管理を行うことを可能にしたものである。

これは，従来の管理委託の委託先を拡大したにとどまらず，施設の使用料を指定管理者の収入とすることができるほか，使用の許可など従来は受託者である民間業者に認められていなかった行政権限の公使を可能にしている。

これを住民の側からみれば，一面で，公の施設を民間業者が一元的に管理運営することによって，施設の効率的，効果的な運営管理が可能になるほか，非営利活動団体（NPO）等が管理運営を担う場合には，住民が地域の施設の運営管理に主体的に参画することが期待できそうにもみえるが，結果的に目指されるところは，公的責任の縮小と経費の削減であり，公的業務を企業の商材としてゆく，いわゆる新自由主義の一環である。なお，従来の管理委託制度は，すべて指定管理者制度へ移行するものとされており，2006（平成18）年8月末までを期限に移行しなければならなかった。

社会教育施設の多くがこの対象となっており，指定管理者が建物施設の管理を中心に施設経営にあたる場合には，社会教育の著しい後退を余儀なくされる。

社会教育とは何か。住民の自治とは何かが問われている。そしてまた，住民の学習を支える仕組みが，ふたたび社会教育の目的なのである。社会教育行政を住民自身が担うための社会教育が問われているともいえよう。

参考文献

新海英行編『現代日本社会教育史論』日本図書センター，2002年。
讃岐孝治・住岡英毅編著『生涯学習社会』ミネルヴァ書房，2001年。
佐々木正治編『生涯学習概論』福村出版，1997年。
田村追龍麿・仙波克也企画・監修『生涯学習の基礎と展開』コレール社，1996年。

（菅井直也）

第10章

保育行政

1 保育施設と二元行政

(1) 幼稚園と保育所の創設

　現代日本の保育を行う代表的な施設として，幼稚園と保育所があげられる。これらは異なる行政制度・管轄官庁のもとで，ほぼ同じ対象年齢の子どもに対し保育を行っており，わが国の保育行政制度は二元化されている現状にある。

　ところで，わが国に最初にできた幼稚園は，1876（明治9）年に創設された東京女子師範学校附属幼稚園（現，お茶の水女子大学附属幼稚園）である。これは，女子には「向来幼稺ヲ撫育スルノ任アレバナリ」（日本保育学会，1969，88頁），すなわち幼児を育てるのは女性の大切な仕事であるとして，女子教育を目的として設立された。ここでは，ドイツでフレーベルに直接学んだ松野クララを主任保姆とし，フレーベル主義＊による保育が行われた。また，そこに通園した幼児はほとんどが有産階級の子弟であり，その後幼稚園が普及していく際も，幼稚園は一部の中流以上の家庭の幼児を対象とした施設として広まっていった（岩崎，1979，293頁）。

　　＊恩物使用法を遵守する形式的な保育方法のことをいう。初期の幼稚園において，幼稚園の保育理論を伝えるものとして，桑田親五訳『幼稚園』（Ronge；Practical Guide to the English Kindergarten, 1855），関信三訳『幼稚園記』（Douai；The Kindergarten, 1872）が使用されたが，これらはフレーベルの教育論の表面的な紹介と恩物使用法の解説に終始したものであった。

　一方，保育所は貧困家庭の幼児を対象に設立されていった。わが国最初の託児所といわれる出津保育所が，1885（明治18）年に，ド・ロ神父によって創設された（小林，2003）。さらに，1899（明治32）年には華族女学校附属幼稚園で保姆をしていた野口幽香，森島峰によって，下層階級の子どもを保育する貧民幼稚園として二葉幼稚園が開設された。ここでは，フレーベルの保育理論を取り入れなが

らも恩物を中心とした内容ではなく，貧しい家庭状況の子どもに応じた保育が実施された。たとえば，保育時間は1日7～8時間で，保育内容は遊戯を中心とし，日常生活習慣の形成，言語の矯正なども行われていた。こうした点から，二葉幼稚園はわが国初の本格的な保育所といわれている（岩崎，1979，294頁）。

その後，日露戦争において女性の労働力が必要となると，それを確保するために託児所（保育所）が普及した。これは託児所的機能を有する貧民幼稚園のような施設であったが，戦後，内務省はそれらを貧民に対する感化救済事業施設として，教育施設とは別のものとして位置づけていった。そして，保育事業は母親の労働を助け，適当に児童を保護するために行うものだとし，施設への補助金を支給するようになった。こうした政策により，託児所が急速に設置されていった。

（2）保育行政制度の二元化

幼稚園や託児所の普及に伴い，それぞれの法整備も行われていった。幼稚園は「小学校令」から独立した「幼稚園令」が1926（大正15）年に制定され，教育施設として規定された。保育内容も，遊戯・唱歌・観察・談話・手技等の5項目を基準とし，各園において保育内容の工夫をすることも認められた。

一方，託児所については，1938（昭和13）年に同年発足した厚生省により「社会事業法」が制定された。同法第1条では，適用される社会事業として育児院・託児所などの児童保護をする事業があげられ，政府がこうした社会事業を行う者に対し，補助を行うことが明記された。こうした「幼稚園令」と「社会事業法」の制定により，幼稚園制度と保育所制度という保育行政の二元化が明確化されたのである。

こうした保育行政の二元化が進むにあたり，1938年に教育審議会答申がまとめた「幼稚園ニ関スル要綱」では，幼稚園と託児所の二元化に対し，託児所においても教育的機能については教育行政の立場から配慮したほうがよいことを指摘している。そして，幼稚園も第二次世界大戦中は，非常措置として保育時間の延長や三歳未満児の入園も認められ，保育所との機能が近づいていた。こうして幼保一元化が実施される機運が高まったものの，結局そのまま終戦を迎えることになり，一元化の実施に至らなかった。

さらに，戦後の新たに制定された法律においても，「学校教育法」で幼稚園は幼児教育を行う学校として位置づけられ，「児童福祉法」で保育所は児童福祉施

設であることが明記された。こうして、幼保二元制が戦後においても規定されてしまい、現在にいたるのである。

2　幼稚園の行政制度

(1) 幼稚園の行政制度

　幼稚園は、学校教育法（以下、学校法）第1条に定められた、学校制度の第一段階に位置づけられている学校であり、他の学校と同様、文部科学省が管轄している。教育目的は「義務教育及びその後の教育の基礎を培うものとして、幼児を保育し、幼児の健やかな成長のために適当な環境を与えて、その心身の発達を助長すること」（学校法第22条）であり、満3歳から小学校就学前の幼児を対象としている。ただし、2007年3月末に子育て支援として2歳児の受入れを認める通知が出され、3歳児以降の幼稚園教育への円滑な接続の観点から2歳児の受け入れを行うことができるようになった。その際には、2歳児の発達段階上の特性を踏まえた受入れ体制を整えることが求められている。

　幼稚園は、国や地方公共団体、学校法人などがその設置を認められており、中でも学校法人などが建てた私立幼稚園の数が多い現状にある。設置認可等については、公立幼稚園は文部科学大臣の指導のもと、都道府県教育委員会によって行われる一方、私立幼稚園は文部科学大臣の指導のもと、都道府県知事によって行われている（図10-1）。入園契約は、保護者と園が直接行い、保育料は定額である。幼稚園運営費は設置者負担が原則であるが、国は私立幼稚園に対して助成を行っている都道府県へ補助を行うとともに、就園奨励事業を行う市町村に対しても補助を行っている。

　幼稚園の教育週数は39週以上で、教育時間は1日4時間が標準とされている。しかし、最近では保護者からの要望などにより、4時間以上幼児を預かる「預かり保育」も行われており、その実施園も増加している（表10-1）。

　また、学級編制は同年齢の幼児で編制すること（幼稚園設置基準第3条）、1学級の幼児数は35人以下とすることが原則（第4条）となっている。そして、教職員は園長と教頭、各学級に専任教諭を1名おくことが必要とされている。ただし、教頭は特別の事情がある場合はおかなくてもよい。仕事内容は、園長は園務をつかさどり、所属職員を監督することであり、教頭は園長を助け、園務を整理し、

第Ⅱ部　教育行政の諸領域

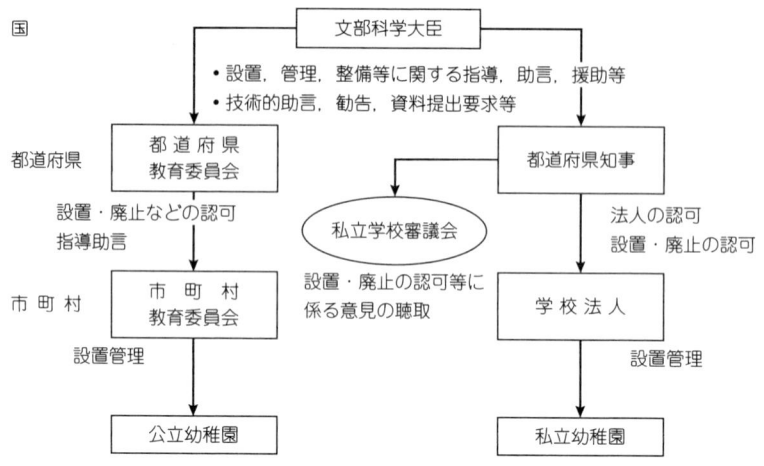

図10-1　幼稚園に関する行政体制

出典：文部科学省中央教育審議会初等中等教育分科会，幼児教育部会配布資料より作成。

表10-1　預かり保育の実施園数

区　分	1993年	2003年	2012年
公　立	318（5.2%）	2,044（37.0%）	2,769（59.7%）
私　立	2,541（29.5%）	6,941（84.7%）	7,454（94.2%）
合　計	2,859（19.4%）	8,985（65.6%）	10,223（81.4%）

（注）（　）内は各総数のうちの割合である。
出典：文部科学省「平成24年度幼児教育実態調査」。

必要に応じ幼児の保育を行うこと，教諭は幼児の保育をつかさどることである（学校法第27条）。

(2)　幼稚園の保育内容

　ところで，幼稚園の教育目標は，学校法第23条に定められている。

一　健康，安全で幸福な生活のために必要な基本的な習慣を養い，身体諸機能の調和的発達を図ること。
二　集団活動を通じて，喜んでこれに参加する態度を養うとともに家族や身近な人への信頼感を深め，自主，自律及び協同の精神並びに規範意識の芽生えを養うこと。

> 三 身近な社会生活，生命及び自然に対する興味を養い，それらに対する正しい理解と態度及び思考力の芽生えを養うこと。
> 四 日常の会話や，絵本，童話等に親しむことを通じて，言葉の使い方を正しく導くとともに，相手の話を理解しようとする態度を養うこと。
> 五 音楽，身体による表現，造形等に親しむことを通じて，豊かな感性と表現力の芽生えを養うこと。

そして，これを達成するために「幼稚園教育要領」（以下，「教育要領」）に基づいて，各園で保育が行われているのである。「教育要領」では，幼稚園教育は環境を通して行うことが基本とされ，遊び活動を中心に幼児が個々の特性に応じて総合的に発達していけるように指導援助していくことが求められている。特に，幼児の発達を五つの側面から促すよう領域が設定されており，心身の健康に関する領域「健康」，人とのかかわりに関する領域「人間関係」，身近な環境とのかかわりに関する領域「環境」，言葉の獲得に関する領域「言葉」，感性と表現に関する領域「表現」という5領域それぞれに，ねらい，内容，内容の取り扱いが規定されている。

3 保育所の行政制度

（1）保育所の行政制度

保育所は児童福祉法第7条に定められた児童福祉施設であり，厚生労働省管轄の下，「日日保護者の委託を受けて，保育に欠けるその乳児又は幼児を保育することを目的とする施設」（児童福祉法第39条第1項）である。すなわち，共働き家庭や保護者の病気などの理由で保育に欠けると認められた0歳児から就学前の乳幼児を預かり，保育を行うことが保育所の役割である。また，保育所は，「特に必要があるときは，日日保護者の委託を受けて，保育に欠けるその他の児童を保育することができる」（第39条第2項）。そのため，さまざまな事情で保育に欠けると認められた満18歳未満の児童を受け入れ，保育を行うことも可能とされている。

ところで，保育所は二つのタイプに分けることができる。一つは，国が定めた設置基準を満たし，都道府県知事に認可を受けた認可保育所であり，もう一つは，

設置基準を満たしていない託児所やベビーホテルなどの認可外保育所である。そのうち、認可保育所の設置主体は、従来地方公共団体および社会福祉法人のみに限定されていた。しかし、保育所入所待機児童の解消を目指して2000年4月に保育所設置主体の制限撤廃が実施され、設置基準が緩和されたことにより、民間企業でも保育所を設置することが可能になった。そのため、株式会社やNPO団体、個人などによる保育所設置が進んでいる。また、公立保育所の委託先の制限も同時に撤廃され、社会福祉法人だけでなく企業なども公立保育所を委託運営できることになった。こうした動きは、国や地方公共団体が、多様な保育ニーズにすばやく柔軟に対応できるだけでなく、自治体の財政負担の軽減につながるとすすめているものであるが、保護者などは保育に市場原理が導入されることにより、利潤が追求され、人員削減などにより保育の質が低下するのではないかと懸念している。

　保育所の職員配置については、児童福祉施設の設備及び運営に関する基準第33条に規定してあり、保育士1名が担当できる乳幼児数は0歳児3名、1・2歳児6名、3歳児20名、4・5歳児30名となっている。そして、保育時間は原則1日8時間であるが、保護者の労働時間や家庭状況などを考慮して保育所長が定めることができる。最近では、保育ニーズに応えて、子どもを11時間以上預かる延長保育や夜間保育、一時保育なども行われている。

　また、公私立とも保育所は、入園申し込みは市町村が窓口となっており、保護者からの保育料と公的補助によって運営されている。保育料は、子どもの年齢と保護者の所得によって各地方公共団体が規定しており、公的補助は、市町村が支弁した費用から利用者負担額を控除したものを、国が2分の1、都道府県が4分の1、市町村が4分の1の割合で負担している。

(2) 保育所の保育内容

　保育所は、家庭や地域社会と連携を図りながら、養護と教育を一体的に行って保育に欠ける子どもの健全な心身の発達を促すところである。また、入所する子どもの保護者や地域の子育て家庭の支援を行うことも大切な役割となっている。このような保育所の保育目標は、保育所保育指針に次のように定められている。

> ア　十分に養護の行き届いた環境の下に、くつろいだ雰囲気の中で子どもの様々な欲

> 求を満たし，生命の保持及び情緒の安定を図ること。
> イ 健康，安全など生活に必要な基本的な習慣や態度を養い，心身の健康の基礎を培うこと。
> ウ 人との関わりの中で，人に対する愛情と信頼感，そして人権を大切にする心を育てるとともに，自主，自立及び協調の態度を養い，道徳性の芽生えを培うこと。
> エ 生命，自然及び社会の事象についての興味や関心を育て，それらに対する豊かな心情や思考力の芽生えを培うこと。
> オ 生活の中で，言葉への興味や関心を育て，話したり，聞いたり，相手の話を理解しようとするなど，言葉の豊かさを養うこと。
> カ 様々な体験を通して，豊かな感性や表現力を育み，創造性の芽生えを培うこと。

そして，保育の内容は，生命の保持や情緒の安定といった「養護」にかかわる項目と，「教育要領」と同様の5領域を踏まえた「教育」にかかわる項目について，それぞれねらいと内容が示されている。

ところで，2004年から児童福祉施設の福祉サービスに対する第三者評価も実施されるようになり，保育所で行われている福祉サービスを，第三者機関が専門的で客観的な立場から評価することになった。その目的は，福祉サービスの質向上と，保護者が保育所を選択する際の情報提供である。評価は，自己評価や利用者アンケート，訪問調査の形式で行われ，それにより保育所の特徴や課題が明らかになるとされている。これは，保育所の設置基準の緩和に伴う保育所の増築や新設が進む一方で，質の低下を防ぐための防御策として期待されるものの，現在のところ評価を受けることが保育所の任意であることが課題であるといえる。

4　保育行政の動向と課題

（1）認定こども園の設置

前述したとおり，わが国の保育行政は二元制度となっているが，近年一元化議論が急速に高まり，政策においてその実現を模索する動きがみられる。その中で，一元化を具現化するものとして設置されたのが認定こども園である。

2004（平成16）年12月に「就学前の教育・保育を一体としてとらえた一貫した総合施設について」が，中央教育審議会幼児教育部会と社会保障審議会児童部会から連名で提出され，すべての0歳から就学前の子どもとその保護者を利用対象

とする総合施設の設置が提案された。そして、翌年モデル事業を実施しその評価を受けて、2006（平成18）年6月に、総合施設にかかわる新法「就学前の子どもに関する教育、保育等の総合的な提供の推進に関する法律」が成立し、同年10月から総合施設は認定こども園として設置されることになった。これは、少子化による子どもの集団活動や異年齢交流の機会の減少、保護者の就労形態の多様化に対応できない保育施設の現状、保育所待機児童の存在、家庭での子育てに対する支援の不足といった社会構造の変化に対応することを目的とされた。そのため、「保育に欠ける」ことを基準とせず、すべての子どもを対象として保育・教育を一体的に行う機能と、地域の子育て支援を行う機能を備える施設として、都道府県知事から認定を受けられるように規定された。

　認定こども園は、文部科学省と厚生労働省との連携で設置された「幼保連携推進室」が管轄しており、各地方自治体においても関係機関の連携協力が義務付けられている。そして、これは四つの類型に区分される。①幼稚園・保育所が一体的な運営をする幼保連携型、②幼稚園に保育所機能を加えた幼稚園型、③保育所に幼稚園機能を加えた保育所型、④認可を有しない地域の教育・保育施設を自治体が独自に認定する地方裁量型である。利用者は0歳から就学前のすべての子どもで、職員配置は0歳児3名につき1名、1～2歳児6名につき1名、3歳以上児で短時間利用児35名につき1名、3歳児長時間利用児20名につき1名、4～5歳児長時間利用児30名につき1名、保育者を配置することとなっている。また、保育者の資格は、0～2歳児は保育士資格、3歳以上児は幼稚園教諭・保育士資格の併有が望ましいが、片方の資格しか有しない者を排除しないよう配慮している。利用手続きは、保護者が直接認定こども園に申し込む直接契約になっており、保育料は園において独自に設定する。保育・教育時間は、保護者の希望に対応できるよう短時間利用および長時間利用が可能である。園の認定に際しては、国の指針をもとに地方の状況に応じて自治体で基準を定めることとなっている。平成25年4月1日現在、認定件数は全国で1099件で、平成23年度目標認定件数2000件に届かず、思うように設置が進んでいない状況にある。その理由としては、既存施設が認定こども園に移行するための財政支援が不十分であることや、会計処理や認定手続き等が煩雑であることなどがあげられている（東，2012，3頁）。

（2）少子化対策実施計画の動向

　1990年の「1.57ショック」を契機に，政府は少子化対策としてさまざまな方針や対策を行ってきた。1994年12月には文部・厚生・労働・建設省の4大臣の合意により「今後の子育て支援のための施策の基本的方向について」（エンゼルプラン），1999年12月には大蔵・文部・厚生・労働・建設・自治省の6大臣の合意のもと，「重点的に推進すべき少子化対策の具体的実施計画について」（新エンゼルプラン）が策定された。さらに，2004年12月には「少子化社会対策大綱に基づく重点施策の具体的実施について」（子ども・子育て応援プラン）が策定され，これまでの保育事業の推進だけに限定せず，子どもが健やかに成長し，自立して社会に出るまでの長いスパンを子育て期間と捉えることにより，親子ともサポートしていくことを目指した5年計画が掲げられた。

　その後も，少子化社会対策会議「子どもと家族を応援する日本」重点戦略（2007年12月）のもと，「仕事と生活の調和（ワーク・ライフ・バランス）憲章」および「仕事と生活の調和推進のための行動指針」が決定されるなど，少子化対策に社会全体で取り組み，子育てしやすい生活スタイルを作っていくことを目指すことが計画されている（図10-2）。

　そして，2009年10月，新たな少子化社会対策大綱の策定のため，内閣府の少子化対策担当で構成する「子ども・子育てビジョン（仮称）検討ワーキングチーム」を立ち上げ，2010年1月29日「子ども・子育てビジョン」が閣議決定された。この中では，社会全体で子育てを支えることを目指し，①子どもが主人公，②「少子化対策」から「子ども・子育て支援」へ，③生活と仕事と子育ての調和，を柱に子どもと子育てを応援する社会システムを作り上げることを掲げている。そして，これを実現するための四つの政策と12の主要施策をあげるとともに，5年後の実施数値目標を設定している。

　また，2009（平成21）年12月に閣議決定された「明日の安心と成長のための緊急経済対策」に基づき，幼保一体化を含む新たな次世代育成支援のための包括的・一元的なシステムの構築について検討を行うため，2010（平成22）年1月に少子化社会対策会議で子ども・子育て新システム検討会議を立ち上げた。そして，幼保一体化を推進するために，幼稚園と保育所の機能を併せ持つ施設の一体化と，就学前施設に対する給付システムの一本化などの具体的方策について議論を進めてきた。また，その中で，保育サービスの量的拡充・質の改善のため平成27年度

第Ⅱ部　教育行政の諸領域

1990(平成2)年	〈1.57ショック〉
1994(平成6)年12月	4大臣(文・厚・労・建)合意　エンゼルプラン　＋　3大臣(文・厚・自)合意　緊急保育対策等5か年事業　(1995(平成7)年度～1999年度)
1999(平成11)年12月	少子化対策推進関係閣僚会議決定　少子化対策推進基本方針
1999年　12月	6大臣(大・文・厚・労・建・自)合意　新エンゼルプラン　(2000(平成12)年度～04年度)
2001(平成13)年7月	2001.7.6閣議決定　仕事と子育ての両立支援等の方針(待機児童ゼロ作戦等)
2002(平成13)年9月	厚生労働省まとめ　少子化対策プラスワン
2003(平成15)年7月	2003.9.1施行　少子化社会対策基本法　　2003.7.16から段階施行　次世代育成支援対策推進法
9月	
2004(平成16)年6月	2004.6.4閣議決定　少子化社会対策大綱
2004年　12月	2004.12.24少子化社会対策会議決定　子ども・子育て応援プラン(2005年度～09(平成21)年度)
2005(平成17)年4月	地方公共団体，企業等における行動計画の策定・実施
2006(平成18)年6月	2006.6.20少子化社会対策会議決定　新しい少子化対策について
2007(平成19)年12月	2007.12.27少子化社会対策会議決定　「子どもと家族を応援する日本」重点戦略　仕事と生活の調和(ワーク・ライフ・バランス)憲章　仕事と生活の調和推進のための行動指針
2008(平成20)年2月	「新待機児童ゼロ作戦」について
2010(平成22)年1月	2010.1.29閣議決定　子ども・子育てビジョン　　2010.1.29少子化社会対策会議決定　子ども・子育て新システム検討会議
2010年　6月	2010.6.29少子化社会対策会議決定　子ども・子育て新システムの基本制度案要綱
2010年　11月	待機児童解消「先取り」プロジェクト
2011(平成23)年7月	2011.7.29少子化社会対策会議決定　子ども・子育て新システムに関する中間とりまとめについて
2012(平成24)年3月	2012.3.2少子化社会対策会議決定　子ども・子育て新システムの基本制度について　2012.3.30閣議決定　子ども・子育て新システム関連3法案を国会に提出　子ども・子育て支援法案　総合こども園法案　子ども・子育て支援法及び総合こども園法の施行に伴う関係法律の整備等に関する法律案

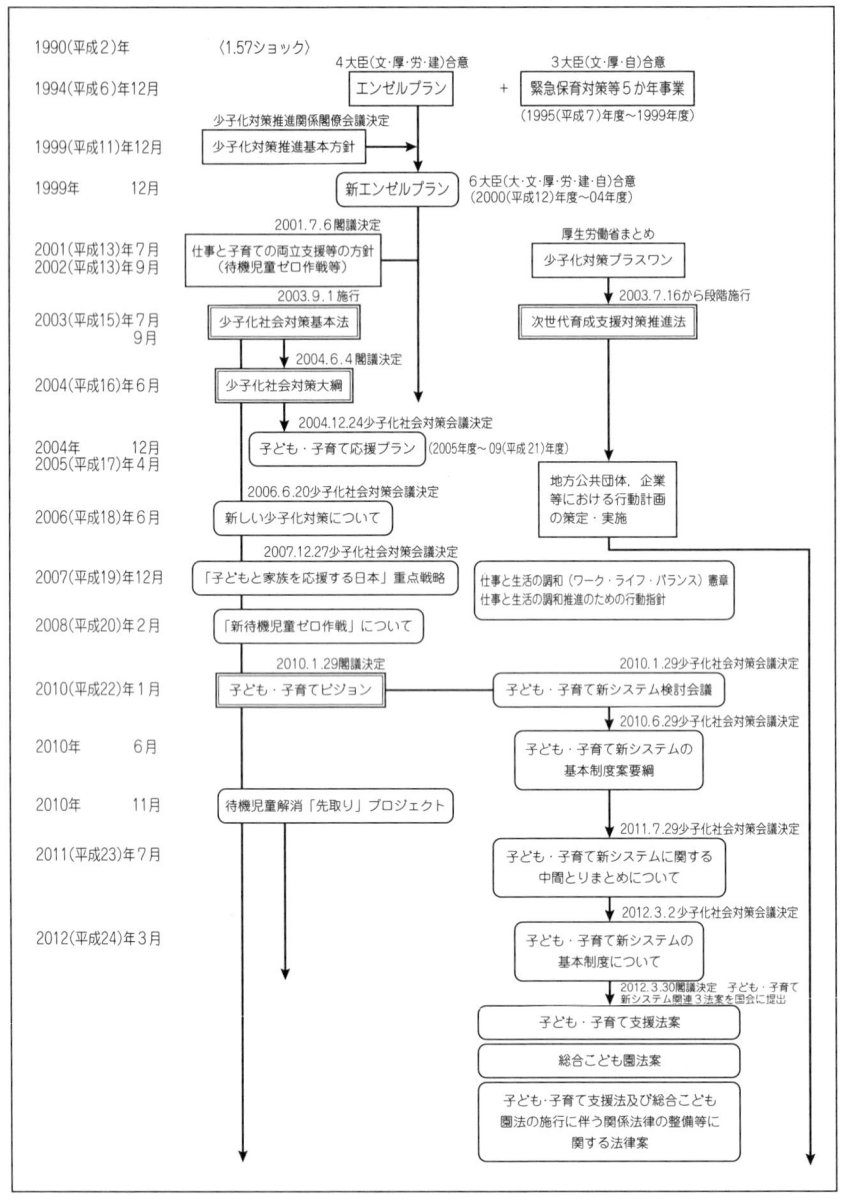

図10-2　少子化対策・子育て支援政策の変遷

出典：厚生労働省「平成24年版　子ども・子育て白書」。

には1兆円の追加財源が必要になるとの試算を出した。その後，議論の結果として，2012（平成24）年2月13日に「子ども・子育て新システムに関する基本制度とりまとめ」が公表され，これを受けて，同年3月2日に少子化社会対策会議は，「子ども・子育て新システムに関する基本制度」および「子ども・子育て新システム法案骨子」を決定した。

これを踏まえて，政府は3月30日，消費税関連法案とともに，子ども・子育て新システム関連3法案（「子ども・子育て支援法案」「総合こども園法案」「子ども・子育て支援法及び総合こども園法の施行に伴う関係法律の整備等に関する法律案」）を衆議院に提出した。その後，民主，自民および公明の3党の実務者による子ども・子育て新システム関連3法案の修正協議が行われ，6月15日に，認定こども園の拡充を図ること，市町村の保育の実施義務を明記すること，指定制度の代わりに現行の認可制度の拡充を図ること等を内容とする修正が行われた。そして，2012（平成24）年8月10日「子ども・子育て新システム関連3法案」が参議院において可決成立したのである。

その中のポイントは，以下の点である。（ウェル，第1回）
① 質の高い幼児期の学校教育・保育の総合的な提供
　認定こども園の管轄省庁の二重行政を改善し，認可や補助金申請などの事務手続きの煩雑さを解消することによって，認定こども園の拡充を目指す
② 保育の量的拡大・確保
　待機児童の解消を目指し，保育施設を増加する。平成29年度末までに，保育利用児童数を225万人から265万人へ増加，および放課後児童クラブの利用児童数を85万人から129万人へ増加する
③ 地域の子ども・子育て支援の充実
　利用者のライフスタイルに柔軟に対応できるよう，各種事業の拡大を行い，子育てしやすい環境をつくる。たとえば，一時預かり保育や延長保育，地域子育て支援拠点事業など

特に，認定こども園については，これまでの認定こども園法が改正され，根拠法や認可権者，設置基準，財政措置，利用者負担金が一本化されることになる。また，認定こども園に勤務する職員に必要な資格を一本化するかどうかについては今後検討課題とされているが，少なくとも平成26年4月から5年間のうちに幼稚園免許と保育士資格をいずれか一方しか取得していない職員に対し，両方取得

できるよう特例措置が行われる。

＊指定制度とは，幼稚園，保育所，認定こども園，小規模保育や家庭的保育，居宅訪問型保育などの多様な保育サービスごとに事業者を指定し，指定された事業者がサービスを提供する仕組みのことである。指定されるためには，質の確保のための客観的な基準を満たすことが要件とされ，認可外施設，多様な事業主体（学校法人，社会福祉法人，株式会社，NPO 等）の参入を認めている。

（3）保育行政の課題

　前述したように，「子ども・子育て新システム関連3法」の可決により，2015年度からの本格施行を目指し，急速に具体化が進められている。たとえば，政府は2013年4月1日現在待機児童がゼロになったことを発表した横浜市の取り組み，いわゆる「横浜方式」を高く評価し，これにならって「待機児童解消加速化プラン」を提起している。そして，2013・14年度を「緊急集中取組期間」として，2年間で約20万人分の保育を集中的に整備することを掲げて，速やかな待機児童解消を目指している。しかし，この動きに対して，懸念を抱く声もあがっている。たとえば，全国保育団体連絡会は，「横浜方式」に対する問題点を指摘するとともにあるべき待機児童解消策の提言を公表した（全国保育団体連絡会，2013年）。その中で，大幅な予算の増額と認可保育所の増設については評価するものの，横浜市独自の基準で設置している横浜保育室などは国の基準より低い基準で運用されていること，公立保育所の民営化を推進していること，営利企業の参入を進めていることなどから，保育の質が保証されていないとの問題点を指摘している。特に，企業による保育への参入は，利益の追求のため人件費や給食材料費を削減したり，企業の倒産によって突然閉鎖されるなどの懸念があるため，慎重な対応が求められている。

　また，待機児童解消のためには，保育士不足も解消する必要があるが，資格を取得していても保育職に就かない，あるいは短期間でやめてしまう人がいるのが実際である。それは，勤務時間の長さや賃金の低さといった雇用環境の悪さが理由としてあげられる。保育の重要性を重視し，女性の社会進出を後押しするのであるならば，保育従事者にとっても働きやすい環境を整備することも不可欠である。

　2014（平成26）年度からの消費税増税による財源確保が確定し，「子ども・子育

て新システム」の実施が加速化することが予想される。その結果，従来の課題であった保育行政の一体化が進み，すべての乳幼児に同じ保育・教育を施すことができるような体制が整えられることが期待される。ただし，そのときには，子どもの成長・発達を第一に考え，そのために必要な保育環境や整備が行われることが求められることは当然のことである。保育は子育て支援と関連づけられるため，女性の労働市場へのさらなる参入やワークライフバランスといった社会や大人の都合が優先されてしまいがちである。日本の将来を担う人材育成の第一段階という保育の役割を重視し，子どもの幸せを優先に体制を整備すべきことを忘れてはならない。

参考文献

東弘子（文教科学技術課）「幼保一体化をめぐる議論」『調査と情報 第745号』国立国会図書館，2012年。
岩崎次男編『近代幼児教育史』明治図書，1979年。
小林恵子『日本の幼児教育につくした宣教師　上巻』キリスト新聞社，2003年。
中嶋邦彦・三原征次編『幼児教育の基礎と展開』コレール社，1998年。
中山徹・杉山隆一・保育行財政研究会編『幼保一元化──現状と課題』自治体研究社，2004年。
日本保育学会『日本幼児保育史　第1・2巻』フレーベル館，1969年。
保育研究所『月刊保育情報』2013年6～8月号。
文部省『幼稚園教育百年史』ひかりのくに，1979年。
ウェル「子ども・子育て支援新制度特集」http://www.wel.ne.jp（2013年8月20日）。
全国保育団体連絡会「待機児童解消実現に向けて「横浜方式」に対する見解と私たちの提言」2013年6月18日。
　http://www.hoiku-zenhoren.org/news/data1/image/130618-202019-20130618.pdf

（中嶋一恵）

第11章

教育財政

1　教育財政の意義

　教育は教育者の教育愛，使命感を根底として，教育者と被教育者との間で教育的価値を媒介として行われる。また，教育の中心をなす学校教育にあっては，今日の学力としての，基礎的基本的知識・技能並びに思考力・判断力・表現力を中核とする「確かな学力」や問題解決能力，豊かな人間性，生涯にわたり充実した生活を送るための基盤となる「健康でたくましい体力」等の「生きる力」を育むことを目的として行われる営みである。この教育活動は，教育政策の具現化として，法規の制定・制度の設計を経て，教育行政により具体的な条件整備が図られ実施される。当然にしてこの条件整備には公教育に携わる教職員等の給与から，施設・設備費等に至るまで，経費の負担なしには，その実現は図られない。

　教育財政とは，教育のための財源の調達とその調達した財源を教育のために配分・支出する営みである。教育のための財源調達に関しては，アメリカ合衆国にみられるように，教育固有の財源として不動産税（財産税）を主たる税源とする教育税（学校税）のシステムを有しているところもある。しかし我が国では，教育の目的のための教育税のシステムは存在しない。したがって，教育財政は，一般財源からの配分（予算化）を経てからの配分・支出機能が中心となる。

　教育行政の作用には，一般行政と同様に，規制作用，助成作用，実施作用があるが，その中で教育財政は，経費の補助等を中心とする助成作用を担うものである。つまり，教育行政の遂行の予算的・経済的側面を担うものである。教育行政の遂行にはその財源の裏付けとしての予算が伴う。教育財政は教育行政の予算化とその支出を担う機能である。したがって教育財政は教育行政と表裏の関係，車でたとえれば両輪の関係をなすものといえよう。教育財政の内容は，国（文部科学省）の予算と地方（教育委員会）の予算にみることができる。

　教育基本法第16条第4項には，国及び地方公共団体は「教育が円滑かつ継続的

に実施されるよう，必要な財政上の措置」を講じることが規定されている。

　教育財政は，換言すれば，教育を対象とする国及び地方公共団体による経済活動である。それゆえに希少資源の有効な配分が求められる。その際には「配分の効率（ecfficiency of allocation）」と「分配の公平（equity of distribution）」が活動の基準として求められる。目的に対する手段の有効性が効率であり，そのため教育財政の効率性については，教育の目的の達成のために，教育効果が上がるよう，財源を配分することが必要となる。

　しかしながら，教育は，人づくり，人間形成の営みである。それゆえに即効性を期待してはいけない。つまり結果があらわれるのに時間を要する営みである。したがって，教育財政の財源投入にあたっては，ある程度の非効率性や結果の将来性などを考慮する必要がある。教育財政の運営に際しては，効率性のみの基準では図れない点を考慮した財源の配分が求められる。それゆえに，教育政策の立案にあたっては，時代をしっかりと見据えながら，教育の不易性と流行性（変化性）への対応を考慮し，不易性には継続的配分を，流行性には重点的かつ対処的な配分を行い，教育効果を高める努力を必要とする。

　教育財政は法規的側面から捉えるならば，日本国憲法第26条に規定された「教育を受ける権利」と教育基本法第4条にみられる「教育の機会均等」の財政的保障の営みであるといえる。

2　教育財政の機能

　教育財政の機能は，一般財政の固有の機能とほぼ同等の機能である。一般財政の固有の機能は資源配分の調整機能，所得の再分配機能，経済の安定化機能であるが，このうち教育財政にかかわる機能は前者二つである。教育財政としての資源配分調整機能としては，公共財（public goods）・準公共財（inpure public goods）としての教育（以下この節では教育を経済における財サービスとみなし，教育サービスと記す。）の安定供給機能であり，所得の再分配機能としては，日本国憲法第26条の規定（教育の権利の享受と義務の履行）や教育基本法第4条にみる教育機会の均等化の実現機能である。

　資源配分の調整機能は，財政のもつ第一義的機能である。この機能は社会に必要な財サービス，すなわち公共財の供給を確保する機能である。公共財は，費用

負担なしに消費可能な「非排除性」と，競争なくその利益を享受可能な「非競合性」の双方を有しているため，「排除性」と「競合性」をもち民間の市場の受給関係で取引が決まる私的財（private goods）とは異なり，民間の市場の需給関係にゆだねることの困難な財である。教育サービスは，財サービスとしての経済的性格からすれば，公共財と私的財の中間的な性格を有する準公共財に分類できる。準公共財は，私的財と同様に「排除性」と「競合性」をもち民間の市場での取引が可能な財であるが，その特徴としては，供給にあたって当該財の直接の消費者以外の第三者にもその財の便益（benefit）が及ぶ便益の「スピルオーバー効果（spill over effect）」あるいは「外部経済効果（extenal ecnomic effect）」による社会的便益（social benefit）を生じさせることがあげられる。したがって準公共財の供給にあたっては，この社会的便益の存在を考慮にいれなければならない。

　教育サービスは，入試制度の存在により，受験者間での競争や入学者獲得のための学校間の競争等にみられる「競合性」を有し，また授業料を徴収することにより，授業料を支払わない者には入学・在学を認めないという「排除性」も有する。しかし，教育のサービスを享受する（消費する）ことによる便益は，教育を享受する者（児童，生徒，学生）およびその家族にのみとどまるものではなく，彼ら以外の第三者，広くは社会，国家にも波及するものである。すなわち教育の外部経済効果による社会的便益が生ずるのである。この社会的便益としては，技術革新による経済成長への寄与，知識・文化の創造，市民性の涵養，犯罪率の減少等があげられる。教育サービスの提供を市場，すなわち民間部門のみにゆだねておくと，供給される全体価格が市場価格には確実に反映されにくくなる。すなわち市場価格においては教育サービスの「私的便益」のみが反映され，プラスアルファとしての社会的便益の部分が考慮されにくくなる。

　結果として教育の評価額に関して，社会的便益を含めた社会における評価額と市場における評価額との間に評価の差額が生じ，その差額が配慮されないために，社会や国家にとって適切であるべき量の教育が提供されないことになる。

　そのため，国や地方公共団体が学校を設置し，教育を直接提供したり，補助金・負担金を通じて教育サービスの市場に介入し，教育の量を社会的にみて最適な量にすることが必要となる。それゆえに教育はその社会的便益に見合った政府による財政負担を必要とする「準公共財」としての性格を有しているといえる。

　教育の社会的便益は，供給するサービスの量が最も多い義務教育段階，すなわ

ち基礎的な知識・技能の習得や道徳性の涵養，ひいては人間としてたくましく「生きる力」すなわち「人間力」の基礎の涵養を目的とした初等・前期中等教育の段階においてきわめて大きい。したがって国及び地方公共団体による財政維持を通しての，一定水準を担保された義務教育の無償提供は，財政にとっては，大きな資源配分の調整機能といえる。

　義務教育の無償性，すなわち義務教育サービスの無償供給の経済的根拠については，上述した教育による社会的便益のみならず，義務教育それ自体が，政府がそれを供給するのに価値があると認めている財，すなわち「価値財（merit goods）」としての性格を有することも付言しておきたい。

　所得の再分配機能は，社会的見地から所得の分配が公正でないと判断が下される場合に，国及び地方公共団体，いわゆる政府がこれを是正して所得の分配の公正化を促進するものである。この機能を支える主たる制度が所得税の累進課税制度である。所得税の累進課税制度の教育分野への直接的影響は少ないものの，税額控除による可処分所得の増大分が，低所得者に，教育費への充当にまわす財政的余裕を少なからず生じさせることが思量できる。加えて，教育サービスの生産とその消費（分配）が市場の需要と供給の関係のみに依存していると，教育費を負担する財力を有しない家計は，教育サービスを購入することができず，結果として所得の分配と資源配分の両面での不公正が生じることになる。したがって，公立学校の義務教育無償措置に加えて，追加的な所得再分配機能の一端としての財政措置が必要となる。それらの措置としては，義務教育にあっては，低所得の子弟の保護者に対する市町村による「必要な援助」（学校教育法第19条），国又は地方公共団体による奨学金の給付等の「奨学の措置」（教育基本法第4条）等があげられる。高等学校段階にあっては，国による暫定的措置ではあるが，公立の高等学校の授業料無償措置および私立学校に適用される高等学校等就学支援金なども所得再分配機能の一環とみなされる。

3　国の教育財政の規模と構造

　国の教育財政の規模と構造については，国の教育予算の規模と構造，具体的には文部科学省の一般会計予算の規模と構造から看取できる。表11－1は平成25年度文部科学省一般会計予算を一覧表にしたものである。表11－1に示す通り，平

第Ⅱ部　教育行政の諸領域

表11-1　平成25年度文部科学省一般会計予算

主　要　事　項	実　額（億円）	構成比（％）
文部科学関係予算総額	53,558	100.0
義務教育費国庫負担金	14,879	27.8
公立高校の授業料無償制及び高等学校等就学支援金	3,950	7.4
国立大学法人運営費交付金	10,792	20.2
国立大学改革強化推進事業	140	0.3
大学教育研究基盤強化促進費	45	0.1
私学助成関係予算	4,319	8.1
内訳　私立大学等経常費補助	3,175	5.9
私立高等学校等経常費助成費等補助	1,022	1.9
私立学校施設・設備整備等	77	0.1
私立大学教育研究活性化設備整備事業	45	0.1
科学技術振興費	8,757	16.4
エネルギー対策費	1,579	2.9
奨学金事業	1,069	2.0
文化芸術関係予算	1,033	1.9
公立学校施設整備費等	603	1.1
国立大学法人等施設整備	465	0.9
国立高専機構運営費	580	1.0
教科書購入費	412	0.8
留学生関係予算	337	0.6
スポーツ関係予算	243	0.5
幼稚園就園奨励費	235	0.4
生涯学習等	987	1.8
人件費等	3,133	5.8

出典：文部科学省『平成25年度予算（案）主要事項』平成25年2月（文部科学省HP, http://www.mext.go.jp/component/b_menu/other_icsFiles/afieldfile/2013/02/05/1330426_03.pdf）2頁をもとに作成した。出所では予算（案）となっているが，平成25年5月15日の国会にて案どおり成立している。

成25年度文部科学省一般会計予算総額は5兆3,558億円（100％）であり平成24年度予算額5兆4,128億円と比較すると569億円の減（1.1％）である。この平成25年度文部科学省一般予算の内訳は，表11-1に示すように義務教育費国庫負担金が1兆4,879億円（構成比27.8％　以下「構成比」と略す），公立高校の授業料無償制及び高等学校等就学支援金が3,950億円（7.4％），国立大学法人運営費交付金が1兆792億円（20.2％），国立大学改革強化推進事業が140億円（0.3％），大学教育研究基盤強化促進費が45億円（0.1％），私学助成関係予算4,319億円（8.1％）（この内訳は私立大学等経常費補助3,175億円（5.9％），私立高等学校等

経常費助成費等補助1,022億円（1.9％），私立学校施設・設備整備等77億円（0.1％），私立大学教育研究活性化設備整備事業45億円（0.1％）となっている。），科学技術振興費8,757億円（16.4％），エネルギー対策費1,579億円（2.9％），奨学金事業1,069億円（2.0％），文化芸術関係予算1,036億円（1.9％），公立学校施設整備費等603億円（1.1％），国立大学法人等施設整備465億円（0.9％），国立高専機構運営費580億円（1.0％），教科書購入費412億円（0.8％），留学生関係予算337億円（0.6％），スポーツ関係予算243億円（0.5％），幼稚園就園奨励費235億円（0.4％），生涯学習等987億円（1.85％），人件費等3,133億円（5.8％）となっている。

　この国の教育予算をその経費の使途別にみるならば，その約3割を義務教育諸学校関係の経費支弁に，すなわち義務教育費国庫負担金（27.8％），公立学校施設整備費等（1.1％），教科書購入費（0.8％）に充当している。

　国の教育予算の最大規模を占める義務教育費国庫負担金は，義務教育費国庫負担法に基づいて配分される国庫負担金制度である。この負担金は「義務教育について，義務教育無償の原則に則り，国民のすべてに対しその妥当な規模と内容とを保障するため，国が必要な経費を負担することにより，教育の機会均等とその水準の維持向上とを図ること」（第1条）を目的として配分される。すなわち，日本国憲法第26条の規定による要請に基づき確立された義務教育制度の根幹（教育の機会均等，教育水準の確保，教育の無償制）を財政的に支えることを目的として配分される。義務教育，すなわち小学校・中学校の段階における教育は，人間の成長発達，人格の発達に大きな影響を及ぼす段階の教育である。そのため「教育は人なり」といわれるように，義務教育が有益なものになるか否かは，教職員の安定的な確保，教職員の適正な配置，教職員の資質向上にかかっている。

　そのため，市町村立学校職員給与負担法において，本来は市町村が市町村立学校の教職員の給与費を負担すべきところ，優秀な教職員の確保と，広域人事による適正な教職員配置のために，都道府県が全額を負担している。義務教育費国庫負担制度では，義務教育費国庫負担法に基づいて，市町村立学校の教職員給与費，すなわち公立の義務教育諸学校の教職員の給与及び報酬等に要する経費を都道府県の負担とした上で，国が都道府県の実支出額の原則3分の1を負担する（同法第2条）。義務教育費国庫負担制度では平成16年度から総額総量制が導入されている。この総額総量制度とは，義務教育費国庫負担金総額の範囲内で，給与額や

教職員配置に関する地方の裁量を大幅に拡大する制度である。具体的には，各県ごとに算定された教職員の平均給与単価に公立義務教育諸学校の学級編制及び教職員定数の標準に関する法律（以下義務教育標準法と記す）に基づいて算定された教職員定数を乗じ，その数値にさらに3分の1を乗じることにより，各県の負担金総額が決定される。その場合，実際の執行では，各県が総額の中で給与と教職員数を自由に決定することが可能となる。これを数式で示すと次のようになる。

【総額総量制による総額の公式】

　　教職員の平均給与単価　×　　　教職員定数　　×　1／3
　　　（各県ごとの算定）　　　（義務教育標準法に基づく算定）

　　＝　　　　各県の負担金総額
　　（各県が総額の中で給与と教職員数を自由に決定）

　公立学校施設整備費等（1.1％）は，義務教育諸学校等の施設費の国庫負担等に関する法律や公立学校施設災害復旧費国庫負担法等を根拠として，主要には義務教育である公立の小学校，中学校の施設の整備等に充当される。
　教科書購入費（0.8％）は，義務教育諸学校の教科用図書の無償措置に関する法律を根拠とする，義務教育の教科書を無償給与するための経費であり，日本国憲法第26条に掲げる義務教育無償の精神をより広く実現する役割を担っている。
　国の教育予算は，義務教育費国庫負担金，私学助成，国立大学法人運営費交付金にみられるように，教育機会の均等と教育の水準の維持向上を図るという観点からの教育財源保障としての移転的支出（transfer payment）が中心を占めている。これらの配分額が，教育の不易性を教育の流行性（変化性）の考慮のもとに，学校教育活動および学校組織運営の改善向上に具体的に結びつくことが期待される。
　国の教育予算の具体的内容については，平成25年度文部科学省予算主要事項によって看取できる。同主要事項は「世界のトップレベルの学力・規範意識による日本の成長を牽引する人材の育成」「安心して夢の持てる教育を受けることができる社会の実現」「知と価値を創造する『大学力』向上のための大学改革の推進」の大きく三つに分けられており，それぞれに具体的な項目が立てられ，それらの項目に予算が配分されている。
　三つの主要事項の中で前二者についてそれぞれに含まれる項目を具体的にみる

ならば，「世界のトップレベルの学力・規範意識による日本の成長を牽引する人材の育成」では，「教育再生実行の基盤となる教職員指導体制の整備」（1兆4,912億3,800万円），「全国的な学力調査の実施」（54億1,700万円），「道徳教育の充実」（8億3,100万円），「新たな教育改革の推進」（2億3,600万円），「理数教育の推進」（63億800万円），「情報通信技術を活用した学びの推進」（4億1,800万円），「インクルーシブ教育システム構築のための特別支援教育の充実」（99億4,500万円），「成長分野等における実践的職業教育の充実」（11億300万円），「グローバル人材育成推進のための初等中等教育の充実」（3億8,900万円）などがあげられる。次に「安心して夢の持てる教育を受けることができる社会の実現」では，「いじめ問題に対する総合的な取組の推進」（64億6,000万円），「公立高校の授業料無償制及び高等学校等就学支援金」（3,950億1,600万円），「幼児教育の推進」（235億9,100万円），「子どもの安全を守る学校健康教育の推進」（7億8,400万円），「大学等奨学金事業の充実と健全性確保」（1,092億3,100万円），「国立大学・私立大学の授業料減免等の充実」（350億6,700万円）などがあげられる。

　これら主要事項から看取できることは，国の教育財政における財源配分の中心が初等中等教育関連分野であることである。国の教育財政の財源は，他の公共サービスと同様にその9割以上を税金が占める。初等中等教育は，国の教育の根幹をなすものであり，特に日本国憲法第26条の規定にみるすべての国民に対する教育を受ける権利の保障を含み，国民の健康で文化的な最低限度の生活を保障し，また国民一人ひとりの自己実現を支援するための重要な役割を果たす。そのためにもより効果的な項目の設定と適切な優先順位に基づく財源の配分が求められるところである。

4　地方の教育財政

　地方の教育財政は，地方教育費の規模と構造，国による地方教育費の財源保障制度によって捉えることができる。

　地方教育費の規模と構造については，決算額に焦点をあて，総務省および文部科学省の調査結果をもとに，一般経費に占める規模と構造，教育の分野別に占める規模と構造，財源別に占める規模と構造等でその特徴を捉える。

　総務省『地方財政の状況　平成25年3月』（総務省ホームページ　http://www.sou-

表11-2　平成23年度　地方一般経費目的別決算額

区分	平成23年度決算額（億円）	構成比（％）	区分	平成23年度決算額（億円）	構成比（％）
総務費	93,460	9.6	警察費	32,170	3.3
民生費	231,825	23.9	教育費	161,768	16.7
衛生費	67,432	7.0	災害復旧費	7,633	0.8
労働費	9,938	1.0	公債費	129,595	13.4
農林水産業費	32,076	3.3	その他	7,414	0.7
商工費	65,478	6.8			
土木費	112,849	11.6			
消防費	18,388	1.9	合計	970,026	100.0

出典：総務省『地方財政の状況 平成25年3月』（総務省ホームページ http://www.soumu.go.jp/menu_seisaku/hakusyo/chihou/pdf/h25.pdf）15頁の表をもとに筆者が作成した。

mu.go.jp/meni_seisaku/hakusyo/chihou/pdf/h25.pdf）によれば，平成23年度決算の地方の一般経費総額は97兆26億円であり，その総額に占める教育費は16兆1,768億円で総額の16.7％を占めており，地方経費の1位を占める民生費の23兆1,825億円（構成比23.9％）についで第2位の規模である。教育費に続いて第3位には公債費の12兆9,595億円（構成比13.4％），第4位には土木費の11兆2,849億円（構成比11.6％），第5位には総務費の9兆3,460億円（構成比9.62％），第6位には衛生費の6兆7,432億円（構成比7.0％），第7位には商工費の6兆5,478億円（構成比6.8％），第8位に警察費の3兆2,170億円（構成比3.3％）と続いている（表11-2）。このことからも地方経費総額に占める教育費の規模が窺えるとともに，教育財政の地方財政に占める役割の大きさも推察できる。

地方教育費の分野別支出構造は，文部科学省の調査結果「平成24年度地方教育費調査及び教育行政の中間報告について」（平成23年度決算）（文部科学省ホームページ http://www.mext.go.jp/component/b_menu/toukei/001/005 /_icsFiles/afieldfile/2013/09101/1339378_1.pdf）を通して看取できる。平成23年度の地方教育費総額は15兆8,682億円（債務償還費控除額14兆7,518億円）であり，その内訳を分野別にみるならば，学校教育費が13兆3,601億円（債務償還費控除額12兆5,561億円）で総額に占める割合が84.2％，社会教育費が1兆5,743億円（債務償還費控除額1兆2,755億円）で総額に占める割合が9.9％，教育行政費9,338億円（債務償還費控除額9,202億円）で総額に占める割合が5.9％となっている。この中で学校教育費について学校種別の内訳をみるならば，小学校費が6兆800億円で学校教育費

総額に占める割合が45.5％，中学校費が３兆4,375億円で学校教育費総額に占める割合が25.7％，高等学校費が２兆6,443億円で学校教育費総額に占める割合が19.8％となっている。小学校費，中学校費，高等学校費を合計すると12兆1,618億円となり，初等中等教育費が地方教育費総額の約76％を占めていることが看取できる。これは，公立の初等中等教育諸学校が設置者管理主義及び設置者負担主義の原則（学校教育法第５条）から，公立高等学校にあっては主要には都道府県の財政負担によって，公立中学校にあっては主要には市町村の財政負担によって設置されていることに依拠する。いうまでもなく，初等中等レベルの教育は，国家・社会の存続発展のために欠かすことのできない機能を果たす。したがって，地方教育費に占める初等中等教育費の割合が約76％の規模を示す実態は，国及び地方公共団体が，初等中等教育を国家・社会にとって価値あるもの，すなわち「価値財（merit goods）」としての準公共財とみなし，財源保障を行う証左でもある。

　地方教育費を財源別にみると，国庫補助金，都道府県支出金，市町村支出金，地方債，寄付金の五つに分けられる。平成23年度の決算額にみる地方教育費総額は15兆8,682億円あり，その財源別内訳としては，国庫補助金が１兆9,636億円（構成比13.4％），都道府県支出金が８兆3,548億円（構成比52.7％），市町村支出金が４兆8,694億円（構成比30.7％），地方債が6,760億円（構成比4.3％），寄付金が45億円（構成比0.0％）となっている。このことから，地方教育費総額のうち，国の負担額が約12％，地方の負担額が約83％であることが指摘できる。

　地方の教育費の支弁は，地方の教育財源としての地方税を主とするが，地方間におけるこの地方税を主要財源基盤とする財政力には格差がみられる。都道府県，市町村等の地方公共団体の財源によって設置される公立の初等中等学校にあっては，その地方公共団体の財政力の格差によって，提供する教育水準に格差を引き起こすことがあってはならない。そのため，国による地方教育財源の保障や調整が行われている。我が国では，国による地方教育費の財源保障は，学校教育法第５条にみるいわゆる「設置者負担主義」の原則の適用外規定を有効にする法令，すなわち地方財政法第10条等を根拠に行われている。国による財源保障の対象となる経費は，この地方財政法第10条の規定によれば「地方公共団体が法令に基づいて実施しなければならない事務であつて，国と地方公共団体相互の利害に関係がある事務のうち，その円滑な運営を期するためには，なお，国が進んで経費を

負担する必要がある」事務にかかわる経費である。その規定に相当する地方教育費としては，同じく同法第10条に，「義務教育職員の給与（退職手当，退職年金及び退職一時金並びに旅費を除く。）に要する経費」（「義務教育費国庫負担法」による義務教育費国庫負担金として経費を負担），「義務教育諸学校の建物の建築に要する経費」（「義務教育諸学校等の施設費の国庫負担等に関する法律」により経費を負担），「公立高等学校に係る授業料の不徴収及び高等学校等就学支援金の支給に要する経費」等があげられる。

　我が国における地方教育財源の調整制度については，アメリカ合衆国の州教育補助金プログラムなどにみられるような，教育を目的とする財源調整制度は確立していない。国による地方教育費の財源調整にかかわる機能は，財政一般を対象とする地方交付税交付金制度に内包されている。地方交付税交付金制度とは，地方団体の財源偏在の調整（財政力の均衡化），一定行政水準の財政的保障，および地方自治の強化を目的に，使途を特定せず，一般財源として国庫補助金を地方団体に交付する地方財政調整制度である。地方交付税法第1条には，「この法律は，地方団体が自主的にその財産を管理し，事務を処理し，及び行政を執行する権能をそこなわず，その財源の均衡化を図り，及び地方交付税の交付の基準の設定を通じて地方行政の計画的な運営を保障することによって，地方自治の本旨の実現に資するとともに，地方団体の独立性を強化することを目的とする。」と規定されている。地方交付税交付金は，基準財政需要額（各地方団体の財政需要の合理的測定のために算定された額）が基準財政収入額（各地方団体の財政力の合理的測定のために算定された額）を超過する地方団体に，その超過額に応じて交付される。地方団体における教育に関する経費は，一般財源として配分された中から，他の配分事項との優先関係の配慮のもとに財源が捻出され，支出されることになる。地方交付税交付金制度の果たす地方教育財源調整機能は看過できない。

5　教育財政の展望と課題

　教育は，人間と人間との関係の中に教育的価値が介在して成立する営みである。教育の本質からみれば無意図的教育と意図的教育からなるが，教育の財源の全部またはその一部を国及び地方公共団体が支弁する教育財政にとって，その支弁対象は，意図的教育としての学校教育，社会教育，家庭教育である。また，教育基

本法第3条の規定にみられるような，教育と表裏一体の関係にある「学習」の視点も加えた場合には，教育財政の対象は，今日の生涯学習社会のしくみの確立・発展のための条件整備となる。

　教育財政は，その指標としての「教育財政の公平」（教育財政の分配の基準を示すもの）と「教育財政の効率」（教育財政の配分の基準を示すもの）の調和が問われるところであり，換言すればその調和の実現としての「教育財政の適切性」が問われるところである。すなわち，多様な教育・学習ニーズをもつ対象者に対して，そのニーズを満たしなおかつ成果のあがる教育・学習サービスを，有限な財源の有効活用により提供するという教育財政運営の在り方が求められている。

　教育は百年の計である。国家・社会の存続・発展のために，換言すれば，国家・社会を構成する国民一人一人が自己実現を目指して充実した人生を送るために，教育の条件整備が必要である。そのためにも教育行政の推進と表裏一体となる教育財政の効率的な運営が求められる。この場合の効率的な運営とは適切に設定された教育目的・目標の達成のための有効な手段に対する財源の配分・支出，すなわち教育目的達成に対する有効な財源の配分・支出を行っていくことであり，既述のとおり，単に経済効率を追求するものではない。

　教育財政の主たる財源は，国レベルあるいは地方レベルにおいても議会による意思決定過程，すなわち政治過程によって決定するが，その骨格となる予算案を作成するのは国であれば文部科学省の財政担当の行政官であり，地方であれば教育委員会事務局の教育予算策定担当者である。国及び地方ともに行政の道を歩んできた官僚的人材によって担当されることが多いが，ともすればその場合には経済・財政の論理が優先してしまう場合や，教育の実態と乖離した政策策定と予算の配分がなされる可能性がある。そのため，予算担当者には教育に関する理論的・実践的知見（教育科学の合理的応用の基盤），加えて教育現場感覚が求められるとともに，時代に対応した変化への適応性すなわち教育財政の適応性（adaptability）の感覚も合わせて求められることになる。

　教育行政・財政の担当者が，今日の学校現場に必要とされている教育関係プログラムや，学校現場で解決すべき諸問題をしっかりと分析・考察し，学校現場の問題解決のために有効なパッケージ化されたプログラムを開発し，その実施のための財源を確保し，その諸問題の具体的な解決に取り組むことが喫緊の課題であ

ることはいうまでもない。アメリカ合衆国で1980年代以降，取り組まれてきた学校単位予算（school-site budgeting）の具体的かつ有効な制度的実現が期待されるところである。そのためにも，学校の責任者たる校長の教育経営者としてのマネジメント能力が問われるところである。

教育財政は，学校づくり，人づくり，ひいてはすべての国民が充実した人生を送るための財源保障のための活動である。したがって，教育財政は教育・学習活動の現象的側面から捉えるならば消費的活動の財源保障であり，一方で教育・学習活動の本質的側面から捉えるならば，投資的活動の財源保障とみなされる。

教育財政は，繰り返しになるが，政府の財政活動の単なる一領域ではない。教育財政は，教育の論理（教育者の論理）と財政の論理（財政担当者の論理）との調和的統合のもとに展開するべき活動である。したがって教育財政には，今日のかかえる教育上の諸問題を解決するための有益なる財政上の措置が求められるところである。別言すれば教育財政は，財政の論理との調和を図りながらも，教育の論理を優先し，その論理のもとに構築を図る必要がある。教育の論理は教育の不易性と教育の流行性（変化性，変化対応性）との融合したところに成り立つ論理である。今，教育の論理の再構築が求められている。教育の論理の再構築に求められる財源保障を教育財政は担っていかなければならない。この教育財政の原理は「適応性（adaptability）の原理」といえるだろう。

参考文献

上原貞雄編『教育行政学』福村出版，1991年。
若井彌一監修，河野和清ほか編『必携学校小六法（2014年度教採対応版）』協同出版，2013年。
窪田眞二・小川友次『教育法規便覧』（平成24年版）学陽書房，2012年。
文部科学省『平成25年度予算（案）主要事項』（平成25年1月）。
　　（文部科学省ホームページ　http://www.mext.go.jp/component/b_menu/other_ics-Fi）
文部科学省「平成24年度地方教育費調査及び教育行政の中間報告について」（平成23年度決算）。
　　（文部科学省ホームページ　http://www.mext.go.jp/component /b_menu/toukei/001/005/_icsFiles/afieldfile/2013/09101/1339378_1.pdf）
総務省『地方財政の状況　平成25年3月』。

（総務省ホームページ　http://www.soumu.go.jp/menu_seisaku/hakusyo/chihou/pdf/h25.pdf）

James W. Guthrie, Walter I. Garms, Lawrence C. Pierce, *School Finance and Education Policy : Echancing Educational Efficiency, Equality, and Choice*, Prentice-Hall, Inc., 1988.

Paul R. Mort, Francis G. Cornell, *Adaptability of Public School Systems*, Bureau of Publications Teachers College, Columbia University, 1938.

（上寺康司）

第12章

わが国教育行政の課題
――最近の教育政策・制度改革の動向を中心に

　近年わが国において展開されている教育政策・制度改革を俯瞰してみると，極めて多岐にわたっており，かつその進展の早さも目を見張るばかりである。これら教育政策・制度改革の特徴点をあえて集約的に表現すれば，「分権」「多様」「選択」「参加」「評価」「アカウンタビリティ（説明責任）」といったようなキーワードで表すことができるのではないだろうか。

　そこで，本章では，これらの言葉によって象徴される典型的な教育政策・制度改革のいくつかを取り上げ，その内容を検討することによって，今日わが国の教育行政が直面している具体的な諸課題の一端に迫りたい。

1　公立小中学校における学校選択制度

　まず，公立小中学校における学校選択制度の導入について検討してみよう。周知のように，わが国の公立小中学校は，これまで各市町村教育委員会が定める通学区域ごとに，児童生徒が通学すべき学校が原則指定されてきた（学校教育法施行令第5条第2項）。もちろん，この原則は今日でも基本的に堅持されてはいるものの，その運用において最大限に柔軟な取組（弾力化）を認めているのが，この学校選択制度である。具体的には，「就学児童生徒の保護者が希望する学校を彼らの希望に添って各教育委員会が指定する方法を採用したシステム」であり，実質的な学校選択を認める仕組みである。

　これまでも，公立小中学校の学校選択は制度上不可能であったわけではなく，「地理的理由」や「身体的理由」さらには「いじめにより児童生徒の心身の安全が脅かされる場合」などの「相当の理由」がある時は，保護者の申立により指定した学校を変更することが可能ではあった（同施行令第8条）。加えて，「通学距離」「学校の新設・分離」「学区変更の経過措置」などを理由にして，通学調整区域を設定することによっても学校選択を可能にしていた。しかしながら，これ

らの学校選択は，あくまで特段の理由に基づいた限られたケースであり，選択対象の学校の教育活動をもとに，保護者へ学校選択権を認めたものではなかった。
　ただ，唯一の例外として，「選ばれる公立小中学校」の萌芽的形態を看取することができるのが，北海道において1977（昭和52）年から始まった「特認校制度」である。しかしながら，これとても「過疎による廃校問題」への対応策として浮上してきた経緯もあり，「学校間の競争を意識化させ，その質的な向上を図ろう」とする現在の学校選択のコンセプトと比べた場合，明らかにその性質に一定の差異が存在していた。
　ところが，1997（平成9）年の文部省初等中等教育局長通知「通学区域制度の弾力的運用について」が出されて以来，東京都品川区に代表されるような公立小中学校の選択制を取り入れる市町村は着実に増加し，2012（平成24）年10月現在，小学校入学時に学校選択制を導入しているところは全国で246自治体（所轄地域内に2校以上の小学校を置く自治体全体の14.2％），中学校入学時のそれは同じく195自治体（同じく2校以上の中学校を有する自治体全体の15.6％）にまで増えてきている。内訳を少し丁寧にみてみると，小学校の場合，当該市町村内のすべての小学校から選択が可能ないわゆる「自由選択制」を導入している自治体は30自治体であった。また，従来の通学区域を残したままで，特定の地域に居住する者について学校選択を認める「特定地域選択制」は80自治体にのぼっていた。同様に，中学校の場合では，「自由選択制」を導入している自治体は61自治体であり，「特定地域選択制」は65自治体であった。
　現在行われている学校選択制を，厳密に分類すれば，上記の「自由選択制」や「特認校制」・「特定地域制」の他にも，「ブロック選択制」（当該市町村内をブロックに分け，そのブロック内の希望する学校に就学を認めるもの），「隣接区域選択制」（従来の通学区域は残したままで，隣接する区域内の希望する学校に就学を認めるもの）などがあり，多様である。
　確かに，現行の学校選択制度は，その形態からも明らかなように，それぞれの地域におけるさまざまな思いや願いを内包して展開されているため，必ずしも単一の目的に収斂されるわけではない。しかしながら，「規制緩和」という今日の社会的潮流の中で，「市場原理のもと学校間の競争を促し，各学校の質的な向上を図ろうとする考え」が今まで以上に積極的に展開されてきていることは間違いないところである。これまでの公教育に対する一部国民の不満や不平を低減する

ことには一定有効であっても、他方、学校間格差を増幅し、教育の機会均等原理を脅かすのではないかとの危惧もある。そのせいか、平成24年度の文科省調査によると今後導入を検討している自治体は、平成18年度の調査に比べ大きく減少している点は気になるところである。

2 学校評議員制度と学校運営協議会制度（「学校参加」制度）

次に、学校評議員制度と学校運営協議会制度を検討してみたい。前述の学校選択制度が、「学校を選択の対象とすることによって、学校間における競争を誘発し、学校の特色化を促進するとともに、そのことを通して学校の改善を図ろう」としているのに対して、これらの制度は、「学校を開く」という観点から「学校の運営に地域住民や保護者の意見を積極的に反映することによって学校の改善」をねらった、いわば「学校参加」型の教育改革モデルの一つといえよう。

（1）学校評議員制度

前者の学校評議員制度は、2000（平成12）年の学校教育法施行規則の改正によって、成立した制度であり、その第49条に以下のように規定されている。

> 小学校には、設置者の定めるところにより、学校評議員を置くことができる。
> 2　学校評議員は、校長の求めに応じ、学校運営に関し意見を述べることができる。
> 3　学校評議員は、当該小学校の職員以外の者で教育に関する理解及び識見を有するもののうちから、校長の推薦により、当該小学校の設置者が委嘱する。
>
> （なお、中学校、高等学校、中等教育学校、特殊教育諸学校、幼稚園においても準用規定があり、同様である。）

本規定からも明らかなように、学校評議員の設置は、義務化されておらず、あくまで「できる」規定である。そのため、2006（平成18）年8月現在、全国公立学校の82.3％（3万5,042校）の学校で学校評議員の設置がみられるまでに増加してきてはいるが、未だ2割弱の学校では未設置の状態が続いている。また、「学校評議員は、校長の求めに応じ、学校運営に関し意見を述べることができる」だけで、その意見が確実に反映される仕組みとはなっておらず、校長の判断に委

ねられている。さらに、学校評議員は、当該学校の「職員以外の者で教育に関する理解及び識見を有するもののうちから、校長の推薦により」設置者が委嘱することになっている。つまり、当該学校の教職員は評議員にはなれず、保護者・住民の中から選ばれる者も校長の推薦が不可欠なわけである。しかも、最大かつ直接の受益者である「保護者」が必ず評議員となる保証はどこにもない。

　もともと、この度の学校評議員制度の導入が、教育行政の地方分権化政策の一環として学校裁量権とりわけ校長の裁量権を拡大していくことを基軸・前提とした上で、保護者・地域住民の意向を考慮しつつ、その協力を得て円滑な学校経営を目指すことを企図したものであったとするならば、同制度の内容が上記のような程度にとどまることは、ある意味必然的であったのかもしれない。しかしながら、学校経営の重要な支援者であり、かつ受益者でもある保護者・地域住民の意思反映の保障もなく、組織構成メンバーである教職員の参画もない学校評議員制度を構築したところで、学校経営の改善に果たしてどれほどの進展を期待できるというのであろうか。学校によっては、校長の意向を受けた（校長推薦によるため校長に支持的な）学校評議員の意見が手続き上の正当性を付与され、「御墨付き」を入手した校長が自らの判断や決定に際しその権威性を高めるための手段として利用するケースも出てくるのではないだろうか。

（2）学校運営協議会制度

　上述の学校評議員制度の構造的な課題を克服し、受益者である保護者・地域住民の一層の意見反映を促進するために導入されることになったと考えられるのが、学校運営協議会制度である。学校運営協議会制度は、2004（平成16）年4月の「地方教育行政の組織及び運営に関する法律」の改正にともなって設置され、当初翌年4月から施行予定であったものが、急遽半年前倒しして同年9月より施行されるようになったものである。学校評議員制度導入から僅か4年で新たな学校運営協議会制度が発足し、しかも前倒ししてまでの施行という切迫した展開状況は、まさに今般の教育改革の象徴的な出来事の一つであるといえよう。

　いずれにせよ、同法第47条の5には以下のように規定されている。

> 　教育委員会は、教育委員会規則で定めるところにより、その所管に属する学校のうちその指定する学校（以下この条において「指定学校」という。）の運営に関して協

第Ⅱ部　教育行政の諸領域

> 議する機関として，当該指定学校ごとに，学校運営協議会を置くことができる。
> 2　学校運営協議会の委員は，当該指定学校の所在する地域の住民，当該指定学校に在籍する生徒，児童又は幼児の保護者その他教育委員会が必要と認める者について，教育委員会が任命する。
> 3　指定学校の校長は，当該指定学校の運営に関して，教育課程の編成その他教育委員会規則で定める事項について基本的な方針を作成し，当該指定学校の学校運営協議会の承認を得なければならない。
> 4　学校運営協議会は，当該指定学校の運営に関する事項（次項に規定する事項を除く。）について，教育委員会又は校長に対して，意見を述べることができる。
> 5　学校運営協議会は，当該指定学校の職員の採用その他の任用に関する事項について，当該職員の任命権者に対して意見を述べることができる。（中略）
> 6　指定学校の職員の任命権者は，当該職員の任用に当たつては，前項の規定により述べられた意見を尊重するものとする。（以下略）

　この規定内容からも明らかなように，学校運営協議会は，所轄の教育委員会による「指定」がなければ設置されず，必置規定とはなっていない。しかしながら，学校評議員制度の場合も必置規定ではなかったものの，予想を越えた早さでその導入が進んだことや，文部科学省が学校運営協議会制度の普及に積極的な姿勢を示していることを考えると，同制度の今後の動向には注意が必要であろう。
　次に，学校運営協議会の構成メンバー関する規定内容をみてみると，学校評議員制度ではみられなかった「当該学校に在籍する幼児・児童・生徒の保護者と当該学校が所在する地域の住民」がようやく明示されるようになっており，この点は高く評価できる。しかも，それらのメンバーは，当該学校の校長が編成する教育課程を含む学校運営に関する事項についての承認権を保有しており，大いに注目される。見方を変えれば，学校運営協議会による承認がなければ，校長は当該学校の運営をスタートできないことを意味しているわけであり，この点は画期的である。なお，メンバーの数や任期，さらには承認対象の具体的事項などは明示されていないため，それらは各教育委員会規則等において規定されるものと考えられる。
　加えて，学校運営協議会は，学校評議員制度の場合と異なり，求めの有無にかかわらず，校長だけではなく教育委員会へもその意見を自由に述べることができ，任命権者に対しては，当該学校の職員の人事（採用やその他の任用に関する事

項）についても意見を述べることができるよう規定されている。しかも，任命権者はその「意見を尊重するものとする」と定められており，当該の意見内容を実質的に保証しなければならないようになっている点も刮目すべきである。行政解釈によると，この人事に関する意見には，教職員の公募や任用についての要望などが想定されており，現職員への懲戒や分限等の人事に関する意見は含まれないようである。しかし，新たな職員を募集・任用するということは，見方を変えれば，現職員への否定的な評価を誘引し，結果として間接的に現職員の異動や配置換え等に影響を及ぼすことにも繋がるのではないだろうか。

文部科学省の調査によると，2005（平成17）年2月の設置状況は，東京都足立区立五反野小学校を皮切りに，京都府，山口県下の3市区町5校であったものが，2011（平成23）年4月時点で，32都道府県（2県99市区町村）789校に設置されるに至っている。さらに，2013（平成25）年度4月現在，全国で1570校にまで増加しており，文部科学省は全国3000校の設置目標を掲げて，その拡大に取り組んでいる。

学校評議員制度と比べて，今後どの程度学校運営協議会の設置が進むのかは予断を許さないが，保護者・地域住民の学校運営への参画という視点からみた場合，格段の進展があったことは確かに間違いのないところである。しかしながら，それは「同協議会の委員が，地域や保護者を代表する立場にある者として，学校に対する保護者の要望や地域ニーズを公正・公平，かつ幅広く把握・集約していること」をあくまで大前提にしたものであり，かかる前提を欠いた学校運営協議会が設置された場合，学校が一部地域ボスによる支配下に置かれる危険性を内包していると言えなくもない。いかなる人物が同協議会メンバーとして任命されるかが重要なポイントであり，任命権を有する当該教育委員会の見識がまさに強く求められることになろう。

さらに，仮に適切な学校運営協議会委員が任命されたとしても，当該学校の教職員が同協議会の構成メンバーに含まれないために，保護者や地域住民の意向のみが突出した形で学校運営がなされる危険性を払拭することもできない。確かに，これまでの学校運営が地域住民や保護者のニーズを的確に反映できず，むしろ閉鎖的ですらあった点は真摯に反省すべきではあるが，逆にこの度の学校運営協議会制度は，学校の諸活動を直接担当する教職員への配慮に乏しく，過度に厳しい要求のみが突きつけられる結果をもたらすことになりはしないだろうか。現場の

教職員が萎縮したり，やる気を喪失したりして，活力ある教育活動が展開できなくなってしまっては，元も子もない。素人支配（layman control）と専門家による指導（professional leadership）が予定調和的にバランスをとって機能することが教育委員会制度（地方教育行政システム）の理想であるとするならば，この度の学校運営協議会制度においても，当該学校の教職員が保護者・地域住民とともに学校運営に参画し，共同して責任を担うことができるような「アメリカ・ボストン型の学校委員会制度」への修正・接近も一考に値するものと思われる。

3　学校評価制度

　次に，学校評価制度について検討してみたい。学校が保護者や地域住民の教育要求に的確に応えられず，むしろ閉鎖的ですらあった点は先にも指摘した。このような状況に対する彼ら国民の根強い不満や不信感が前述してきた学校選択制度や学校評議員制度，さらには学校運営協議会制度を創出させた大きな要因の一つであったが，本節で取り上げる学校評価制度も基本的には同じ文脈の中に位置づけることが可能である。

　学校評価制度は，前節の学校評議員制度や学校運営協議会制度と同様に「開かれた学校づくり」といったスローガンの下，特に「学校が自らの諸活動を自己点検し，それを広く保護者や地域住民に公開することによって，説明責任を果たし，彼らの信頼を回復するとともに，学校の改善にも繋げること」を企図して創設されたものであった。具体には，教育改革国民会議報告——教育を変える17の提案」(2000〔平成12〕年12月）や文部科学省「21世紀教育新生プラン」（2001〔平成13〕年1月），さらには総合規制改革会議「規制改革の推進に関する第一次答申」（2001〔平成13〕年12月）等を踏まえつつ，2002（平成14）年4月の「小学校設置基準」「中学校設置基準」の制定によって法令上初めて創設されたものである（高等学校・幼稚園設置基準の同時一部改正も含む）。しかし，制定された「設置基準」では，学校評価は努力義務にすぎず，しかも自己点検のレベルにとどまり，外部（他者）あるいは第三者による評価・チェック機能が担保されているわけでもなかった。そのため，学校評価そのものが実施されないケースもあったのである。

　そこで，文部科学省は，2007（平成19）年6月の学校教育法の改正に伴い，学校評価とその結果の公表，設置者への報告を義務化するとともに，同年10月には

同法施行規則において，学校による評価にとどまらず，新たに「当該小学校の児童の保護者その他の当該小学校の関係者（当該小学校の職員を除く。）による評価」（学校関係者評価）を努力義務として規定した。学校教育法および同法施行規則には，次のように規定されている（幼・中・高・特別支援学校等も準用）。

学校教育法

第42条　小学校は，文部科学大臣の定めるところにより当該小学校の教育活動その他の学校運営の状況について評価を行い，その結果に基づき学校運営の改善を図るため必要な措置を講ずることにより，その教育水準の向上に努めなければならない。

第43条　小学校は，当該小学校に関する保護者及び地域住民その他の関係者の理解を深めるとともに，これらの者との連携及び協力の推進に資するため，当該小学校の教育活動その他の学校運営の状況に関する情報を積極的に提供するものとする。

学校教育法施行規則

第66条　小学校は，当該小学校の教育活動その他の学校運営の状況について，自ら評価を行い，その結果を公表するものとする。

　2　前項の評価を行うに当たっては，小学校は，その実情に応じ，適切な項目を設定して行うものとする。

第67条　小学校は，前条第1項の規定による評価の結果を踏まえた当該小学校の児童の保護者その他の当該小学校の関係者（当該小学校の職員を除く。）による評価を行い，その結果を公表するよう努めるものとする。

第68条　小学校は，第66条第1項の規定による評価の結果及び前条の規定により評価を行った場合はその結果を，当該小学校の設置者に報告するものとする。

加えて，2008（平成20）年1月には学校評価の具体的な指南書として『学校評価ガイドライン』が，そしてその後，2010（平成22）年3月には同ガイドラインの改訂版も文部科学省より示され，学校評価の実施に向けた一層の環境整備が進んでいる。

平成20年度間における文部科学省の「学校評価等実施状況調査」によると，学校関係者評価の実施率は，2006（平成18）年41.9％にすぎなかったものが2008（平成20）年には，81.0％にまで飛躍的に伸びており，学校評価の客観性に向けた取り組みの進展がはっきりと看取される。この流れは，その後も継続しており，平成23年度の同調査によると93.7％にまで増えてきている。ただ，1割弱の学校

では，未だ学校関係者評価が実施されていない点は看過できず，学校関係者評価の100％実施に向けた努力が継続して求められよう。同時に，学校自身および学校関係者による評価が行われたとしても，その目的やねらいは「学校改善」に寄与するためであり，本来的な趣旨が達成されなければ意味をなさない。ややもすると「手段」が「目的」化してしまう恐れすら懸念される。今後は，満足度だけではなく，実際の改善度がしっかりと図られ，学校および関係者による評価の実質化が目指されなければならないであろう。

4　「民間人校長」の登用

最後に，「民間人校長」（原則，教員免許状を保有せず，教育に関する職にも就いたことのない者）の登用問題について検討しておきたい。「民間人校長」の登用に関しても，1998（平成10）年9月の中央教育審議会答申「今後の地方教育行政の在り方について」が重要な役割を果たしている。同答申では，それまでの中央集権的な画一的教育行政からの脱却の必要性が強く主張され，その文脈に沿って各学校の自主性・自律性の拡大を強く求めていた。そして，その具体策の一つとして，真に力のある校長の確保の観点から「校長任用資格の見直し」と民間企業的な「マネジメント能力」の必要性を指摘したのである。同様の趣旨は，2000（平成12）年12月の教育改革国民会議「最終報告書」でも散見された。こうした政策上の要請を背景に，学校教育法施行規則の改正が2000年1月に行われ，2001（平成13）年度より東京，広島等の4都県で民間から6人の校長が採用されたのである。

改正の主な点は，学校教育法施行規則に第9条の2を追加することによって，それまでの「専修免許状を保有し，5年以上教育に関する職に就いた者」および「教員免許状を保有しないが，教育に関する職を10年以上した者」（同施行規則第8条関係）に加えて，「学校運営上特に必要がある場合には，都道府県教育委員会等がそれらと同等の資質・経験を有すると認める者についても任用可能」としたことである。

この改正によって，その後，2002（平成14）年度21人，2003（平成15）年度56人，2004（平成16）年度76人，そして2005（平成17）年度に100人のいわゆる「民間人校長」が全国で誕生している（うち92人は在職中）。全国的な分布状況をみてみ

ると，広島県がこれまで8人と最も多く，以下埼玉県・東京都・名古屋市が各6人，岐阜県・和歌山県が5人と続き，47都道府県中31都道府県が任用している。見方を変えれば，16県は未だ任用していないともいえる（2005年段階）。なお，最新のデータによると，2005（平成17）年度をピークに，2006（平成18）年度89人，2007（平成19）年度87人，2008（平成20）年度80人，2009（平成21）年度82人，2010（平成22）年度86人，2011（平成23）年度97人の在職者となっており，ほぼ上げ止まりの傾向のようである。

　「民間人校長」に期待された資質・能力は，先にも指摘したように民間企業等で培われた「マネジメント能力」であり，より具体には「経営感覚」「優れたリーダーシップ」「柔軟な発想・企画力」「渉外能力や人脈・広い視野」と，これらに加えて「教育に関する識見と情熱」であった。そして，これらの資質能力で実行することが期待された職務内容としては，「組織的・機動的な学校運営」「学校組織の活性化」「特色ある学校づくりの推進」「開かれた学校づくりの推進」「教職員の意識改革」等であった。

　このような力量が「民間人校長」という形で求められた理由として，牛渡は次の二つをあげている（牛渡，2004，39頁）。第一に，組織体としての学校の責任が従来以上に厳しく問われ出したことである。たとえば，地域・住民への説明責任の重視，学校評価制度の導入，危機管理体制の整備，特色ある教育の実施等，「学校」としての責任や結果が厳しく問われる時代になりつつあったことである。第二に，それにもかかわらず，従来の校長任用・人事制度に大きな問題があり，それに対応できていない部分があったことである。たとえば，校長選考は，筆記試験中心で，必ずしも校長としての真の能力を判断するものではなかったこと，しばしば年功序列，高齢化，狭い学校関係者内での人事が行われ，管理者にふさわしい能力と意欲を持った人物を任用できない場合が多かったこと，校長の在職期間が短く，特色ある教育活動が十分にできなかったこと等である。

　当然であるが，「民間人校長」の任用開始当初，教員経験がないために「教職員や保護者のニーズ把握が困難」「教職員との対立が生じる」「学校の経営者としては不適格」などの批判的な見解が教育現場を中心に噴出した。しかしながら，文部科学省の「いわゆる民間人校長任用に係る調査の結果」（2003〔平成15〕年）によると，2002（平成14）年4月1日以前において「民間人校長」を学校に配属している6教育委員会（東京都，埼玉県，岐阜県，大阪府，奈良県，広島県）の

うち,「民間人校長」任用の成果等について,東京都が「期待以上」,他の5府県が「概ね期待通り」との肯定的回答を示している。つまり,「民間人校長」を導入している教育委員会は,一定の成果があがっていると認識しているわけである。

ただし,ここには重要な視点が欠落しているのではないだろうか。すなわち,教育委員会は,「民間人校長」に対し人的・財的資源の集中投入によって,赴任当初から「民間人校長」がその力を発揮できる仕組みを整えているのである。加えて,十分とは言い難いものの,「民間人校長」向けの事前研修や赴任以降のアフターケア等にも資源が投じられている。「概ね期待通り」の回答の裏には,一般校長をはるかに凌ぐ資源・支援が提供されているのである。そのためか,八尾坂と元兼らの研究によると,一般校長は,「民間人校長」に対する資源・支援の分配を「不公正」なものと認識している可能性が高く,一般校長による民間人校長任用への評価はすこぶる低いという(元兼・八尾坂,2004,356頁)。

このように考えると,「民間人校長」導入の真の成果は,「民間人校長」の赴任校の変容・改善実績ではなく,むしろ赴任校での成果を普遍化して,一般校長の赴任校へどれくらい転用されることができているか,換言すれば,一般校長のマネジメント能力とリーダーシップの向上にどれくらい貢献し,それら一般校長赴任校の改善にどれくらい寄与しているか,で評価されるべきであろう。

校長資格の中核を規定する学校教育法施行規則第20条は従前通りであり,あくまで校長資格の本流は,「教育職員免許法による教諭の専修免許状又は一種免許状(高等学校及び中等教育学校の校長にあっては,専修免許状)を有し,かつ教育に関する職に5年以上あること」である。この点は十分留意しておかなければならない。その意味では,この度の法令改正による「民間人校長」の登用は,同施行規則への規定追加にすぎず,いわば「傍流・邪道」と捉えることも可能であろう。しかし,それよりも重要なのは,かかる荒技を使ってまで免許相当主義の学校教育現場が蹂躙されようとしている「意味」を,管理職をはじめすべての教育関係者が深く受け止め,咀嚼することなのである。これまで繰り返し指摘してきたように,今般の学校が保護者・地域住民の教育ニーズに的確に応え切れず,閉鎖的ですら合ったことに対する社会的な「揺さぶり」の一つが「民間人校長」の登用なのである。「民間人校長の登用」を契機に,教育関係者が猛省し,自己研鑽と自己変革に邁進することができるのであれば,今回の「民間人校長」の登用もある意味一定の意義を有していると言えなくもあるまい。本流である教員出

身の校長の真価がまさに今問われているのである。資格・免許をベースとする教員社会において、「民間人校長」の登用という「揺さぶり」効果を期待するよりも、むしろ計画的・意図的・体系的なスクールリーダーの養成／研修制度の構築と運用を通して、学校の質的向上を図る方がはるかに「正道」ではないだろうか。その意味で、教職大学院を始め今後の教育系大学院には大きな期待が寄せられるところである。

　以上、近年わが国において特に注視されている教育政策・制度改革のいくつかを取り上げ、それぞれが直面している具体的な諸課題を検討してきたが、それらを通して共通する中核的な課題を、一言で集約すれば、やはり「信頼される学校」の復権ということになろう。「多様」化する社会の中において、校長や教職員といった学校教育の専門家の判断と素人である父母・地域住民の意思、さらには直接の学習主体である生徒のニーズを調整し、関係当事者全体のコンセンサスを形成していくことは、確かに骨の折れる作業ではある。しかし、この困難な作業を抜きにして、仮に「学校の自主性・自律性」確立の名の下「分権」的な学校を構築してみたところで、真に「開かれた・信頼される学校」の経営には至るまい。これまでわが国の教育行政・政策にはかかる視点が脆弱であり、そのことが学校教育に対する国民の根強い不信や不満を醸成してきたのである。すべての教育関係者が今一度「原点回帰」して、公教育の使命を深く内省し、「信頼回復」に向けた取り組みに全力を傾注することが強く望まれる。

参考文献

牛渡淳「「民間人校長」に期待した校長の資質能力」小島弘道編『新編校長読本』教育開発研究所、2004年。

河野和清編著『現代教育の制度と行政』福村出版、2008年。

仙波克也・榊達雄編『現代教育法制の構造と課題』コレール社、2010年。

露口健司「民間人校長は必要か」市川正午編『教育改革の論争点』教育開発研究所、2004年。

日本教育行政学会研究推進委員会『教育機会格差と教育行政』福村出版、2013年。

元兼正浩・八尾坂修「人事管理と自律的学校経営」河野和清編『地方分権化における自律的学校経営の構築に関する総合的研究』多賀出版、2004年。

　　　　　　　　　　　　　　　　　　　　　　　　　　　（古賀一博）

第Ⅲ部
諸外国の教育行政制度

第13章

アメリカの教育行政制度

　アメリカ合衆国においては，教育は州の専管事項とされている。しかし，州は教育についての大幅な権限を教育行政の基礎単位である学区（school district）に委譲しており，教育の実際的な管理運営は，この学区に設置された教育行政機関，教育委員会により行われている。このように，アメリカの教育行政は，州が教育についての最終的な権限をもちながら，地方の学区に任せるという地方統制の原理に立脚している。

1　学区教育委員会制度

　学区は，植民地時代以来の古い伝統をもっている。その歴史的発達過程を簡単に説明すると，植民地時代の最初の1世紀の間，学校は当時の一般の地方自治の基礎単位であるタウンにより維持管理されてきた。しかし，植民地の人口が増大し，新たな土地を求めて開拓が進められると，タウンの中心部に設置されていた学校は，辺境の開拓地で生活する子どもにとって通学に不便になった。そこで，タウンの学校が一定期間，タウンの各地（通常，学区（district）と呼ばれた場所）で開く巡回学校（moving school）が出現した。しかし，この学校も開校期間が限られる等，住民の満足のいくものではなく，学校を常時設置する要求が住民から起こった。そこで，まもなく，タウンの各地に常設の学区学校（district school）が開校された。すると住民たちは，学区と呼ばれた居住地区の境界を明確にし，そのなかに学区学校をもち，学校の管理を住民自らが行うことを要求するようになった。その結果，1789年には，マサチューセッツ法により学区が法的に承認され，学校の維持・管理する機関として学区ないしタウンに学務委員会（school committee）（現在の教育委員会の原型となる組織）の設置が認められた。また，1800年には，マサチューセッツ州が学区に課税徴収権を認め，1827年には，学区が自ら教員を採用し契約する権限や，教材採択権を与えたのであった。こう

して学区が実質的に教育行政の基礎単位として機能するに到り，その後，この学区制度は，全米に拡大したのであった。

　現在，学区は，準公共団体（quasi-corporation）という法的地位をもった，公立初等・中等学校を所管する教育行政の基礎単位である。そのため，市（city），タウン（town）等の一般行政から独立し（行政上の区画が異なることもある），準自治権，準司法権をもち，州憲法や州教育法に従い，地域住民の教育要求に応じて，自ら公立初等中等学校の設立・維持・管理を行っている。学区の創設，再編や廃止の権限は州にある。第二次世界大戦時約10万あった学区は，戦後，教育行政の合理化，効率化のため大幅な整理統合が行われて現在，1万4,000弱となっている。ちなみに現在，多くの州では，障害児教育や職業教育，図書館情報サービス，教職員の能力開発等，学区単位での実施が困難な教育事業に対処すべく，カウンティ単位で複数の学区を所管する中間学区が置かれている。

　学区には，区内の教育を管理する機関として教育委員会（board of education, school board, school committee 等）が設置されている。教育委員会は，学区内の初等・中等教育政策を策定する意思決定機関である。教育委員会は，教育の「素人支配（layman control）」を実現する機関であり，教育委員は一般の市民によって構成される。こうした教育委員の人数，選任方法，任期等は州法等で州ごとに定められることが多い。学区教育委員会の教育委員は一般に平均5〜7名程度であり，選出方法は，シカゴ市のような一部の大規模学区では市長等による任命制の場合もあるが，ほとんどは公選制である。教育委員会の職務権限は，一般的には所管する公立初等中等学校めぐる政策を立案し，予算を決定することである。すなわち，①教育長の任命，②教育予算の編成，③教育計画の策定，④学校建築計画の策定，⑤通学区の設定，⑥教育財産についての契約の締結，⑦教員団体等との団体交渉等があげられる。

　教育委員会には事務局が設置されている。そして事務局を統括し教育委員会の策定した教育政策を実施する行政官として教育長（superintendent, superintendent of schools 等）が置かれる。教育委員が教育の「素人」であるのに対して，教育長は教育の「専門家（professional）」である。そのため，ほとんどの州で教育行政担当者専用の免許状を発行している。（ミシガン州とワシントン州は免許の要件を学区に任せている。）免許状取得の要件としては，たとえば，メリーランド州では，①教員免許の保持，②3年間の教職経験，③2年間の行政職または管理

職経験，④行政や管理の分野で2年間の大学院プログラムを修了し修士号を含む大学院での最低60単位の履修していること，をあげている。一般に各州では，免許状取得の要件として，修士や博士の学位，教員免許状，3年以上の教育経験，行政経験があげるところが多い。

　実際の学区の組織を，メリーランド州にあるモンゴメリー・カウンティ学区（Montgomery County Public Schools）を例にみていこう。モンゴメリー・カウンティ学区は，五つの学区を所管している中間学区である。教育委員会は7名の委員と1名の学生委員で構成されている。委員の選出方法は公選制である。すなわち，委員の被選挙権は，5学区に住む住人に賦与され，どこの学区から立候補してもよいとされている。選出に際しては，まず，予備選（Primary Election）で，学区ごとに上位2名の候補者を選出する。そして各学区の2名の候補者が総選挙（General Election）に進み，そこで7名に絞られることになる。委員の任期は4年（再選可）で，学生委員は1年ごとに改選されている。会議は，年間60回程度開催され，審議が行われる。原則的には公開であり，会議の様子はテレビで放送される他，教育委員会レポートやコミュニティ紙で報道される。そして，教育委員会が決定した教育方針を執行していくために，事務局が置かれ，それを統括するための教育行政官として学区教育長が置かれている。図13-1は，モンゴメリー・カウンティ学区教育委員会の組織図である。一般に，事務局の組織は，学区の規模によりまちまちであるが，大きく分けて，教育課程や児童生徒の指導に関する系統と財務や施設設備の維持管理，児童生徒の輸送等教育活動を側面的に援助する系統に分けられる。それぞれの系統には，教育課程，特殊教育，生徒指導，臨床心理士，財務等の専門職員が配置されている。

　学区教育委員会は，自分の子どもを学校に就学させるときなど，アメリカ人にとっては身近な行政機関の一つである。そこで，教育委員会も学区内に居住するさまざまな人種や民族出身の家庭と生徒に自らの施策や教育情報について理解を深めてもらい，平等な教育が行き渡るよう日々努力している。たとえば，モンゴメリー・カウンティでは，新学期が始まる直前には，「カウンティー・フェアー」を開き，そこで教育方針やプログラムについてあらゆる質問に応じられるような配慮している。また幼稚園については，入園希望者に対して「幼稚園オリエンテーション」を開催している。また，たとえば，テレビ，ラジオ，ウェブサイトなどメディアを活用するだけでなく，図書館や学校の事務所を通して，教育委員

第13章　アメリカの教育行政制度

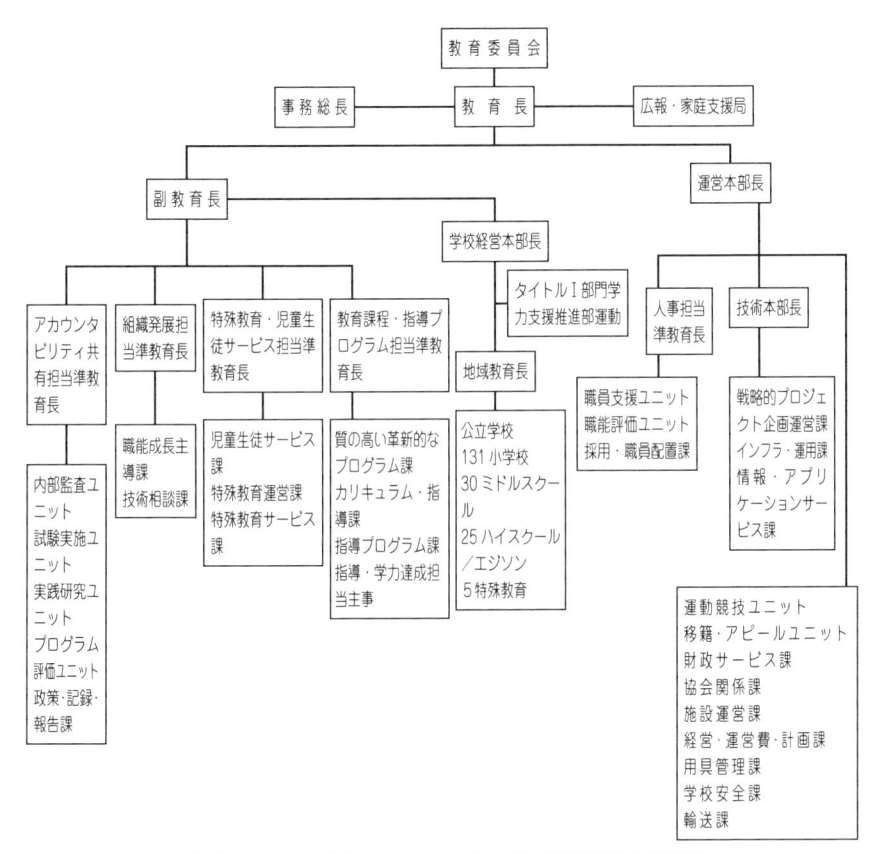

図13-1　モンゴメリー・カウンティ学区教育委員会の組織
出典：モンゴメリー・カウンティ学区教育委員会提供の資料をもとに作成。

会の情報を得られるようにするなど，カウンティの教育政策とその実施に関する広報活動を積極的に行っている。なお，教育委員会のリエゾン・オフィスなどには，英語以外の使用割合の高い言語を話すスタッフやカウンセラーを配置し，言語的マイノリティの家庭や生徒への便宜を図っている。

2　州教育行政制度

　合衆国憲法は，連邦政府の教育に関する権限を直接明記していない。一方，合

衆国憲法は修正第10条の中で，「合衆国に委任されず，かつ各州に対して禁止されていない権限は，各州それぞれに，あるいは人民に保留される」と規定している。このため，伝統的に教育は，連邦ではなく，州の権限に属することと理解されてきた。

今日の代表的な州教育行政機関は，州教育委員会（state board of education：SBE）と州教育長（state superintendent of public instruction, state commissioner of education 等）である。州教育委員会は，教育政策の策定等の権限を州議会から委譲され，州教育法をはじめとして州議会で立法化された法令に基づき，主として初等中等教育について，州全体の大綱的な教育政策を決定する。その教育政策を執行するために州教育長と州教育局（state education department：SED）が置かれる。州教育長は，首席教育行政官（chief state school officer：CSSO）として州教育局を統括する。

現在，ウィスコンシン州とミネソタ州を除くすべての州が，州憲法や州法に基づき，州教育委員会を設置している。メリーランド州を例に州の教育行政制度を説明する。教育委員会の内部には教育委員が置かれる。州教育委員の人数は，7名～11名とする州が多いなかで，メリーランド州教育委員会は12名の教育委員で構成されている。教育委員の選任方法は，メリーランド州のように州知事による任命制をとる州（少数ではあるが州議会による任命制としている州もある）が多いが，州民や州議員等による公選制をとっているところもある。メリーランド州の教育委員になるための要件は市民権を有していること，すなわち，学区の場合と同様，「素人」の州民が委員を務めている。教育委員の任期は，4～6年としている州が多いが，メリーランド州教育委員会では，教育委員の任期は4年間（再任可）となっている。なお，同州では，教育委員のなかに学生委員が1名含まれることになっており，その任期は1年間である。州によっては委員に日当が支払われる場合もあるが，メリーランド州を含め多くの州で無報酬である。

メリーランド州の学生委員にみられるように，州の教育に対する多様な要望や意見を反映させるべく，「学生」というように特定の属性を意識した教育委員の構成に配慮している州も多い。たとえば，インディアナ州のように，教育委員のうち4名は教育専門家（educator）でなければならないと規定している州もあれば，ニュージャージー州のように3名以上を女性とすることを定めている州もある。また，職権委員として，教育委員に州知事や州教育長を含めている州も多い。

アリゾナ州では、教育委員の中にチャータースクール（charter school）の行政担当者を加えている。近年は、高等教育長官（Commissioner of Higher Education）（コネチカット州）のように、高等教育関係者の代表を職権委員とする州も増えている。一方で、ネブラスカ州をはじめ、3分の2以上の州が教員や教育行政官の教育委員の数を制限したり、参加を禁じたりしている。

メリーランド州教育委員会では、毎月、定例会議が開かれ、会議は公開となっている。審議を通じて、必要な政策および規則や基準の制定、州の教育計画の立案、学区への指導監督および財政援助等が行われる。

州教育長は、現在、50州すべてで設置されている。州教育長は、初等中等教育を中心とする当該州の公教育制度を監督・指導する責任を負い、州教育局の最高責任者として同局の活動の指揮・統制を行っている。そのため、州教育委員会に対し必要な教育政策や規則を策定するよう勧告したり、州議会や州知事に対し州内の教育実態や問題点、教育政策の成果を報告したり、州教育局の専門職員を組織したり、あるいは盲聾学校等の特殊学校の管理運営に携わっている。州教育長も、学区教育長と同様に、「専門家」として、州教育法の中に教育長になるための資格要件を定めている。

州教育長の選任方法は、州教育委員会による任命が多く、メリーランド州のように州知事による任命をとっている州や、州民投票をとっている州もある。州知事による任命の場合は一般に州議会による承認が必要とされる。

教育長の統括のもと教育政策にかかる行政事務を執行するため、州教育局が置かれる。州教育局は州教育法等により設置が定められているが、その規模や組織構成は、州の規模等によって大きく異なる。メリーランド州教育局の組織図は図13-2のようになっている。同州の組織の中心には「学力改革・革新部」が設置され、児童生徒の学力向上に熱心に取り組んでいる。

ところで、これら州教育行政機関のほかに、州の教育政策の策定に大きな影響を与え、州の教育行政に深く関与しているのが、州議会と州知事、そして州裁判所である。

州民を代表する州議会は、州憲法により、州の教育制度の編成、教育機関の設置、管理等、州の公教育全般について全権を有していると解されている。州議会は教育法の制定、教育予算の審議を通じて、州の教育政策の策定に重要な役割を果たしている。

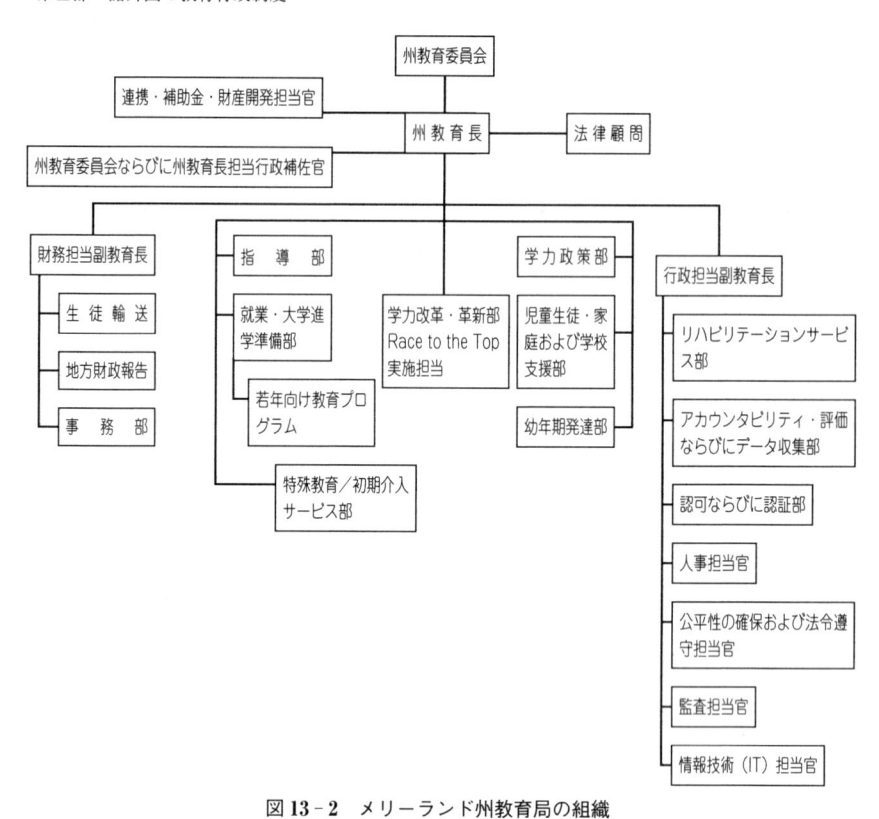

第Ⅲ部　諸外国の教育行政制度

図13-2　メリーランド州教育局の組織
出典：メリーランド州教育局ホームページ（http://www.marylandpublicschools.org）の組織図をもとに作成。

　州知事は，州議会における教育法の立法過程のなかで拒否権を発動できる。また，州知事は，教育委員会や教育長から送付された教育予算原案を審査し，修正し，議会に提出することができる権限を有している。さらに，州によっては，教育委員を任命する権限や職権委員として教育委員会の審議に参加することができる。
　州裁判所は，州憲法および州教育法の解釈に責任と権限を有している。判例法主義をとるアメリカでは，教育政策の具体的運用について，教育政策策定への裁判所の影響は少なくなく，州議会に対し州教育計画の是正命令が出されることもある。

3 連邦教育行政制度

　1787年に合衆国憲法が制定されたとき，連邦の各機関は，憲法の委任する権限のみしか認められず，教育についての権限は明記されなかった。その結果，連邦は教育に関与することに消極的にならざるを得なかった。

　しかし一方で，連邦の各機関は，連邦議会に対して「合衆国の共通の防衛と一般の福祉」を目的とする課税を認めた，合衆国憲法第1条第8節第1項（いわゆる「一般福祉条項」）を根拠として，「福祉」という概念を広義に捉え，限定的ながらも，建国以来，国民の幸福，生活の充足を目的とした教育への支援を実施してきた。

　連邦による教育への関与は，1785年の土地条例や北西部条例に始まる。当初は，西部新州を中心にその合衆国加盟の際に見られた公立学校および州立大学設立・維持のための国有地交付を行う程度であった。南北戦争後の1867年に内務省（Interior Department）内に教育局（Office of Education）が設置されるが，その任務は各州・準州内の教育改善のための資料の収集および頒布に限られていた。

　しかし，第一次大戦後の1917年にスミス・ヒューズ法が制定され，各州に中等学校職業教育振興のための連邦補助金が交付され，補助金管理および職業教育関係指導機関として連邦職業教育委員会（Federal Board for Vocational Education）が設けられた。1933年には，教育局と職業教育委員会は統合され，結果として教育局に職業教育を中心に補助金交付および専門的指導の役割が加えられた。1939年には，連邦政府の機構改革により，教育局は連邦安全保障局（Federal Security Agency）に移管され，さらに1953年には安全保障省は保健・教育福祉省（Department of Health, Education and Welfare）に改組・昇格され，教育局はその一部局となった。

　1957年のスプートニク・ショック以降，連邦政府の教育に対する関心はますます高まり，公教育の普及・発展に大きな影響を及ぼす法律，すなわち，1958年の国家防衛教育法，1964年の経済機会法，1965年の初等中等教育法，1965年の高等教育法，1975年の障害児教育法が制定され，大規模な連邦補助金計画が実施された。こうした連邦政府所管の教育事業の増大により，1979年には，教育事業の整合性を維持し，州や学区を始めとする多様な教育行政による教育活動をより合理

的，効果的に援助することを目的として教育省設置法（The Department of Education Organization Act）が制定され，1980年5月，連邦教育省が創設された。

　現在，連邦教育省は，職員数約4,800名を抱え，大統領による教育政策の立案，連邦議会により制定された法律の実施を補佐し，連邦の教育政策立案，教育援助の監督，調整を行っている。連邦教育省の最高責任者は教育長官（Secretary of Education）であり，大統領の閣僚として，長官は，連邦の教育にかかわる政策やプログラム，諸活動に対する大統領の主要な助言者となっている。長官は，大統領により任命され，上院の承認を受けなければならない。そして，長官を補佐する役職として次官および次官補が置かれている。以下，組織は業務に応じて局に分かれており，州や学区に対する調査研究，補助金事業や連邦奨学金事業等を所管する教育事業については9局および1研究所が設けられている（図13-3参照）。

　教育省の権限は，教育は連邦の権限事項に含まれないとする合衆国固有の伝統から，主として教育サービス的なことに限られ，大きく，「各種補助金事業及び奨学金事業」と「教育情報の収集・分析・提供及び研究・開発活動」の二つに分けられる。

　連邦による補助金には，貧困家庭出身の子どもやマイノリティの子ども，障がいをもった子ども等，主に教育上不利な立場にある子どもを援助することを目的としたもの，教育改革や学校改善，薬物防止教育，職業教育・成人教育等，特定の分野における教育振興を目的とするものがある。これらの補助金により州や学区で実施される事業は連邦プログラムと呼ばれ，連邦教育省はこうした使途指定の補助金を交付することで一定の教育方針を示すことができる。一方，奨学金事業は，ペル奨学金やスタフォード貸与奨学金，ワーク・スタディ（指定された仕事に従事した賃金として支払われる奨学金）等中等学校卒業後の大学あるいは職業教育・訓練機関への進学を援助するものがほとんどである。

　教育情報の収集・分析・提供および研究・開発活動については，教育科学研究所（Institute of Education Sciences）が中心となって行っている。教育科学研究所は，2002年の教育科学改革法（Education Sciences Reform Act of 2002）の制定により，教育調査改善局（OERI）を前身として，教育省の調査部門として設置された。この研究所は，学校の教育条件，児童生徒の学習到達度の改善に成功した実践，連邦の教育プログラムの効果に関する情報を提供することを使命としている。さまざまなプログラムや実践を導入する前に，この研究所での研究・調査結果が，

第13章 アメリカの教育行政制度

```
                    ┌─ 教 育 長 官 ─┐
                    │              │
信仰を基礎としたコミュニ    広 報 局        危機管理サー
ティ戦略のためのセンター                   ビス
                    政策審議局
  国 際 局                           教育テクノロ
                    監 査 局         ジー局
  次 官 補
                    教育科学研究所      次   官
学校安全・薬物防
止教育局             公 民 権 局        連邦学生援助

  刷新改善局          議会担当局        職業・成人教
                                    育局
障害者教育・リハビリ    財務局長         中等後教育局
テーションサービス局
                    管 理 局         歴史的黒人大学のスタッフ
  英語習得局                         に関するホワイトハウス戦略
                    情報部長         民族的大学のスタッフに関
  初等中等教育局                      するホワイトハウス戦略
                    計画・評価・      アジア系アメリカ人並びに
ヒスパニック・アメリカ人の  政策推進局      南太平洋諸島民についての
ための教育上の優秀性に関                 ホワイトハウス戦略
するホワイトハウス戦略               予算サービス
```

図13-3 連邦教育省の組織

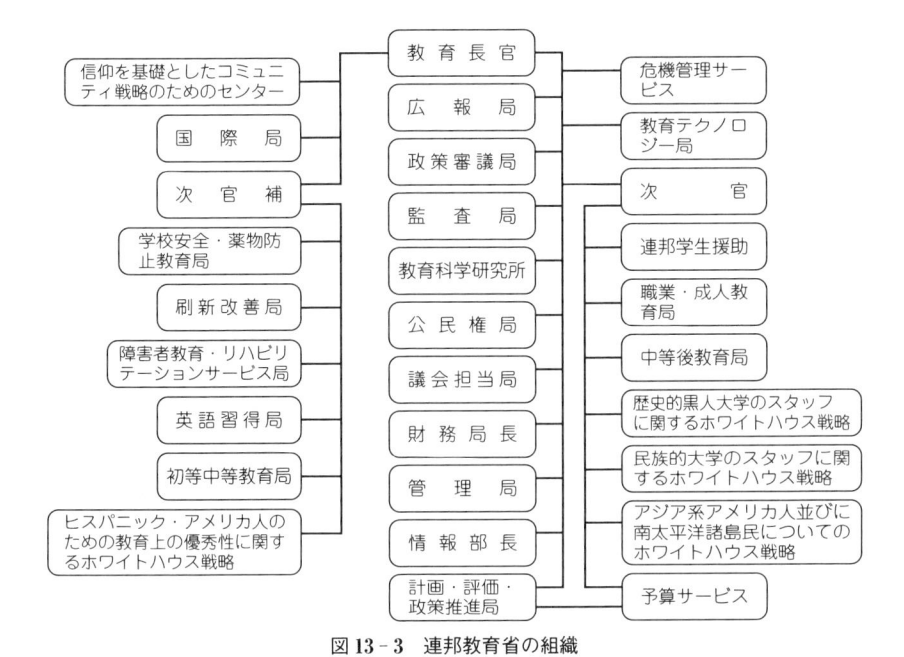

出典：連邦教育省ホームページ（http://www.ed.gov）の組織図をもとに作成。

基礎資料として，政策立案に役立てられている。

2009年1月にはオバマ政権が成立し，アーン・ダンカン（Arne Duncan）が教育長官に指名された。8年ぶりの民主党への政権移譲のなかで，連邦教育政策がどのように変化するか注目されている。

最後に，判例法主義のアメリカ合衆国では，州裁判所のみならず，連邦最高裁判所の判例を通じての教育に対する影響力も見逃せない。たとえば，1954年のブラウン判決（Brown v. Board of Education of Topeka）では公立学校における黒人分離教育に違憲判決がだされ，その後学校における人種分離撤廃が進められたことはあまりに有名である。このように連邦最高裁判所は，合衆国憲法やその他法令の解釈を通じて，ときには連邦議会や大統領府に先行し，あるいはこれにまさる強大な影響力を公教育の管理運営や政策形成に及ぼしてきたのである。

4　公立学校の管理運営と学校の裁量権拡大の動向

　公立学校の組織は，校長のもと，授業を担当する教員と，カウンセラー，言語治療士，司書等の専門職，その他事務職，技術職職員で構成される。また，一定以上の規模の学校には校長を補佐するために副校長が置かれる。

　公立学校の管理運営は校長の責任によって行われる。校長は一般に，教育行政組織上，学区教育長から続く行政系統のポスト，中間管理職として捉えられ，実際，校長免許は教育行政担当者の免許状に位置づけられている。校長免許も，多くの州で，取得要件が規定されている。このように，公立学校は学区教育委員会の策定した教育政策を実現する出先機関として位置づけられる。そのため，学校単位の裁量は小さく，教職員人事について校長が学区に対し採用者の希望を提出したり，学区から配分される予算のうち教材購入費等，教職員給与等を除いた一部の予算の運用を行う程度である。

　しかし，1980年代後半から90年代初めにかけて，児童生徒の暴力や薬物使用等，深刻化する教育問題の改善のために，学校教育への保護者や地域の関与を促進する取組が重視されるようになり，こうした流れの中で，一部の地域では，学校に基礎を置く経営（School Based Management：SBM）が導入された。SBMは従来学区がもっていた権限を各学校に分権化するところに特徴があり，学校予算案の作成・執行，カリキュラムの編成，校長の選任等の権限は各学校に設置される学校協議会（school council, local school committee 等）に委任される。学校協議会の構成メンバーは学区によりさまざまであるが，一般に校長，教員代表のほか，保護者，住民，生徒等が参加する。また，1990年代以降チャータースクールの設置を認める州が増加し，現在，ほとんどの州で法制化されている。チャータースクールとは，公費で運営されているものの，原則として学区や州の法令でなく，学区あるいは州との契約に基づき運営される学校のことである。管理運営体制はさまざまであるが，通常，保護者や教員等で構成される合議制の意思決定機関と学校の運営を行う運営責任者で構成される。こうした動向は，近年のアメリカ教育行政制度の新たな動向として注目されるところである。

参考文献

上原貞雄『アメリカ教育行政の研究——その中央集権化の傾向』東海大学出版会,1971年。
上原貞雄『アメリカ合衆国州憲法の教育規定』風間書房,1981年。
髙木英明編『比較教育行政試論(新版)』行路社,1990年。
上原貞雄編『教育行政学』(教職科学講座第7巻)福村出版,1991年。
文部省編『諸外国の教育行財政制度』大蔵省印刷局,2000年。
上原貞雄「アメリカの教育制度・行政」日本教育行政学会編『教育行政総合事典』CD-ROM版,教育開発研究所,2001年。
文部科学省『諸外国の教育改革の動向』ぎょうせい,2010年。
文部科学省『諸外国の教育動向2009』明石書店,2010年。

(住岡敏弘)

第14章

イギリスの教育行政制度

1 教育行政制度の発達

(1) 歴史的系譜

　イギリス（グレートブリテンおよび北アイルランド連合王国〔United Kingdom of Great Britain and Northern Ireland〕：本節でイギリスという場合，連合王国を形成するイングランド，ウェールズ，スコットランド，北アイルランドのうちイングランドをさす）は，歴史的に教育を私事としてみなし，民衆教育の展開に際して永らく自由放任主義(レッセフェール)および自発的意思の尊重(ボランタリズム)を基調としてきた経験をもつ。国家が教育に強力に関与することを避け，中央と地方の「パートナーシップ」を尊重する教育行政のモデルの一つとしてわが国でも取り上げられてきた。しかしながらサッチャー（Margaret H. Thatcher）およびメージャー（John R. Major）を首班とする保守党政権下（1979～97年）において，教育水準の向上政策が強力に推進され，また，地方の権限が相対的に縮小されると同時に中央政府と学校の権限が強化され，より直接的かつ統制的な教育行政を志向するなどの抜本的な変化を遂げた。その後，1997年5月から保守党に代わり政権を担った労働党ブレア（Tony Blair）政権（1997～2005），ブラウン（Gordon Blown）政権（2005～10）も一貫して教育水準の向上を政策上の優先課題として掲げてきた。2010年には保守党と自由党が連立を組んだキャメロン政権（2010～）が誕生し，今後の展開が注目されている。こうしたイギリス教育行政が制度的に確立するのは19世紀半ば以降のことであるが，まず，イギリス教育の歴史的発達を整理しておこう。

　イギリスにおける国家の教育への関与は，1833年，初等学校の建築のための補助金として年間2万ポンドが交付されたことに始まる。この国庫補助金交付を契機に，その使途を監督することを主要な目的として，1839年に「イギリス公教育の父」と称されるケイ・シャトルワース（James Kay・Shuttleworth）を初代委員長とする枢密院教育委員会（Committee of the Privy Council of Education）が設立さ

れ，同年，具体的な監督業務に従事するために初めて勅任の視学官（Her Majesty's Inspector：HMI）2名が任命された。その後，教員養成制度の創設や枢密院教育委員会の教育局（Education Department）への昇格（1856年）など，19世紀半ばにかけて，教育行政の制度や組織の基礎が次第に形成されていった。そして1870年の基礎教育法（通称フオスター［W. Forster］法）の成立により，ようやく法律上の整備が開始される。すなわち，同法により就学義務制，無償制，世俗教育を主たる原則として，地方の教育行政機関としての学務委員会（school board）が設置され，それまでの宗派立学校における教育だけでは不十分であった地区に，公立学校による基礎教育の供給が開始されたのである。その後，これらの諸原則の確立を図る一連の法制定を経て，中央教育行政制度の改革が図られ，さまざまな教育業務を統合すべく1899年教育院法により，中央教育行政機関としての教育院（Board of Education）が設置された。

20世紀に入ると，1902年教育法（通称バルフオア［A. Balfour］法）により学務委員会を廃止し，63州（county），82特別市（county borough），173非特別市（non-county borough），大都市域（urban district）の318参事会（council）が新たに地方教育当局（Local Education Authority：LEA）として設置され，その地域における公立基礎教育学校に関するすべての権限と義務が与えられた。このうち州と特別市のLEAは基礎教育以外の教育も提供し始め，宗教色の薄い世俗的教育が広く浸透するとともに，中等教育の分野も，補助金交付とカリキュラムの規定を通して次第に拡充の道を歩んでいく。その後，1918年教育法（通称フイッシヤー［H. A. L. Fisher］法）により義務教育年限が14歳までに延長されたことに続き，1936年教育法，1944年教育法（通称バトラー［R. A. Butler］法）の制定により今日の義務教育制度の骨格と教育行政制度の確立をみた。

こうして戦後のイギリスの教育制度は1944年教育法で整備された。それまでの教育院にかわり文部省（Ministry of Education）が設置され，文部大臣（Minister of Education）には国の教育政策を強力に遂行するためにLEAを指揮監督する権限が与えられた。同時に，初等―中等―継続教育という制度的階梯が規定され，今日の学校制度の基盤が確立した。以降，さらなる教育の振興・拡充が要請され，1964年，文部省および文部大臣はそれぞれ教育科学省（Department of Education and Science：DES）および教育科学大臣（Secretary of State for Education and Science）に改組されるとともに，教育・学術・文化行政についての全責任を負うこ

とになった。

　なお，今日でも大臣の権限は広範にわたるが，それを直接に行使することはまれであって，通達（circulars）や規則（regulations）に基づいた行政指導の形をとることが一般的である。

（2）1988年の教育改革と教育行政制度

　1988年7月29日，それまでのイギリス教育を規定していたバトラー法に代わり，教育体制を抜本的に改革する教育改革法（1988年教育改革法）が成立した。1979年に誕生し，3期目にあった保守党サッチャー政権下のことである。サッチャーは，1980年代を通してイギリス経済の停滞や高い失業率などの社会的要因を除去すべく，いわゆる「小さな政府」を目指し，規制緩和による民間活力の導入に力を入れるとともに，各機関の自助努力を推奨した。こうした大きな流れの中に教育改革を位置づけ，1988年教育改革法によって，教育サービスの効率化，市場化，民営化，自由選択を強力に推進することを図った。すなわち，教育の領域に市場原理（競争原理）を導入し，教育水準（学力）の向上と効率的な学校運営を意図した教育改革を断行したのである。同法による改革のうち，主要なものを示しておこう。

① 全国共通カリキュラム（National Curriculum）および全国共通テストを導入し，その結果を公開することによって教育水準の向上の指向を明確にしたこと。

② LEA管轄から国による直接補助学校（grant maintained schools：GMS）への移管の道を開いたこと。（オプティングアウト・システム：opting out system）

③ 自律的学校運営（local management of schools：LMS）と呼ばれる仕組みを導入し，学校裁量権を大幅に拡大したこと。

④ 「選択と多様性」を旗印に，LEAの権限を大幅に縮小したこと。

　こうした改革は，ニュー・パブリック・マネジメント（NPM）と呼ばれる公共経営理論に基づくものであり，経済的価値が重視される分野であるか否かにかかわりなく市場原理を導入し，国家レベルでの行政サービス部門をこれまで以上に分権化・分散化した単位の活動にすべく調整するとともに，結果（成果）をいっそう重視するものであった。この考え方は，政権交代を経てもなお政策動向を規定した。具体的には民間委託や民間活力の導入（Public Financial Initiative：PFI）

の促進による教育関係の施設設備の充実に資するための政策の強化があげられる。サッチャーを引き継いだ保守党メージャー政権も，1992年に教育水準局（Office for Standards in Education, Chndren's Services and Skills：Ofsted）を設置し，教育水準の把握・向上の任務にあたらせるなどの措置をとり，教育水準の維持向上への取組の成果がいっそう厳しく問われるようになった。

その後，1997年の総選挙の結果，ブレア党首による有名な「政府の優先課題は三つある。教育，教育，教育である。」という演説とともに，労働党政権が誕生した。同政権では教育政策が最優先課題として位置づけられ，前保守党政権の「選択と多様性」の理念を継承しつつも，直接補助学校（GMS）の制度を廃止するなどの措置をとり，市場原理を優先する新自由主義と旧来の社会民主主義の中道に位置するいわゆる「第三の道」政策を志向したのである。

2 教育行政の組織

（1）中央の教育行政組織

イギリスの教育を担当する中央省は2013年現在，「教育省：Department for Education（DfE）」である。サッチャー，メージャー，ブレア，ブラウン，キャメロン政権と続いてきた近年の傾向をみると，こうして内閣が変わる際に中央省は改組されているが，時代を遡ってみると，労働党ブラウン政権（2007．6－2010．5）では「子ども・学校・家庭省：Department for Children, Schools and Families（DfCSF）」，労働党ブレア政権（1997．5－2007．6）では「教育技能省：Department for Education and Skills（DfES）」および「教育雇用省：Department for Education and Employment（DfEE）」，保守党メージャー政権（1990．11－1997．5）では「教育省：Department for Education（DfE）」，それ以前は「教育科学省：Department for Educationand Science（DES）」であった。したがって現在では1990年代初期の保守党政権時代の名称に戻ったわけである。

教育省は教育行政全般にわたる業務にあたっている。その統括責任者は教育大臣（Secretary of State for Education）であり，国会議員のなかから首相が任命し，議会に対して直接に責任を負っている。その責務は広範にわたっているために，内閣の外において教育行政を担当する1名の副大臣（Minister）と4名の政務官（Parliamentary Under-Secretary）が置かれている。閣外の担当大臣を含めたこの

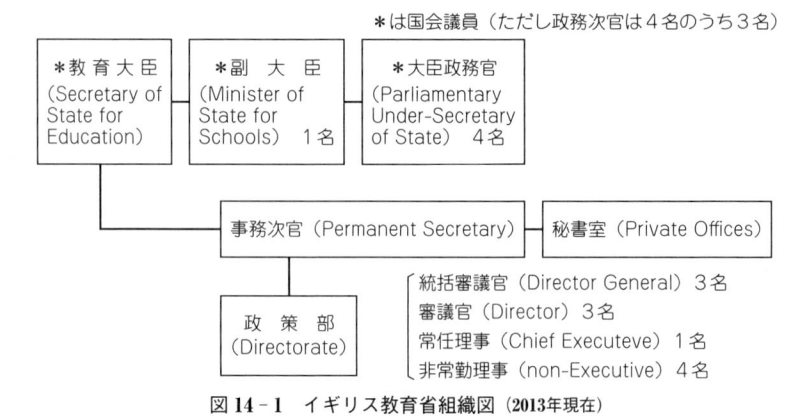

```
                                    *は国会議員（ただし政務次官は4名のうち3名）

┌─────────────┐  ┌─────────────┐  ┌─────────────────┐
│ *教育大臣    │  │ *副 大 臣   │  │ *大臣政務官      │
│(Secretary of│  │(Minister of │  │(Parliamentary   │
│ State for   │  │ State for   │  │ Under-Secretary │
│ Education)  │  │ Schools) 1名│  │ of State) 4名   │
└──────┬──────┘  └──────┬──────┘  └────────┬────────┘
       │                │                   │
       └────────────────┼───────────────────┘
                        │
       ┌────────────────┴────────┐  ┌──────────────────────┐
       │ 事務次官（Permanent Secretary）├──┤秘書室（Private Offices）│
       └────────────────┬────────┘  └──────────────────────┘
                        │
              ┌─────────┴──────┐   ┌ 統括審議官（Director General）3名
              │ 政 策 部       │   │ 審議官（Director） 3名
              │ (Directorate)  │   │ 常任理事（Chief Executeve） 1名
              └────────────────┘   └ 非常勤理事（non-Executive） 4名
```

図14-1　イギリス教育省組織図（2013年現在）

出典：教育省 HP より筆者作成。

6名が政務チーム（Ministerial team）を編成している。

　省庁の一つである DfE は事務次官（Permanent Secretary）を長とした公務員から構成され，地方当局および学校に対する教育行政上の管理にあたっている。

　このほか専門的な領域によっては以下のように DfE から独立した機関が大臣へ政策上の助言や情報を提供したり，実質的な業務を担当したりする場合もある。教育水準局（1992年設立），イングランド高等教育財政審議会（Higher Education Funding Council for England：1992年設立），教員養成審議会（Teacher Training Agency：1994年設立）などが代表的な組織である。次に，こうした独立政府機関として代表的な教育水準局についての概要を示しておこう。

（2）教育水準局

　教育水準局は政府の一機関でありながら DfE からは完全に独立している組織である。元来，イギリスでは国家がカリキュラムの基準を定めることはなかったが，160年を超える伝統をもつ特有の視学制度が教育水準の維持・向上のために重要な役割を果たしてきた。この制度は国の勅任視学官（HMI）と LEA に置かれる地方視学（アドバイザー）の両者によって成り立っていた。そして今般，LMS の進展に伴っていっそうの学校査察（school inspection）の強化の必要が迫られたことを受け，Ofsted による権限強化が図られたわけである。そこで，HMI の仕組みをいったん解体し，民間の登録視学官（registered inspectors：RgI）

の制度を導入した。そして教育水準の向上のために，6年毎にすべての学校を一定の基準に基づいて評価する任務を課した。6年間隔を基本としつつ，学校査察報告書で課題が数多く指摘され，改善が強く求められる学校はさらに短い間隔で査察を受けなければならず，改善の見込みがないと判断された場合には閉校や教員組織の一新といった措置をとることができる仕組みを採用している。逆に，優秀とみなされた学校は2回目の査察は簡略化される措置も講じられるなど，重点化かつ効率化のプロセスが志向されている。このように，教育水準の向上を目的とした教育政策の具現化のために，こうした外部機関による学校評価を通しての情報の収集と結果の公開が強く求められているのである。また，2005年9月からはこのようなシステムにさらに改訂が加えられ，新しい枠組み（framework）のもとで，すべての学校を3年間隔で査察することとなった。同時に査察期間が1週間程度であったものを2〜3日に短縮するとともに，査察チームの人数も縮小された。これを促進するために，学校は毎年度ごとに自己評価結果を更新することが強く求められることとなった。そしてイギリスの学校評価は学校の自己評価票（Self Evaluation Form：SEF）をもとに精査されるのである。今日においては，最終的な責任を主任 HMI が負い，さらなる重点化が図られている。

（3）地方の教育行政組織

地方の教育行政は1902年以来，LEA を中心として行われてきた。今日においてもその基本的な構図には変化はないが，LEA の役割機能は，1988年教育改革法の制定以降，大きく変化した。それまでは LEA が学校の設置，維持管理，教員採用・配置を手がけてきたが，上述のように LMS の導入によって権限が大幅に縮小された。その結果，LEA としてはそれまで最大の規模であった内ロンドン教育当局（Inner London Education Authority）が解体され，シティを含む33の区が LEA としての役割を担うといったように，行政のスリム化と権限の縮小が実行されたのである。

このような動向の延長線上において，現在では LA（Local Authorities）が主体となって初等中等学校を設置，管理している。大都市部では特別市が教育行政に関する事務を担当しているが，地域によっては州や非特別市が共同して統合自治体（unitary）を編成して同様の役割を担っている。イギリスの学校の実質的な管理運営は，LA が管轄する学校を含め，それぞれの学校におかれる学校理事会

(school governing body) に多くの権限を委譲することによって，学校に委任するという仕組みがとられている。したがって，LA の各学校に対するスタンスは実質的には財政的な支援業務に限定されており，形式的な設置者となっているといってよい。そうした LA の具体的な業務としては，教育施設の建設，維持管理が主なものであり，近年では特別な支援を必要とする児童生徒（special educational needs：SEN）への対応等があげられる。なお，高等教育カレッジ，ポリテクニクなどの高等教育機関の設置・維持はかつての LEA の役割であったのが，1990年代における関連法規の制定によって，それらの教育機関が法人化され，国から直接補助金の交付を受けることになったことから LA の管轄をはなれるにいたっている。さらに，権限の縮小に加えて LA は，先の Ofsted による政策・業績評価を定期的に受けなければならないことが義務化された。このように中央政府による LA への関与が強化され，政権交代を経た今後，LA に課された役割遂行の成果が厳しく問われ，その規模も徐々に縮減されることが予想される。

3　学校の経営・管理

(1) 初等・中等教育の経営・管理

　現在のイギリスの学校は，設置形態によりおよそ次の5種に分類できる。①LA 立のコミュニティ・スクール，②GMS 廃止を受けての代替校である地方補助学校，②主として宗派立であるが公的補助により維持されている有志立管理学校，④公的補助を一部受けている有志立補助学校，⑤公的補助および公的統制を受けない独立学校（いわゆる伝統的な私立学校として著名なイートンやハロウ，ラグビー校といったパブリック・スクールが含まれる）。このほか，シティ・テクノロジー・カレッジ，シティ・アカデミーといった公的補助と民間資金の双方に依拠した中等学校や，特定の領域（教科）について優れた教育を行うことを政府から指定されるスペシャリスト・スクールのような比較的新しいタイプの中等学校が設立されている。最近ではアカデミーやフリー・スクールと称する公立管轄から離れた学校も増加している。

　すでにみたように，イギリスの学校には通常10数名から構成される学校理事会が置かれ（理事には LA，保護者，教員，地域住民の代表が選ばれる），管理運

営上の意思決定機関の役割を果たしている。学校理事会は LA から一括補助金の交付を受け，その範囲内で学校運営にかかわるすべての予算執行を決定する。ここには教職員任用にかかわる人件費（人数や給与）や施設設備など学校経営全体にかかわる費用が含まれる。したがって，校長の人選や教員の任免権はもとより，学校の教育方針，教育課程編制や各教科の到達目標の設定など，教育内容に関する細かな事柄の決定も学校理事会の重要な任務となっている。補助金の適切な管理をはじめ，学校経営にかかわる意思決定を滞りなく行うために，教育省は学校理事会へ多くの情報を適宜提供し，LA は理事の資質向上のための研修会を開催するなどの措置を講じている。

（2）ナショナル・カリキュラム

　上述のように，1988年教育改革法でもっとも大きな変革をもたらしたものがナショナル・カリキュラムの導入であった。これにより1989年度から数学・英語・理科が中核基礎教科，歴史・地理・技術（情報を含む）・音楽・体育・現代外国語が基礎教科として位置づけられた。もっとも，わが国のように教科ごとの厳密な授業時間の設定はなく，ナショナル・カリキュラムの枠組みの中でどのような具体的なカリキュラムを立案，実施するかは各学校の裁量に任されている点ではカリキュラム編成の自由度は比較的高い。しかし，基礎学力の向上が意図されていることから，児童生徒の到達度評価結果（成績）が学校の自律度に大きくかかわってくる。

　現在のナショナル・カリキュラムは小学校から中等学校までの11年間を，3～5歳の就学前児童用の基礎段階を踏まえ，5～7歳，7～11歳，11～14歳，14～16歳の児童生徒用の四つのキー・ステージ（key stage：KS）に分類している。一般に，学校ではKSごとに責任者を決め，学校の教育目標に沿って，どの領域を重点化するか最適な方法を決定し，民間業者が作成した教科書をそれぞれの学校で使用するというシステムになっている。

　就学前のカリキュラムは6領域に分類される。義務教育段階にあたる5歳から16歳は英語，数学，科学，デザイン＆テクノロジー，コンピュータ，歴史，地理，現代外国語，芸術，音楽，体育，市民教育の12教科が用意されている。そして各々の領域と教科には，学習計画（programmes of study）と達成目標（attainment targets and level descriptions）が設定されている。とはいえ，児童生徒の学習にか

かわる指導の重点領域や教科個別の目標設定は学校の裁量となっており，わが国の教務主任の役割と重なるところが多いKS責任者（key stage coordinator）に課せられた役割は非常に大きいといえる。

こうしたナショナル・カリキュラムと一体となって実施されているのが，達成目標を測定するための全国共通テスト（Standard Achievement Tests：SATs）である。KSの最終学年において，英語，数学，理科（KS1を除く）の3教科でいっせいに実施されている（およそ毎年5月）。この結果は小学校2年を除き学校ごとに毎年公開され，これがいわゆるリーグ・テーブル（leagues tables）として公開されることから保護者や関係者の関心を集め，わが国にも学校ランキングの公開の是非にかかわる議論にかかわって紹介されることが多い。

(3) 高等教育の経営・管理

イギリスの高等教育は，40余の大学（university）とそれ以外の継続・高等教育機関（主として職業教育を担当するポリテクニクなど）の二元的システム（binary system of higher education）であったのが，1992年継続・高等教育法の制定によって，一定の基準を満たしたポリテクニクなどが大学に昇格し，一挙に100大学を数えるまでに拡充した。こうした「新大学」の増加により，大学進学率も10％程度から30％を超えるまでに上昇し，高等教育の大衆化時代に突入している。ちなみに旧来の継続教育機関はLAの経営・管理下に置かれていたわけであるが，改革後にはLEA所管から離れ国の管轄下に置かれることになった。これにともなって，新たにポリテクニク・カレッジ財政審議会（Polytechnics and Colleges Funding Council：PCFC）がそれまでの委員会を整理統合する形で新設され，国庫補助金の適切な分配を担当することになった。

イギリスの大学はおおむね次のように分類される。①オックスフオード・ケンブリッジ両大学（12～13世紀の設立で，独立する多数の全寮制学寮［college］によって構成される），②連合大学（ロンドン大学などのように多数の独立した教育機関が連合したもの），③市民大学（19世紀後半～20世紀初頭にかけて続々と工業・産業都市に設立されたもの。第一次世界大戦前に学位授与件が与えられて正式に大学となった「赤レンガ大学」とそれ以降に大学となった「白タイル大学」の2種類に分類される），④上述の新大学。その他，遠隔・通信教育を中心とするオープン・ユニヴァーシティなども存在する。また国庫補助を全く受けて

いない純粋な私立大学が1校存在している（バッキンガム大学）。

　では，こうした大学への入学制度をみてみよう。イギリスでは，一般に，大学入学についての統一的な規定はなく，入学者の年齢や合否はそれぞれの大学が定めた入学要件（admission policy）によって異なっている。このようなシステムのもと，多くの大学が受験生の志望コースが定めた条件に見合ったGCE（General Certificate of Education）のAレベル等の資格試験への合格を求めている。出願時には中等教育修了一般資格（General Certificate of Secondary Education：GCSE）試験の結果や内申書（志願者の学習状況，GCE試験の予想成績，志望専攻への動機や関心など）が願書に添付される。こうした手続きは，最終学年の11月までに，大学・カレッジ入学サービス機関（Universities and Colleges Admission Service：UCAS）を通じてなされることになっている。

　なお，GCE試験は，ナショナル・カリキュラムや共通テストと同様に，QCDAが試験問題の作成・実施および採点・評価を統轄している。

4　教育行政の課題

　イギリスの教育行政はおよそ以上のような制度のもとで展開されている。とりわけ1990年代に急速な変容がみられるとともに，今日ではすでにいくつかの課題が顕在化してきた。就学前教育の充実から生涯学習の条件整備まで検討すべき課題は少なくない。ここではそれらのうち，教員をめぐる諸課題のうち主要なものを整理しよう。

　第一に，教員養成にかかわる課題である。今日のイギリスでは，教員の社会的な地位はドイツや日本のように一定の評価を得ているとはいえ，深刻な教員不足に悩まされており，職業としての魅力の低下が強くみられるのが今日的特徴といえる。また，待遇の改善を求める教員の要求が高まり，しばしばストライキも報道されるように，教員を取り巻く一般的な環境も好ましいとはいえない。したがって教職を魅力あるものとして，教員を希望する若い世代の育成が早急な課題であると指摘されている。

　第二に，教員評価が抱える課題である。保守党政権以降，能力給（performance related pay：PRP）の導入が検討されてきたが，今日では2000年から業績評価（performance management）と呼ばれる学校単位での教員の個別評価が導入され，

当初PRPが意図していたような欠点の洗い出しではなく、長所の発見と協議、そして改善目標の明確化に重点が置かれるようになった。

　第三に、学校管理者に関する課題があげられる。従来、イギリスの校長には特別な任用資格がなく、一般の教員の応募者から地方当局が任命してきたという経緯がある。しかし、学校改善に資するために適切なリーダーシップの涵養が不可欠であるとの認識に立ち、1998年から校長職に就くためには全国校長資格（National Professional Qualification for Headship：NPQH）の取得が義務付けられた。このために政府は校長研修カレッジ（National College of School Leadership）を設置し、これからの管理職養成に重点を置くようになった。

　その他、全国教職協議会（General Teaching Council）の設置や職業訓練プログラムの策定、各種プログラムへの財政支援など、イギリス教育行政は数多くの課題に直面している。これらの課題はわが国が抱える課題と共通するものも多く、中央教育審議会での議論や県・市レベルの試行段階においてイギリスの実践が頻繁に参照されている。全般に、教育の理論的（theoretical）な面よりも実践的（practical）な面が重視されるイギリスの教育は、これからのわが国の教育の方向性を考える際に多くの示唆を与えてくれる。

参考文献

清田夏代『現代イギリスの教育行政改革』勁草書房、2005年。
髙妻紳二郎『イギリス視学制度に関する研究』多賀出版、2007年。
大田直子『現代イギリス「品質保証国家」の教育改革』世織書房、2010年。

（髙妻紳二郎）

第15章

フランスの教育行政制度

1 教育行政制度の変遷

(1) 中央集権的教育行政制度の成立と展開

　フランスの教育行政制度は，1789年の大革命以後，教育が国家の責務となることによって始まる。これは，ナポレオン帝政下の1806年の法律と1808年の勅令などによって，総長（Grand-Maître）を頂点に全帝国内の公教育を独占的に担当する団体として中央集権的・官僚主義的教育行政制度である「帝国大学（Université imperiale）」が組織されたことで具体化された。この制度のもとで，中央には，総長のもとに尚書官，財務官が置かれて首脳三役を構成し，そのかたわらに総長を補佐するものとして大学評議会（Conseil de l'Université）が置かれ，帝国内の公教育を統制するために総視学官（inspecteur général）が置かれた。また，フランス全土が29の大学区（académie）に分けられ，各大学区にはその長として大学区長（recteur）とその下に大学区視学官が置かれ，大学区長の諮問機関として大学区評議会（Conseil del'académie）が設置された。初等教育は依然として教会勢力の掌中にあったが，今日のフランスの教育行政制度の原型ができあがる。

　以後，1850年には，国が初等教育も掌握して教育行政制度が県段階までを包括し，第三共和制期には，一連のフェリー改革により，初等教育の義務性・無償性・世俗性が法定される一方，美術，科学研究，青少年およびスポーツ，技術教育にも教育行政の所管が及ぶようになった。また，1932年には，青少年の知育だけではなく，全国民の教育と育成を目指すという意味において，公教育省（Ministère de l'Instruction publique）は国民教育省（Ministère de l'Education nationale）と改称された。第二次大戦後には，その権限は学校教育および大学，科学研究，体育・スポーツ，芸術・文学など，教育や文化に関する活動の全領域に拡大された。フランスの教育行政制度は，その後も幾多の改変を経て今日に至っている。この過程を通じて，フランスでは伝統的に，中央集権的・画一的教育行政が維持され

177

た。この結果，我が国においてフランスの教育行政制度は，第一法規刊『新教育学大事典』(1990) で，「ナポレオン帝政以来の中央集権的な教育行政制度の下で，(中略) 学校における授業の科目の種類やその教育内容は細かく規定されていて，地方による差あるいは学校による差はほとんどないのが第一の特色である」と紹介されている。

（2）教育行政制度の地方分権化改革

近年のフランスでは，特に，1975年教育法（通称「アビ法」）による学校観の転換，1986年に始まる地方分権化改革やその他の諸改革によって，教育行政のあり方が変化した。また，1989年には，新たに教育基本法（loi d'orientation sur l'éducation）が制定され，各学校が個別に学校教育計画を定めることが義務化された。今日においては，中央集権的で画一的というフランスの教育行政制度に関する旧来の認識の転換が求められている。

フランスにおける教育行政の地方分権化改革には，主に三つの背景があった。まず第一に，教育の民主化を推進する過程において画一化を強力に推し進めたものの，国が末端の学校を十分に管理できない状況がみられたことである。実態として，学校の単線化改革が実を伴っていなかったので，教育行政の先導者として国を位置づける一方で，十分な自主性を有する地方レベルの教育行政単位が求められるに至ったのである。第二に，中央集権的体制では，地方レベルにおける公教育への不満が直接国民教育省に持ち込まれることによって，行政管理上の支障が生ずることがあげられる。このため，地方レベルにおける問題に対処し，ヒューズとしての役割を果たす地方教育行政機関の設置の必要性とともに家庭や地域社会からの教育要求に十分に応える体制の必要性が認識されたことを指摘できる。そして第三に，自主管理社会主義を標榜する社会党が政権を握ったことによって，地方分権化改革が強力に押し進められる政治的条件が準備されたことがあげられる。フランスにおける教育行政の地方分権化改革は，教育に関する地方分権化のニーズと政治的な条件が重なったところに実現された。

教育行政の地方分権化改革にあたっては，ルネ・ペリエ（René Périé 2010）に従って権限委譲の原則を示すと次の6点があげられる。①学校の管理に関して（高等教育は除く）市町村（コミューン）は就学前教育および初等教育，県はコレージュ（collège, 中学校），州はリセ（lycée, 高等学校）およびそれと同一水

準の学校に最終的な権限を有する。②教育に関して地方公共団体に委ねられる新しい権限は，他の権限の委譲と有機的に関連する。③それぞれのレベルの地方公共団体は，同一の権限ブロックを受入れる。④教育に関する権限の委譲は，投資および運営に関して国による財政的補償の対象となる。⑤教育に関する費用の一部と教員給与，高等教育，教員の管理と教育の内容や方法に関する権限は，独占的に国によって行使されることに変わりはない。⑥国は教育の公役務の責任を維持する。

こうして，1986年1月1日をもって国から地方公共団体へと権限委譲がなされるとともに，コレージュおよびリセは，国立学校としての位置づけから，教育に関する地方公施設法人（établissements pubuliques locaux d'enseignement, EPLE）として法人格を有するに至った。

（3）地方分権化改革後の国と地方公共団体との役割分担

地方分権化改革や中等教育学校の地方公施設法人化改革がなされたが，公教育の最終的な責任は，地方公共団体に移されることなく国が維持している。これは，1958年憲法前文にあるとおり，「国は，子どもと成人に対して，教育と職業養成および教養への平等な接近を保証する。すべての段階にわたる無償かつ世俗の公教育の組織化は国の義務である」と規定されていることが根拠となっている。そこで，公教育に関する権限の根本は国に残されたままであり，国は，憲法に従ってすべての段階にわたる公教育を組織する義務を負い，教育という公役務の良好な運営と全体の一貫性の守護者として，教育政策の全体的な目標を定める。そして，国は，その任務として，人材養成の方法の決定，教育に関する国レベルの計画策定，教育の組織化や教育内容の決定，国家免状の交付と学位の授与，国の責任が及ぶ範囲の職員の採用と人事管理を行う。また，教育の平等を保証するために必要な施策や教育制度全体の一貫性を確保するために教育政策の統制と評価を行う。

州は，リセや職業教育リセの建築と修繕，リセの設備費や運営にかかる費用の支出，リセの技術・労務職員の採用と人事管理，校内での教育・スポーツ・文化活動の組織化に責任を有する。また，青少年や職業を求めている成人の職業教育に関する州の政策に責任を有する。

県は，コレージュの建設と修繕，コレージュの設備費や運営費の支出，コレージュの技術・労務職員の採用と人事管理，校内における教育・スポーツ・文化活

動の組織化に責任を有する。また，県議会は，県内に居住する生徒の就学を確実にするために県内のコレージュの学区を決定する。

市町村は，保育学校と小学校の設置，建設，設備，運営および維持，費用管理に責任を有する。また，校内における教育・スポーツ・文化活動の組織化に責任を有することとなっている。

2 フランスにおける教育行政制度の概要

(1) 中央の教育行政組織

フランスの中央教育行政機関は，知識を獲得することおよび就学前教育から中等教育の発展に関する政策策定と実施を担当する国民教育省と，高等教育と研究を担当する高等教育・研究省（Ministère de l'enseignement supérieur et de la recherche）である。それぞれの省の大臣は，首相の推薦に基づいて大統領により任命される。

国民教育省の組織は，大臣とその官房，大臣に直結する総視学官局・学校教育局・国民教育高等評議会や総理大臣への情報伝達代表など省の組織からなる。また，この他に，国民教育省の管轄下に置かれる公施設法人，各種の審議機関がある。

高等教育・研究省は，大臣の下に大臣官房が置かれ，その下に高等教育・専門教育総局と研究・革新総局が置かれる。また，これら二つの総局に共通する業務を担当する部署として戦略調整・地域部，不動産計画部・情報システムおよび統計研究部，インターネット活用部や研究・技術高等評議会が置かれる。

そして，両省に共通する機関として，国民教育・高等教育調停部，防衛・安全担当高級官僚，施設管理部，国民教育省と高等教育・研究省に共通の事務部局として，事務総局，人事部，財務部，評価・予測部，国際協力部，情報伝達部，管理・改善課，情報システム・技術課などが置かれる。

特に国民教育省の組織の中で注目される総視学官は，国民教育大臣に直属して，評価・情報普及・助言・その他の臨時の職務を行う。総視学官は，①国民教育総視学官，②教育行政・研究総視学官，③図書館総視学官の三部門に分かれている。国民教育総視学官は，教科分野を含めて教育活動の指導に役立つような公教育関係職員（教職経験5年以上を含む国民教育省所管関係職員経験10年以上）の中か

第15章 フランスの教育行政制度

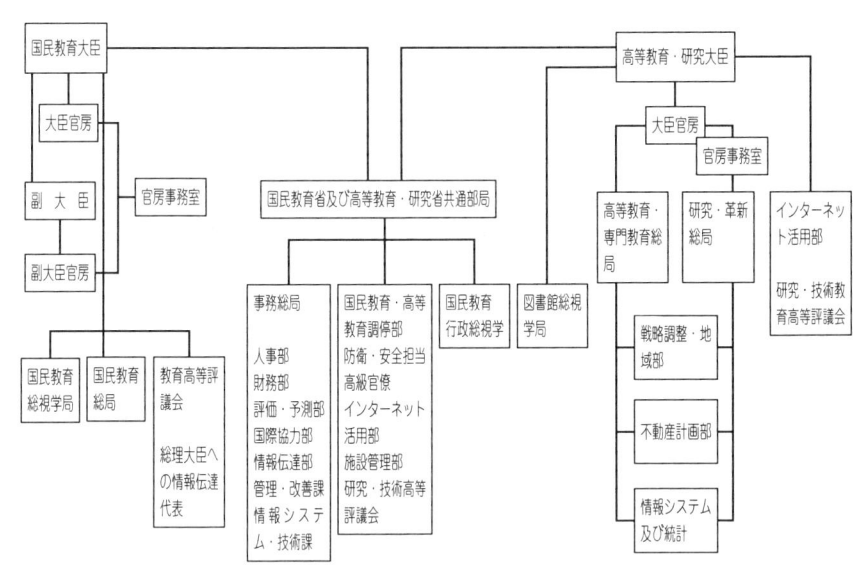

図15-1 フランスの教育行政組織

ら選任される。その主要な職務は，1989年の改革によって，教育制度の運営およびその結果の総合的な評価を行うことおよび教育政策実施に当たっての答申と提案を行うこととなった。実際には，総視学官の専門教科および専門領域による組織，大臣が定める研究テーマを担当する組織，それぞれの大学区を担当する地域性による組織が設置されて職務を執り行う。教育行政・研究総視学官は，各種の部局や各種の教育施設および国民教育省の管轄下にあるすべての組織について，管理・財務・会計の範囲で検査や職員に対する監督や視察の役割を果たすなど，教育行政制度運用に関する全体的・恒常的監督，研究，情報提供，助言および評価・検査を行う。

　フランスの教育行政においては，中央集権的な制度が維持される一方で，伝統的に政策上の諮問を行うための審議会が重要な意味をもってきた。中央の教育行政にあってもっとも重要な審議会は，教育高等審議会（Conseil supérieur de l'Education）である。この審議会は，国民教育大臣または省令によって任命される代理人が主宰し，97名の委員によって構成されている。委員は，大きく三つの領域の代表者から構成される。まず一つめは，教育行政関係職員や教員，教員・研究者およびその他公教育に関係する職員と私立教育機関やその教職員の代表が48名

を占める。次に，公教育の利用者の代表として，保護者団体の代表や学生，家庭関係の団体やリセと州立適応教育の生徒たちの代表が19名を占める。そして，地方公共団体や学校外の教育活動団体および，文化面・教育面・社会面・経済面での主要な利益団体の代表者が30名を占める。この審議会は，教育に関して国全体にかかわるあらゆる問題について，諮問を受けて答申することになっている。この審議会には，初等学校や中等学校に関する委員会が存在し，審議会としての答申を準備する。

その他の審議会としては，全国高等教育・研究審議会，全国教育課程審議会，図書館高等審議会，組織運営同数委員会，人事同数委員会，職業・技術教育諮問委員会などがある。

（2）大学区の教育行政組織

フランス全土には，一般行政区画として州（région）があるが，これとは別に，教育行政の区画として，多くの場合に州と範囲が一致しているが，数県を一つの単位とする30の大学区が存在する。それぞれの大学区には，その長として大学区長が置かれている。大学区長は，研究を主導する資格を有する者の中から選任される高級公務員であり，閣議を経て大統領によって任命される。

大学区長には，伝統的に，指揮，組織化，管理の性格を有する権限が整備されてきた。大学区長は，国民教育大臣の代理として，国民教育省からの指示内容を実施し，国民教育に関するあらゆる施策の履行を監督する。また，教育制度の運営に必要な措置を執り，管理業務に必要な調整を行ったり，得られた結果の評価をする。その他，中等教育や大学教育のための施設運営に係る条件整備やリセ等の教育施設における管理職員や財務上の監督や人事評価，国民教育大臣に対しての報告や教育活動全般に係る意見・提案，初等学校の職員配分や中等教育に関する計画の検討，生徒の入退学や進路指導，継続教育，契約下にある私立学校教員の人事管理等の権限を有する。今日では，経済団体その他の大学区内における教育のあらゆるパートナーとの交流や協議で，大学区長はますます多岐にわたる業務を担当することとなった。

大学区事務局には，大学区長を補佐するものとして各種の専門技術指導員が置かれ，それには，技術教育大学区代表官，州教育施設担当技師，大学区継続教育代表官，進路指導・情報担当大学区視学官，学校生活担当指導主事，保健・医務

担当指導主事，社会事業担当指導主事，学校看護婦指導主事，州学校文化活動担当部などが置かれる。また，大学区内の管理事務部局として，高等教育，中等学校の学校計画および組織，就学・学校生活・進路指導，継続教育・職業見習い訓練，検定試験・採用試験，私学教育，教員管理，財務および管理業務，地方公共団体との連絡調整のための部局が置かれる。

　大学区の視学組織で中心となるのは，州教育視学官（inspecteur pédagogique régional-inspection académique）である。大学区長に直属する州教育視学官は，中央の総視学官と密接な関係をもち，総視学官に協力して教育の質と教育制度間の連携を確保する点に特色を有する。また，州教育視学官は，教職員の視察や評価，教育内容の点検，教員の初期養成教育や継続教育，学校教育計画策定への協力，教育関係職員の養成と採用など教育活動の監督と支援を担当する。その他の視学官としては，学校生活担当州教育視学官，初等教育担当国民教育視学官，技術教育担当国民教育視学官，見習い訓練担当国民教育視学官が置かれる。

　各大学区には，中央と同じく諮問機関が置かれている。たとえば，大学区国民教育審議会（Conseil national de l'Education nationale）は，地方公共団体の代表24名，高等教育関係を含む教職員24名，保護者や学生および組合組織の代表者24名から構成される。議長は，大学区視学官が務めるが，国や州の権限の範囲にある問題の討議に当たっては，知事や関連する地方公共団体の長が議長を代行する。大学区国民教育審議会は，リセやその他の教育施設の構造，教育施設に関する建設・拡張計画年次リスト，費用の配分に関する様式，成人の継続教育に関する大学区プログラムの方針について意見する。また，養成教育予測計画，権限を有する施設のための投資予測計画，権限を有する施設に配分される補助金の配分に関する一般的様式について意見する。さらに，高等教育養成の発展に関する州の計画や州の利益となる研究の複数年に渡るプログラムの状況について諮問を受ける。その他，訴訟や懲戒に関する事項を審議する。

　その他の諮問機関としては，社会的事業に関する大学区委員会，大学区予算委員会，大学区継続教育諮問委員会，大学区技術同数委員会，現代外国語教育委員会，大学区管理同数委員会，その他が設置されている。

（3）県の教育行政組織

　県段階においては，大学区視学官（inspecteur d'académie）が教育行政の長とな

183

る。大学区視学官は，州教育視学官や管理業務あるいは教育職を8年間経験した者のなかから国民教育大臣の推薦に基づいて大統領により任命される。大学区視学官は，県段階において大学区長の代理を務め，高等教育以外のすべての教育に関して，県内の教育業務全体の推進，管理・統制に貢献する。また，教育現場に対しても，学校長などの教育責任者と密接な関係を保ち，情報伝達や助言，援助を行い，教育活動全体の調整を行う。

特に大学区視学官の権限が最も大きく発揮されるのは，初等教育に対してであり，大学区視学官は県内のすべての初等学校の視察権限や全般的な管理が任されている他，初等学校教授の配属や取り消しの決定，昇進・異動・退職・研修といった教職員の管理も執り行う。中等教育に関しては，大学区視学官の活動領域は部分的なものに限定されるが，大学区によってその管理業務の内容は，学校の組織化，建築，生徒の学校生活や試験などと大きく異なる。

大学区には，大学区視学官補佐に加えて，専門技術指導員や各種視学官として初等教育を担当する国民教育視学官，情報・進路指導担当国民教育視学官，技術教育担当国民教育視学官，職業見習い訓練担当国民教育視学官，継続教育担当指導主事，体育・スポーツ担当指導主事，提携医師などが置かれる。

また，管理事務部局として，施設設備の管理や通学輸送を担当する学校組織課，初等教育に関する人事管理課，就学や学校生活・進路指導を担当する生徒管理課，財務課，その他，文化活動を担当する部署が置かれる。

県段階の諮問機関としては県国民教育審議会（Conseil départemental de l'Education nationale）がある。県国民教育審議会は，地方公共団体の代表10名，教育行政や教育施設の職員の代表10名と保護者の代表や公教育を補完する協会の代表者など10名で構成される。同審議会は，保育学校および初等学校にかかわる市町村間での責任分担，保育学校および初等学校教職員間の職務分担，県内コレージュの教育の形態，教育費支出の方法や教員に対して支給される住居手当などに関して答申を行う。また，交通手段の組織と運営，コレージュの設備投資に関する予測計画，コレージュに支給される補助金の配分に関する一般様式について答申を行う。議長は，大学区視学官が務めるが，国や県の権限の範囲にある問題の討議に当たっては，知事や関連する地方公共団体の長が議長を代行する。その他，県段階の諮問機関には，県行政同数委員会，県社会事業審議会，技術教育評議会等がある。

（4）地方公共団体の教育行政への関与

　教育の公役務に関する決定への地方公共同体の参加は，学校施設の内部や県および大学区レベルにて設立される審議会において実現される。具体的には，大学区の国民教育審議会で，国の権限において，リセ・専門教育施設・水産教育や農業教育施設における一般的教育構造，コレージュ・リセ・専門教育施設・水産教育や農業教育施設における建築あるいは拡張工事，職務に関する手段や基金の配分の一般的様式が決定される。また，州の権限としてコレージュ・リセ・専門教育施設・水産教育学校・農業学校に関する教育予測計画，リセ・専門教育施設・水産教育施設・農業学校に関する投資予測計画および施設に配分される補助金の配分の一般的様式が審議される。この結果に基づいて，上の諸計画は州議会によって決定される。また，県国民教育審議会において，県の権限として，通学輸送の組織と運営，コレージュに関する投資予測計画と県内のコレージュへ支給される補助金配分の一般的方法が審議され，県議会で決定される。最終的には，これらの決定を考慮して，大学区長がそれぞれの学校で行われる教育の性質や生徒の割り当て，教職員の任命や配分等の人事管理，教育上・行政管理上・財政上の全般的な監督を行うことになる。

　なお，教育に関する最終的な権限は国にあるので，地方公共団体は，教育やスポーツおよび補足的な文化活動を組織することができるが，国によって定められた教育・養成活動に影響するものであってはならないことになっている。

3　初等学校と中等学校の管理形態

（1）フランスにおける学校観の転換

　フランスでは，公立学校の門の中の事項は教師の任務であり，学校の門の外の事項は家庭の役割であるという認識が定着していた。しかしながら，このような学校観は，1975年教育法によって大きく転換することになる。同法によって，旧来明確な役割分担がなされていた学校と家庭は互いに補完する関係にあること，そして，知育の場であった学校は，道徳・公民教育や職業教育を含む全人格的な教育の場となることが求められた。また，それと同時に，公教育に対する家庭の教育要求を学校経営に反映させるとともに，生徒を学校経営に参加させて生徒たちに民主的社会生活を体験させ，生徒たちの責任感の涵養をはかるために，「学

校・コレージュまたはリセにおいて、職員・生徒の父母および生徒は学校共同体（communauté scolaire）を形成する」（第13条）ことが規程された。このことは、1989年教育基本法第11条で、「生徒の父母は、教育共同体の構成員」であり、「学校生活への父母の参加および教職員との対話は、それぞれの学校において保障され」、「生徒の父母は、その代表者を通して、学校委員会、管理委員会および学級委員会に参加する」との規程に受け継がれた。

（2）校長の職務および学校に置かれる審議会の役割

　地方公施設法人であるコレージュとリセの校長は、その権限の行使にあたって二重の資格を有する。その一つは、自らが主宰する管理委員会によってなされる議決事項の準備と執行を担当する学校の執行機関であり、他方は、学校における国の代理人として国の事務と職員を管理する長である。執行機関として、校長は学校を代表するとともに学校が独自に採用した職員に対する職務権限の行使、学校の各種委員会の主宰・決定事項の執行、契約や協定の締結、予算の執行・支払い命令等の権限を有する。また、国の代理人として、全職員に対する権限をはじめ、学校内の職員や資産の安全や衛生に関する措置、学校秩序の維持に関して多くの権限を有し、その管理について、管理委員会に報告するとともに大学区当局や地方公共団体に情報を伝達する。また、校長は、学校内の教育活動や社会見学・クラブ活動等の学習活動の活性化と調整、学校の良好な運営の確保と質的向上、学校関係者や外部への運営に関する情報提供などの関係調整的な役割を有する。

　コレージュとリセに置かれる審議機関として、24名（生徒数600名以下の場合）あるいは30名の委員からなる管理委員会（conseil d'administration）がある。この委員には、①行政当局の代表として、議長を務める校長、副校長、事務長、生徒指導員、特殊教育部担当の責任者（コレージュ）あるいは実習長（リセ）、有識者1～2名、②当該学校の教職員の中から選出された代表として、教員6～7名、管理・社会・衛生・労務職員2～3名、③利用者の中から選出される代表として、コレージュにおいては、24名の委員の場合、父母代表の6名と生徒代表2名、30名の委員の場合は父母の代表7名と生徒の代表3名からなり、リセの場合は父母の代表5名と生徒の代表5名からなる。

　管理委員会は、審議機関として、学校自治原理の決定とそれに基づく学校組織運営規則や校則、学校教育計画、学校予算および決算等の採決、保護者との対話

の方向性，学校内の団体活動プログラムや協定の調印等に同意を与え，保健衛生や安全，学校共同体の構成員の情報や作業グループの構成など規定に基づいて管理委員会が知るべきすべての問題について審議を行い，贈与や遺贈，財産の獲得や譲渡，訴訟行為について許可を与える。また，同委員会は，学校に設置される学科や選択科目・補足的教育活動等の措置，教科書や教具およびソフトウエアの選択，市町村長による登下校時刻の修正に意見するとともに，学校の全般的な管理運営問題について校長より諮問を受けたり，学校生活上の問題について要求することができる。

　初等学校の場合，紙数の関係上簡単に記すと，校長は，学校管理上の責務・教育指導上の責務・対外的責務を負う。審議会としては，校長，市町村長，市町村議会議員1名，各学級の教員，生徒の父母の代表，教育にかかわる県の代表者1名と国民教育視学官からなる学校委員会（Conseil d'école）が置かれ，校則や学校の教育活動について審議する。なお，学校委員会の内部には，父母の代表のみで構成される父母委員会が置かれる。

4　私立学校の管理

　フランスには，初等・中等教育段階の全生徒の18％程度が私立学校に通い，その95％はカトリック系の学校である。私立学校の監督は，国と私立学校との関係を規定した1959年のドブレ法に基づく契約によってなされる。その契約の形態は，統合契約，協同契約，単純契約の三つである。統合契約は希にしか存在しないが，その契約の申請が承認されると，契約を結んだ私立学校は私学としての自由度を大きく制限される。協同契約の場合，私立学校は，契約を結んだ範囲での教育においては，公立学校に関する法規と教育課程を全面的に尊重しなければならない。また，協同契約下にある私立学校の教員は，公務員となる。単純契約の場合，私立学校は，単に教員給与の援助だけを国から受けるが，そのかわりに，公立学校に適用される授業時間数や学習指導要領を尊重し，財政上の監督を受けることになる。今日では，単純契約は初等学校のみ結ぶことができ，全私立初等学校の半数弱がこの契約を国と結んでいる。

　なお，契約を結ばない私立学校に対する国の監督は，校長・教員の所要資格，就学義務，公共秩序と良俗の尊重，保健衛生の範囲に限定される。

5 フランスの教育行政の伝統的特色と変革

　フランスでは，ナポレオンの時代につくられた教育行政制度の原型を修正しながら，長らく中央集権的な教育行政制度を維持し，中央の国民教育大臣，大学区の大学区長，県の大学区視学官とつながる強いラインが形成され，それぞれの段階に整備された視学制度が教育行政を支えてきた。他方，権力の集中と専門家支配による独断専行を避けるために，多くの諮問機関が設置されて現在に至る。

　今後も，憲法に規定されるとおり，国が大枠において公役務として教育の責任を負うという基本姿勢に変わりはなく，教育行政のヒエラルヒー構造に大きな変革がもたらされることは予想できない。しかし，学校に対する地方公共団体の権限を強化することによって，それぞれの学校への責任の拡大を図り，地域に根ざした民主的な学校を実現するために，教育に関する権限と責任の地方分権化や地方への権限委譲が推進され，学校共同体としての学校づくりのための改革は継続されるであろう。

参考文献

小林順子編『21世紀を展望するフランス教育改革』東信堂，1997年。

松原勝敏「フランスの自立的学校経営」河野和清編著『地方分権化における自律的学校経営の構築に関する総合的研究』多賀出版，2004年。

松原勝敏「教育行財政制度」フランス教育学会編『フランス教育の伝統と革新』大学教育出版，2009年。

Auduc, J-L., Le système éducatif, Hachette, 2010.

Association Française des Administration de l'Education, Le système éducatif français et son administration, 1997（邦訳，小野田正利「フランスの教育制度と教育行政」（非売品））．

Périé, R. et al., Organisation et gestion de l'Education nationale, Berger-Levrault, 2010.

Toulemonde, B., Le système éducatif en France, La documentations française, 2009.

フランス国民教育省ホームページ：http://www.education.gouv.fr/

フランス高等教育・研究省ホームページ：http://www.enseignementsup-recherche.gouv.fr/

（松原勝敏）

第16章

ドイツの教育行政制度

1 ドイツ教育行政原理の変遷——州文化主権の行方

　ドイツ連邦共和国は，1990年の東西ドイツの再統一により，新たに5州を加えて16州からなる連邦国家となった。この国の憲法ともいうべき基本法によれば，連邦制度は民主制原理・社会国家原理・法治国家原理等とともに，ドイツに特徴的な国家的構造原理を示している。つまり，国家的権能の行使および国家的任務の遂行は，基本法に別段の定めがない限り，各州の所管事項となっている。とはいうものの，基本法は外交事務をはじめ多くの重要事項につき連邦権限として規定し，州の権限事項は比較的に少ない。
　しかし，そのなかでも伝統的に各州に保留されてきたのが，文化にかかわる行政およびその政策の領域における統括権である。教育制度についても，この文化的統括権の対象とされてきた。つまり，高等教育計画等に関する諸事項を除く領域の教育主権，特に学校法域での立法権と教育行政権は，連邦ではなく，各州に属している。このことを，州の「文化主権（Kulturhoheit）」または「文化連邦主義（Kulturföderalismus）」と呼ぶ。この原則は，ドイツ17世紀中葉以来の伝統に由来するもので，ナチ政権下にあっても完全に破壊されることはなかった。「連邦主義はドイツの宿命」と捉えられ，また州の文化主権を「各州固有の国家性の中核」（連邦憲法裁判所）と把握されている所以でもある。
　ただ，この国が連邦国家である以上，上記の州文化主権が無制限に適用される訳ではない。つまり，基本法の上では，「連邦法は州法を破る」との原則が存することから，各州の文化主権は基本法の学校条項に拘束される。たとえば，基本法第7条は国家の学校監督権，公立学校における宗教教育・私学の自由，私立小学校等について規定しており，これらの条項は，各州立法者を拘束し，かつ各州学校法の解釈に際して尊重されねばならないとされる。同様のことは，基本法の他の条項についても妥当する。さらに，ここで留意しておくべきことは，基本法

が保証する個別的基本権への着目のみならず、その第28条に定める「州の憲法的秩序は、この基本法の意味における共和制的・民主的および社会的法治国家に適合しなければならない」という規定である。本規定は、各州の学校法制が、各州おける憲法秩序の一環をなすものとして、共和制的・民主的・社会的・法治国家的に形成されなければならないとの連邦憲法的要請と解される。ただし、1949年1月1日以前に制定された州法については、基本法141条により、同法第7条第3項（公立学校における宗教教育の正課必修化）に対する例外的優位性が認められていた（結城、2004、50頁）。

ところが、1969年から1971年にかけて、基本法改正や大学建設助成法の制定により、州の伝統的教育主権が縮減され、連邦の教育権限が拡大・強化された。たとえば、連邦は教育分野において、それまで学校外の職業教育と学術・研究の助成等に関する競合的立法権を有していたに過ぎなかった。しかし、この基本法改正により、競合的立法権と大綱的立法権が拡大されるとともに、新たに連邦と州の共同任務に関する規定が創設された。このことにより、以下の三領域にかかわる諸事項が連邦権限下に置かれるに至った（結城、2005、143頁）。

(1) 競合的立法権

①学校外の職業教育と職業的継続教育（基本法74条11号・12号）：職業教育法や職業教育助成法により、連邦はこれに関する基本的事項について規定。②生徒・職業訓練生・学生に対する奨学金（同法74条13号）：連邦は連邦教育助成法を制定し、奨学金経費の65％を負担。③学術研究の助成（同法74条13号）：1976年に大学卒業者助成法を制定。④教員や大学教官を含む公務員の給与（同法74a条）：初等・中等教育学校の教員や大学教官は、原則として州の公務員であり、連邦給与法を適用。

(2) 大綱的立法権

大学制度の一般的原則（同法75条）：連邦は大学大綱法を制定し、大学の任務、学修と教授、大学の構成員・組織と管理・運営等、大学に関する基本事項について規定した。

（3）連邦と州の共同任務

①大学病院を含む大学の拡充および新設に際しての各州への協力（同法91a条）：大学建設助成法の制定により，大学病院を含む大学の拡充および新設に際して，これに要する費用の半額を連邦が負担する。②教育計画および超地域的意義を有する学術研究の振興に際しての各州との協力（同法91b条）：1970年，連邦と各州は行政協定を締結し，共同任務として教育計画を策定するために，「教育計画のための連邦・各州委員会」を設置した。

1970年代以降，上述の教育分野にかかわる連邦と州の権限配分については，基本法上，確定事項としてではなく，さまざまな改革論議の対象として理解されてきた。たとえば1978年には，連邦教育学術省（当時）は「連邦制教育システムの構造的諸問題に関する連邦報告書」を公表し，連邦全体における統一的な生活関係の確保を意図して基本法を改正し，新たに次のような連邦の立法権を認めるよう主張した。就学義務の期間，教育制度の各段階への入学要件，評価と卒業の認定，職業教育の内容，教員養成などであった。しかし，このような連邦権限の拡大傾向に対抗して，文部大臣会議，各州首相，連邦参議院が一斉に反対意見を表明し，また研究者からも批判的学説が提起され，本報告書の欠陥性が指摘された。1992年に設置された連邦議会と連邦参議院による合同憲法委員会でも，連邦と州の権限関係につき審議されたが，抜本的修正ではなく，教育領域における連邦の立法権行使要件が厳格に明記されたに留まった。さらに2003年には，連邦議会と連邦参議院共同の「連邦国家秩序の現代化委員会」が設置され，教育領域も含めた連邦＝州間の新たな権限配分につき，多角的総合的に審議されたが，決定的合意には至らなかった。

2　連邦レベルの教育行政構造

（1）連邦教育研究省

連邦は，州の文化主権という原則のもとで，教育の領域に対しても一定の権能を有する。連邦レベルでのこの権能を所掌するのが，連邦教育研究省（Bundesministerium für Bildung und Forschung）である。同省は1998年，従来の連邦教育・学術・研究・技術省を改称・改組して発足した。その権限事項はきわめて限定的で，学校教育制度については何ら直接的な権限や監督権を有してはいない。1999年現在，

1官房7局から構成されている。

　2005年11月にキリスト教民主・社会同盟（CDU/CSU）と社会民主党（SPD）による連立政権が連邦政府に誕生したことにより，さらには連邦制度改革に伴い，同省はそれまで限定的に有していた学校教育および高等教育に関する権限をほぼ完全に失い，学校外の教育および職業教育，大学外の研究を所管することとなった。大学制度に関する一般原則を規定した高等教育大綱法も2008年10月1日をもって失効したものの，同法に代わる州間協定の締結調整が2009年10月現在完了せず，同法の失効は先延ばし状態にある。また，所管事項の変更に合わせて組織改革が行われたものの，2009年現在まで名称は変更されていない。

　なお，連邦制度改革以降，連邦教育研究省の所管事項は，以下の通りである。
　　○ 学校外の職業教育および継続教育のための法律制定およびそれに要する原則の制定および調整の実施。
　　○ 研究助成。
　　○ 訓練養成の推進およびその財政的支援のための立法（州と共同）。
　　○ 才能ある児童・生徒，職業訓練生，大学生の助成，または若手研究者の助成。
　　○ 職業訓練生，大学生，継続教育参加者，職業訓練者，研究者の国際交流の助成。

（2）各州文部大臣常設会議
　教育に関して基本的に各州が権限を有するドイツにおいて，各州間の教育政策・制度の相違を調整し，それらの共通性を確保するための機関として重要な役割を果たしている。同会議は連邦の組織ではなく，各州間の行政協定に基づく機関である。16州の教育・学術・文化担当大臣をメンバーとする総会は，規定上では必要に応じて，あるいは少なくとも2名のメンバーの申し出により開催されることとなっているものの，実際には，約2カ月に1度開催され，諸問題の調整を図るための勧告や決議を行っている。総会決議では，各州が一票ずつ投票するが，決議は全会一致を必要とする。総会決議や勧告自体は法的拘束力をもたないが，各州がこれらに基づき法令化した場合にのみ拘束力を発することとなる。
　同会議は個別に問題を審議するために，分野ごとに八つの常設委員会を開設している。学校委員会，高等教育委員会，国際委員会，EU委員会，行政委員会，

スポーツ委員会，芸術委員会，継続教育委員会である。

（3）連邦・各州教育計画・研究助成委員会（BLK）

　同委員会は，連邦と各州の共同任務としての教育計画について定めた基本法91b条に基づき，1970年に連邦と各州の行政協定により設立された。当初は，連邦各州教育計画委員会という名称であったが，1975年に研究助成について連邦と各州が協定を結び，共同の研究助成の実施が新たな任務として加わり，この名称となった。同委員会は，教育計画については，教育制度全体を調和的に発展させるための長期的大綱プランの準備などを任務とし，1973年に「教育総合計画」を策定した。その後，教育改革の議論が下火となるとともに，その活動も沈滞した。1983年には上記大綱プランの準備という任務を断念し，緊急に問題解決を迫られる問題に活動を集中することとなった。研究助成については，連邦＝各州が共同で，ドイツ研究協会，大規模研究機関，マックス・プランク協会などを対象とした研究助成を実施しているほか，連邦＝各州の学術研究政策の調整等を行った。

　1983年以降，教育改革の論議が下火になるとともに同委員会の活動の中心は，緊急に解決を迫られる問題に置かれるようになる。たとえば，①総合制学校の導入 ②障害のある子どもとない子どもとの統合教育の実施 ③算数の授業改善プログラムであるSINUSの開発・導入など，1970年の創設以来，300件以上の実験プログラムを助成してきた。

　しかし，2006年7月，従来連邦と各州の共同任務を規定してきた基本法第91b条の改正により，連邦はPISA等の国際教育調査を除く教育計画に対して共同参画権を喪失することとなり，2006年10月，これに伴ってBLKも解散されることが決定された。

　同委員会に代わって，高等教育分野において連邦と各州が共同でかかわる研究助成プログラムを引き受ける機関として，共同学術委員会（GWK）が新たに設置されることとなった。その後，2007年12月31日をもってBLKは解散し，代わってGWKが2008年1月1日に発足した。

　近年，国際競争が激化する中で教育，特に高等教育に関して全国的な取組が求められるにつれ，州単位では対応が不十分との認識のもと，連邦の財政的支援を再度可能にすることを求める声が高まっている。2012年3月4日，連邦政府のキリスト教民主同盟と自由民主党による連立委員会は，基本法第91b条の改正を

もって学術分野における連邦と州との協力機会を拡大することを決定した。今後，法案は連邦教育研究省にて起草され，担当部局間また各州と地方自治体で調整の上，合意が形成されれば2013年3月発効予定である。

(4) 大学設置計画委員会

附属病院を含む大学の新設と拡充は，連邦と州の共同任務であり，これを実施するため，大学建設助成法（1969年）に基づき大学設置計画委員会が設置された。同委員会は，連邦教育研究大臣を委員長に，連邦蔵相，各州学術担当大臣から構成され，高等教育機関の規模・立地・専門領域などに関する均衡を図るため，4年ごとの建設・助成計画を作成し，これを連邦・各州に提示している。たとえば，具体的建設・設置経費，当該年とそれ以降に必要とされる財政計画が示され，実施が確定した建設・設置経費の半額を連邦が，残りを当該州が負担する仕組みとなっている。

3 州レベルの教育行政の組織構造

(1) 州の教育行政機関

各州における学校行政の組織構造は，州の規模や歴史的発展，対象とする学校の種類などによっても異なる。かつては，多くの州が三層構造をとっていたが，最近では二層構造をとる州が多い。つまり，最上級学校監督官庁である文部省と下級学校監督官庁である学務局という組織構造である。各州文部省の所掌事務や権限は，広範多岐にわたっている。例として，2004年現在のヘッセン州文部省の内部組織・所掌事務の場合を参照してみよう。

州文部大臣の下に事務次官と大臣官房が置かれ，内部組織は6部で構成される。各部の所掌事務は次の通りである。

第1部：人事法・組織・データ処理・学校法・一般行政改革など…計12課
第2部：基礎学校・促進段階・基幹学校・実科学校・提携学校・一般学校および特別学校（Sonderschule）における特別な教育的促進・学校スポーツなど…計8課
第3部：ギムナジウム・総合制学校・学校内外における継続教育など…計9課
第4部：職業学校・国際関係事項など…計11課

第5部：学校形態を超えた事項・教員養成など…計12課
　第6部：州学務局・新たな行政指針・授業における新技術・授業への配慮・統計・教員任用・学校発展計画・予算・不動産管理・教会事項等…計11課
　下級学校監督官庁としての学務局（Schulamt：本章では郡学務部などと表記）は，郡または市レベルの行政機関であり，その行政組織法上の性格や構成は各州によって異なる。代表的事例をあげれば，バイエルン州やブランデンブルク州などの5州では，州視学官と当該地方自治体の行政公務員によって構成されて，いわゆる混合行政機関（Mischbehörde）の形態をとっている。これに対して，ヘッセン州やザクセン・アンハルト州などの6州では，完全な州の行政機関として位置づけられている（結城，2005，52-53頁）。

（2）州の役割と権限

　州文部省の権限は，基本法が連邦の役割・権限と規定する以外のすべての事項について，付与されている。州文部省の権限・役割として共有するのは，学校制度の枠組み，学校教育の目標・内容，教員資格，教育計画などの事項である。州文部省はこれらの事項について，地方視学を通じて学校監督を行う。また，州の官吏である教員を採用し，管理する。なお，教育機関の設置・維持については，後述するように地方の所管とされている。具体的役割は，以下の通りである。①就学年齢の設定，②義務教育年限の制定，③教育目標の設定，④教育課程の基準化，⑤視学を通じた学校監督，⑥ギムナジウム修了資格の設定，⑦教科書の認可，⑧学校生活と活動への親・教師・生徒の参加や協力，⑨奨学金の交付，金額の決定，⑩教員資格の設定，⑪教員の養成と研修，⑫公立学校教員の採用，⑬初等中等教育機関の拡充・新設する補助金交付などである。
　連邦が定める高等教育大綱法に基づき，州は州の高等教育法を制定するとともに，高等教育（大学・高等専門学校）を設置し，その維持・管理を行う。具体的には，以下の権限・役割を有する。①高等教育法の制定，②各高等教育機関の学則，学位取得のための試験規則，その他重要規則の認定，③高等教育機関の人事，予算執行に関する監督，④高等教育機関の経費負担などである。
　高等教育並びに初等中等教育に対して，各州文部省が有する共通役割は，①州官吏である教員に適用する州官吏法を制定すること，および②州官吏としての教員の人件費を負担することである。

第Ⅲ部　諸外国の教育行政制度

州レベル	州　　文　　部　　省		
県レベル	県学校部　視学官		
郡レベル	視学官　郡学務部		設置維持監督
	監督	監督	
市町村レベル	市町村		
	設置・維持	設置・維持	
教育行政機関の対象校種	基礎学校 ハウプトシューレ	ギムナジウム 実科学校 職業教育学校	大　学 高等専門学校
教育制度区分	初等中等義務教育期間	中等教育機関	高等教育機関

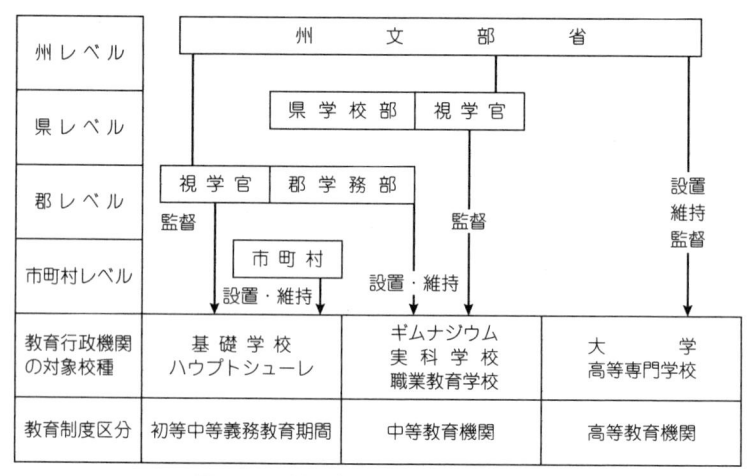

図16-1　州―地方の学校行政組織モデル
出典：文部省, 2000, 103, 106頁をもとに一部変更して作成。

　地方の機関との関係・初等中等教育学校の管理に関しては，州が視学を通じて遂行するので，この点についての地方との上下関係はない。州は施設の新設・拡充，児童・生徒の交通費などについて，地方に補助金を拠出する。

4　地方レベルの教育行政の構造

(1) 地方の一般的行政区画

　各州の一般的行政区画は，その規模と歴史的発展により，州間でかなり相違がある。比較的大きな州では，州―県―郡―市町村という四層構造を成しており，比較的小さな州では，州―郡―市町村の三層構造を成している。また市の中でも，ベルリン市・ハンブルク市・ブレーメン市の三市は，「都市州」と呼ばれ，州と同格であり，市―区という行政区画の州もある。郡レベルでは，市町村の集合体としての行政区画「郡」と，比較的大きな都市で「郡に属さない市」との2通りがある。「郡に属さない市」は，法的には郡の一部であり，一定規模に達した市がこれに昇格できる。ここで，市町村（Gemeinde）という場合，必ずしも市・町・村という三種類の行政区画を具体的に意味するわけではなく，末端の行政区画を一般的にさしている。

（2）地方の教育行政機関

　各州の教育行政機関は，上述の一般的行政区画に即して，州文部省・県学校部・郡学務部・市町村の四階層に分岐している。県学校部（あるいは郡学務部）を除く三階層，または二階層のみで教育行政を行う州もある。これらの教育行政機関は，一般行政機関の一部署として設置されているが，一般行政機関から独立させている州もある。また，以下に示すように，州の出先機関としての性格と地方教育行政機関としての性格をあわせもつ場合が多い。

（3）地方の役割と権限

　州の出先機関としての県学校部に配置された視学官は，ギムナジウム・実科学校・職業教育学校を監督し，同じく郡学務部に配置された視学官は，基幹学校・ハウプトシューレを監督する。一方，地方行政機関としての郡は，ギムナジウム・実科学校・職業教育学校を設置・維持し，同じく市町村は，基幹学校・ハウプトシューレを設置・維持する。いわゆる外的事項と呼ばれる権限である。

（4）初等中等教育学校との関係

　県・郡レベルの教育行政機関は，監督する学校の人事・予算・教科書・就学義務の猶予と免除などに関する業務を行う。その他，教育相談に関する教員への支援・問題を抱える生徒・親・教員への助言などを行う州もある。県は州に代わって，教員公募・採用・配置の手続きを行う場合もある。

5　学校経営の基本構造

　わが国における学習指導要領に相当する教育課程の基準は，ドイツではレール・プラン（Lehrpläne）あるいはラーメン・リヒトリニーエン（Rahmenrichtlinien）などと称され，各州で異なる。学校は，州が定める基準の枠内で教育課程を編成する。教育課程基準の遵守については，州文部省および地方教育行政機関に配置された視学が専門監督を行い，基準を超えた専門監督は原則的に行われない。

　教員は州の官吏（Beamte）であり，その採用に関する権限は州に属する。したがって，学校は教員採用に関与しない。比較的大きな州では，県学校部などを通じて選考・採用の手続きが行われる。校長の選考は原則として州が行い，学校設

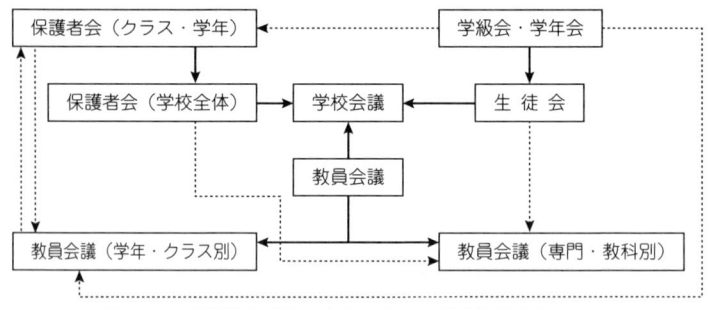

図16-2 「学校会議」を中心に置いた学校経営参加モデル
　　　　——ノルトライン・ヴェストファーレン州の
　　　　　中等学校の場合を事例として——

(注)　――線は，表決権を有する代表者を出すことを示す。
　　　----線は，代表権を有さない代表者を出すことを示す。
出典：文部省，2000，103，106頁をもとに一部変更して作成。

置者としての地方自治体が関与することもある。教員の人事権（給与・年金など）は，通常，州が負担し，教員給与以外の経常的物件費（Sachkosten）は設置者である地方自治体が負担する。給与以外の学校予算については，多くは郡・市町村などの学校設置者が決定する。校長は郡・市町村の学校部に要求内容（額）を提出して，予算に関する要望を表明できる。

　ドイツでは，伝統的に校長（Schulleiter）の権限が強く，大半の学校権限が校長に集中していたといわれる。しかし1910年代より，親および生徒が学校運営に参加・協力する仕組みが徐々に具体化され始めた。第二次世界大戦後，特に西ドイツでは学校制度の緩やかな民主的改革が試みられ，1970年代にはほとんどの州が，親および生徒の学校運営に参加・協力する仕組みを法制化するに至った。この仕組みは，たとえば，バイエルン州では「学校フォーラム（Schulforum）」，ラインラント・プファルツ州では「学校委員会（Schulausschuss）」と称され，多くの州では「学校会議（Schulkonferenz）」と呼ばれている。学校会議等における代表の構成や取り扱い事項等については，各州法令で定められており，その内容や審議・決定方法等は州により異なる。取り扱い事項例としては，学校生活および授業の組織化，生徒の安全保護，学校行事，教科書選定，学級活動内容，評価基準，人事等々多岐にわたる。

　校長は，学校経営上の対外的代表者である。同時に，学校における教育活動および教員の管理について責任を負い，州文部省・県学校部・郡学務部の指示や学

校会議等の決定が守られるよう配慮する。官吏法上では，他の教員の上司として指示権限を有し，教員およびその他の学校職員に対する服務監督と専門監督を行い，規定時間数の授業担当を義務づけられる。この他，教員会議を召集し，議長を務める。その具体的任務は，各州学校法などに規定されている。教員会議（Lehrerkonferenz）には，全体会議と専門的事項を扱う小委員会がある。会議の権限内容は州学校法等に規定され，州ごとに異なる。本会議は，校長を中心とする学校経営に関する協力機関と位置づけられ，授業や教育活動に関する問題解決を図るとともに，次のような一部の事項に決定権を有する。たとえば，州文部省が指定した教科書のなかから当該学校で使用する教科書を選定したり，校内秩序維持のための措置を講じたり，生徒の放校措置等につき決定する権限などである（文部省，2000，106頁）。

6　視学制度

　教育行政の分野で一般に称される視学制度（Schulrat）の前提に，ドイツでは学校監督制度がある。基本法は，すべての学校制度は「国」の監督を受ける旨を定めて，地方の教育行政機関（県学校部・郡学務部など）に，州官吏である視学官を配置し，監督に当たらせている。教育に関する権限は原則的に州に属すことから，ここにいう「国」とは「州」を意味しており，州が学校監督権を有するものと解される。この州学校監督権を背景に，視学官は教育専門家で，監督する学校の教員資格を有することなどが要件とされており，校長や教育実務経験者より任命される。その職務内容は，担当する学校種ごとに，たとえば県学校部の視学官はギムナジウム・実科学校・職業教育学校を，郡学務部の視学官は基礎学校・ハウプトシューレを対象に，各々の学校監督（専門監督・服務監督・法規監督）を行うことにある（文部省，2000，106-107頁）。

　ここで，①専門監督とは，教育行為の目的合理性を監督することを意味し，学校監督の中心概念である。この監督は，教育課程の基準や試験規定の遵守度を検査し，必要に応じて教員への助言・その他の対応措置をとり，教育実践の改善を促進する。②法規監督とは，特定の行政行為が法令に適合するものであるか，違反していないかを監督することである。この監督は，主に学校設置者による学校施設の設立や維持，教科書や他の教材提供の法的適切性を対象とする。③服務監

督とは、行政に従事する者の活動・勤務を対象とする。たとえば、勤務時間を厳守しているか、職務内容を時間通りに遂行しているかなどを監督する。またこの監督対象には、校長・教員も含まれ、勤務規定に即した勤務実態であるかなどの勤務状況等に関して監督される（結城、2004b、78-79頁）。

この他、県学校部は郡・市町村の学務部の監督を任務の一つとする。また、各々の視学には監督する担当学校が割り当てられ、各視学はその担当学校に対して、上記の一般的な監督のみならず、授業改善や教育課程の基準に即した教育内容・方法の妥当性などについて、校長・教員に個別的に助言・指導を行う。

7　私　学　行　政

基本法第7条4項は、私立学校の設置を保証している（結城、2004b、92-102頁）。また同法第7条1項は、「全学校制度は国〔すなわち州：筆者注〕の監督を受ける」と規定しており、私立学校も州の監督を受ける。すでに1951年、各州文部大臣会議も私立学校制度の枠組みについて原則的に合意していた。

ところが、基礎学校・ハウプトシューレ・実科学校・ギムナジウム・総合制学校（＝ハウプトシューレと実科学校をあわせた学校種）などの初等中等学校、また大学をはじめとする高等教育機関のほとんどが公立で、これに比して私学の数はきわめて少ない。私立学校には、公立学校の代替と位置づけられる「代替学校」と、公立学校を代替するものではないがこれを補うものと認められている「補完学校」の2種類がある。「補完学校」は、一般的に義務教育修了後の職業教育を提供する学校である。初等中等教育において普通教育を提供する「代替学校」には、キリスト教系の学校が多く、その他、わが国でもよく知られている独自の教育理念に基づく自由ヴァルドルフ学校や田園教育舎などがある。因みに、就学前教育施設としての幼稚園は、法制上児童福祉施設であり、学校教育制度に組み入れられていない。

上記「代替学校」については、設置認可手続きが必要である。しかし「補完学校」については、州または地方の教育行政機関に設置の報告をするのみでよいとされる。初等中等教育の私立学校については、州文部省により、教育目的、施設・設備（建築基準・防火基準・衛生基準など）、教員等の水準が公立学校に劣らないこと、親の資産状況により生徒を差別しないこと、教員の経済的・法的地

位が確保されていることなどを条件に,「代替学校」としての設置を認可される。また州法令に基づき,州から補助金が交付される。

　私立高等教育機関については,高等教育を所管する州文部省が認可を行う。この認可基準には,州立の高等教育機関に相当する教育の質と修学レベル,教育と学修に関する高等教育機関構成員の意思決定システムの保証が最低条件を満たすことなどがあげられている（文部省,2000,108-109頁）。

参考文献

上原貞雄編『教職科学講座第7巻　教育行政学』福村出版,1991年。
C・フュール,天野正治ほか訳『ドイツの学校と大学』玉川大学出版部,1996年。
文部省編『諸外国の教育行財政制度（教育調査126集）』大蔵省印刷局,2000年。
結城忠「ドイツの学校法制と学校法学　第2回　教育主権と国家の学校監督権」『季刊教育法』No.135,エイデル研究所,2002年12月。
結城忠「ドイツの学校法制と学校法学　第3回　教育主権と国家の学校監督権」『季刊教育法』No.136,エイデル研究所,2003年3月。
結城忠「ドイツの学校法制と学校法学　第9回　教育行政の組織と法的構造（1）」『季刊教育法』No.142,エイデル研究所,2004年9月a。
H・アベナリウス,結城忠監訳『ドイツの学校と教育法制』教育開発研究所,2004年b。
結城忠「ドイツの教育法制における国と地方の権限配分（1）」『教職研修』教育開発研究所,2005年12月。
結城忠「ドイツの教育法制における国と地方の権限配分（2）」『教職研修』教育開発研究所,2006年1月。
木戸裕『ドイツ統合一・EU統合とグローバリズム――教育の視点から見たその軌跡と課題』東信堂,2012年。
文部科学省生涯学習政策局調査企画課『諸外国の教育改革の動向――6カ国における21世紀の新たな潮流を読む』ぎょうせい,2010年。
文部科学省『諸外国の教育動向［教育調査第145集］』明石書店,2012年。
文部科学省『諸外国の教育行財政――7か国と日本の比較』ジアース教育新社,2014年。

（前原健三）

第17章

ロシア連邦の教育行政制度

　ロシア連邦では，社会主義に基づく政治経済体制を志向したソ連邦の崩壊（1991年12月）以降，「民主主義」と「市場経済」を理念とした国家づくりが進められている。特に，教育分野においては，教育内容・方法の決定にかかる，国家の教育権力から国民の教育人権へといった法制上の転換がなされ，個人や社会の多様なニーズに応える教育制度の構築が教育改革の基本課題とされてきた。こうした教育制度の大枠は，1992年7月に公布されたロシア連邦の教育に関する基本法である「ロシア連邦教育法」によって明らかにされた。市場経済体制へ移行する過程では，教育目標の急激な転換や財政的な問題などさまざまな混乱が生じたが，現在では，教育課程基準の弾力化や学校の裁量権の拡大などの措置を通じた学校教育の多様化を実現する教育制度が定着している。

1　教育行政機関の組織と権限

（1）教育行政制度の概要

　ロシア連邦は，共和国，地方，州，特別市，自治州・自治管区といった連邦構成主体から成る連邦制国家であり，外交や国防等のほか連邦としての統一性を維持するための行政事項を除き，諸領域で連邦構成主体に一定の権限が与えられている。また，ロシア連邦の行政区画は，「ロシア連邦憲法」（1993年）により，連邦―連邦構成主体―地方自治体の3段階に分けられる。教育行政については，連邦と連邦構成主体が共同で管轄する事項とされ，連邦と連邦構成主体は，ともに「国家」としての権限と責任を有し，協力して教育政策を遂行する責任を有している。これに対し，地方自治体は，ロシア連邦の誕生に伴って新たに国家権力の系統に属しない住民の自治機関と位置づけられ，就学前教育，義務教育および社会教育に一定の役割を担うとされた。

（2）連邦レベルの教育行政
■連邦の教育行政機関

　連邦レベルの教育行政の主要な部分を担当するのは，連邦政府を構成する教育科学大臣とロシア連邦教育科学省である。ロシア連邦教育科学省は，「教育，学術，科学技術および技術革新に関する国家政策の立案と法的基準の調整」（ロシア連邦教育科学省設置規程）などを行う機関であり，その内部組織として，経済財務部，国家教育政策部，国家科学技術・技術革新部，青少年・社会保障部および総務部の5部門が設けられている。さらに，ロシア連邦教育科学省には，具体的な教育行政活動を遂行する機関として，教育庁，学術・技術革新庁，知的財産・特許・商標局および教育科学監督局の四つの外局が置かれている。とりわけ，教育庁は，教育，保育，青少年政策等に関する事項を所掌する教育行政の中心的な執行機関であり，その内部組織として，経済課，財務管理課，学校教育課，国際交流課，青少年課，教育課程課，施設技術課および法制課の八つの課が設けられている。

　また，その他の省庁は，教育科学省が定める政策・方針や法規・基準等に従いつつ，それぞれの所管分野に関連した専門教育を提供する高等教育機関等を設置・管理している。そのため，各省庁には，「人材養成課」や「産業教育課」などと称する専門教育を担当する部署が設けられている。

　これ以外に，連邦レベルでは，文化省が文化全般を，体育・スポーツ局がスポーツ全般を，保健省が教育機関の衛生管理をそれぞれ管轄している。

■連邦の役割と権限

　「ロシア連邦教育法」によれば，教育行政における連邦の役割と権限は，連邦が直接に設置する教育機関の管理・運営等のほかには，教育関係法規の制定や連邦レベルの教育課程基準の作成など，連邦としての教育政策・制度の統一性を維持するための施策を講じることとされている。これは，ソ連邦時代の中央集権的な教育行政システムに対する反省から，連邦による教育問題への干渉を可能な限り排除し，地域の実情に応じた特色ある教育の実現を意図する側面があるといえる。

(3) 連邦構成主体レベルの教育行政
■連邦構成主体の教育行政機関
　連邦構成主体には、それぞれ独自の政府（執行機関）と議会（立法機関）が設けられている。連邦構成主体レベルの教育行政の主要な部分を担当するのは、連邦構成主体政府を構成する教育担当の行政機関であるが、その名称等は「教育省」「教育委員会」または「教育部」と連邦構成主体ごとに異なる。これらは、教育全般を包括して所管することが多いが、高等教育や学術研究を所管する機関を別に設けている連邦構成主体もある。

■連邦構成主体の役割と権限
　連邦構成主体は、連邦が定めた法規や基準に従った教育行政を執り行うことが求められる。連邦構成主体は、連邦レベルの教育政策・制度を踏まえた上で、域内の社会・文化・民族構成などの実情に応じた独自の法規・基準を作成することが認められている。その中核的な活動として、初等中等教育の分野における教育条件の整備に関連する事項がある。連邦構成主体は、連邦が定めた方針や基準の範囲で、教科書の出版・配布、地方自治体への教育補助金（教員給与を含む）の交付、初等中等教育機関に対する国家認定など、域内の学校の教育水準を確保する活動を行う。さらに、教員養成・研修機関や高等教育機関等を直接に設置・管理している。

　連邦構成主体には、こうした活動を行うために必要な独自の教育予算を編成・執行することが認められているが、その結果、初等中等教育にかかる経費の実質的な負担者となる。その主な財源は、①連邦から使途を限定せずに一括配分される補助金、②連邦構成主体が徴収する地方税、③連邦構成主体に徴収が認められた教育目的税などである。

(4) 地方自治体レベルの教育行政
■地方自治体の教育行政機関
　ロシア連邦における地方自治体は、連邦構成主体の下に置かれる市や地区（複数の小規模市や町村等から構成）などであり、住民の直接選挙によって選ばれる地方議会が設けられている。また、首長は、住民の直接選挙又は地方議会の指名で決定され、その下に地方政府（執行機関）が置かれる。

地方自治体レベルの教育行政機関については，特に連邦で統一した規定が存在しない。したがって，その名称等は，連邦構成主体や地方自治体によって相違するが，ほとんどの場合，「教育委員会」または「教育部」と称されている。

たとえば，モスクワ州を構成するオレホヴォ－ズエヴォ市では，市長より任命される教育部長を長とした教育部が設けられている。教育部の内部機構は，就学前教育課，学校・校外教育課，教員資質向上局の三つのセクションであり，初等中等普通教育に関する事項を所掌している。

■地方自治体の役割と権限

地方自治体の役割は，「ロシア連邦教育法」において，主として当該地域の就学前教育機関と初等中等教育学校を設置・管理することが規定されている。特に，地域住民に対する義務教育（11年間）の保障など，連邦や連邦構成主体が定める教育政策を実現する役割を担っており，初等中等教育学校の設置者として，その活動や管理運営についての指導を行う。

2　学校の管理運営体制

(1) 管理運営の原則

学校は，すべて法人とされ，「ロシア連邦の法令と教育機関の規則が定める範囲で，教育課程の実施，職員の選抜・配置，学術・財政・経営その他の活動において独立している」とされている。これは，学校に自律的な管理運営を認めるものであり，その体制についても，学校ごとに，教育目標や教員・設備等の諸条件を考慮し，主体的に確立されるべきものとして構想されている。

学校の管理運営は，単独責任と自主管理の原則に基づいて行われる。

単独責任の原則は，学校自体に与えられた権限の執行にかかる決定を校内の特定の職位又は組織に集中させて行い，これに伴う責任の所在を明らかにするものである。その意義は，学校の管理運営の透明性を確保し，特色ある教育を提供するために必要な措置を効率的に講じることが可能になるという点にある。なお，どの職位や組織に管理運営の権限・責任を集中させるかについては，学校ごとに決定される。

自主管理の原則は，教職員，生徒および保護者等が，何らかの形で学校の意思

決定にかかわることを通じ，行政機関や政治組織等に対する学校の自律性を確保しようとするものである。「ロシア連邦教育法」には，「自主管理の形態」として，教員の代表者，保護者・社会団体の代表者，生徒の代表者等から成る「学校会議」，児童生徒の保護者の全員または代表者より構成される「保護者会議」，教員全員から構成される「教職員会議」などが例示されている。ただし，これらの設置の適否，役割，構成および校長との権限関係等については，連邦として統一された規定がなく，各学校が独自に作成する「学校規則（校内規程）」によって定められる。

（2）管理運営の実態

こうした法制ではあるが，ロシア連邦における学校の管理運営体制の実態は，ほとんどの学校で校長や教職員会議が中心となっている。たとえば，モスクワ州で，一般に，校長と教職員会議が対等関係に位置づけられ，両者の合意と協働に基づいた学校の管理運営を意図した体制が形づくられている。また，モスクワ市では，校長が，教職員会議を含むすべての校内組織の上位に位置づけられ，学校の意思決定とその遂行に単独責任を負っている。

ロシア連邦における学校は，国家・行政機関から一定の自律性を有しつつも，法令等で校長の学校の意思を決定・執行する権限が定められているわけではない。そのため，校長は，法令等に依拠することなく，自主管理の形態である教職員会議等の協力を得ながら学校を管理運営することが求められている。

3　学校の制度と行政

（1）学校教育の種類

ロシア連邦の学校教育は，大きく普通教育と職業教育の課程に分けられる。普通教育の標準的な課程は，6～10歳の児童を対象とした初等教育（第1～4学年），10～14歳の生徒を対象とした基礎普通教育（第5～9学年），基礎普通教育の修了者を対象とした後期中等普通教育（第10・11学年）の4─5─2年制となっている。職業教育の課程は，その水準によって，中堅技能者を養成する初級職業教育（修業年限2～3年），実践的な専門家を養成する中級職業教育（2～4年），高等教育（学部レベル）の定義である上級職業教育（4年以上），大学院

に相当する高等後職業教育（2～5年）に分類される。

（2）「教育への権利」の制度的保障

「ロシア連邦教育法」は、すべての国民に「性別、人種、民族、言語、社会的出自、居住地、宗教に対する態度、信条、社会団体（協会）への帰属、年齢、健康状態、社会・財産・職業による地位および前科の有無に関係なく、教育を受ける機会が保障される」と定めている。これは、教育の機会均等の原則を規定するものであり、国民の「教育への権利」を前提としている。「教育への権利」とは、学習者の「教育を受ける権利」だけに留まらず、学習者や親（保護者）の「教育を受ける形態を選択する権利」や「学校の管理運営に参加する権利」などが含まれる。

こうした権利を保障するため、ロシア連邦では、学校教育の義務性と無償性の原則が明示されている。

■義務性の原則

義務教育は基礎普通教育の修了であり、義務教育年限は11年間が標準となっている。ただし、ここでの「義務」とは、学習者の「就学する義務」や親（保護者）の「就学させる義務」を意味するものではない。「ロシア連邦教育法」は、教育が一個の人間としての成長発達に資する国民の権利であることを明確にしつつ、学習者や親（保護者）が、教育を受ける機関だけでなく、「家庭教育、自己教育および検定」といった教育を受ける「形態」を選択することを認めている。つまり、「義務」の中心的な意味は、児童生徒が所定の学習成果を習得し、適切に評価される条件を国家が整備することにある。

■無償性の原則

「ロシア連邦教育法」は、「国公立教育機関において当該段階の教育を初めて受ける場合、初等教育、基礎普通教育、後期中等普通教育および初級職業教育はすべて無償であり、中級職業教育、上級職業教育および高等後職業教育は選抜試験の結果に応じて無償である」と定めている。この規定により、ロシア連邦の国民は、義務教育を修了した後も、希望する初級職業教育を無償で受けることが可能となっている。また、中級職業教育、上級職業教育および高等後職業教育も、選

抜試験に合格し、入学が認められれば無償とされ、ソ連邦時代より続く教育の無償性の原則がすべての教育段階で維持されている。

ただし、無償で提供される教育は、連邦レベルの教育課程基準に沿った基本的な内容に限られ、その範囲を超える「補充教育」については、提供を希望する学習者から授業料を徴収することが認められている。また、中級職業教育や上級職業教育を提供する学校は、「個人や法人との間で結ばれる契約に基づき、」選抜試験を経た一般学生の定員とは別枠で、授業料や寄付金の納入を条件に入学を認める有償学生を受け入れることができる。

(3) 学校の設置認可と評価

ロシア連邦において、学校の設置は、国家（連邦・連邦構成主体）、地方自治体、個人、社会団体および宗教団体に認められている。学校の設置認可については、通常、就学前教育機関と初等中等学校の場合は連邦構成主体レベルの教育行政機関が行い、高等教育機関の場合は連邦レベルの教育科学省が行う。設置認可の具体的な手続きは、①学校設置の登録（所轄の市・地区等の教育行政機関への文書による届け出）→②児童生徒・学生募集の認可（所轄の地方教育行政機関による書類審査）→③教育水準の審査（連邦・連邦構成主体による教育成果の審査）→④正規の学校として認められる国家認定（連邦・連邦構成主体による学校認定）の4段階から成るが、②と③の間に原則3年以上の試験的な活動期間が設けられる。

国家認定を受けた学校は、正規の学校として位置付けられ、修了証書の授与権や公費補助を得ることができる。こうした国家認定は、少なくとも5年に1回のスケジュールで、すべての学校に義務づけられており、ロシア連邦における公的な学校評価となっている。具体的には、連邦や連邦構成主体は、学校の申請に基づき、①教育水準（最終学年の児童生徒の成績）、②教育課程、③管理運営の体制（校長や職員の資格など）、④教員（構成、資格、任用など）、⑤教育条件（施設設備、保健など）等の観点から審査・評価し、不十分な点があれば、当該学校に対してその改善を勧告する。勧告された学校は、12か月以内に該当する点を改善し、再審査を受けなければならない。その結果、改善が認められないと判断された場合には、国家認定を取り消されることがある。

（4）学級編制基準

　学級編制基準は，1学級当たり児童・生徒数の上限が25名と規定されている。外国語（第4～11学年），体育（第10・11学年）および物理・化学の実験の授業等には，都市部においては1学級を小人数の2グループに分けること，農村部においては1学級を20名以下とすることが望ましいとされる。

　こうした基準は，必ずしも全国一律に適用を求めるものではなく，財政基盤が脆弱な一部の学校では，1学級当たり児童・生徒数が30名程度になることがある。しかし，ほとんどの学校においては，この基準の遵守が強く意図され，必要な教員や施設・設備が不足している場合には，1学級当たり児童・生徒数を25名以下とするために2部制や3部制がとられていることが多い。

（5）児童生徒の成績評価

　一般的に，第1・2学年では，評点による成績評価は行われず，児童の学習状況について質的な評価がなされる。第3学年以降については，伝統的に評点2～5の4段階（評点3以上が合格，評点1はない）による到達度評価（絶対評価）が行われる。評価方法は，生徒個人に対する平常点と冬期休暇前と学年度末に行われる定期試験の成績を総合して学年末の総合評価がなされる。進級については，初等教育から一貫して，所定の教育課程の履修成績に基づいて決定するようになっており，これに伴い，留年・飛び級が制度化されている。また，個々の生徒の進級については，学校が最終決定を行う。

　後期中等普通教育段階においては，2009年度より，11年間の初等中等普通教育の修了試験として，統一国家試験が導入されている。これは，評価の客観性を確保するとともに，大学入学試験を兼ねることによって地方在住の優秀な生徒に大学進学の機会を拡大するねらいがある。試験の内容は，教科ごとに，A．選択問題，B．数字や語句を記入する問題，C．記述式の問題から構成される。なお，初等中等普通教育の修了には，ロシア語・文学，数学および選択科目1科目に合格することが求められている。

4　教育課程の行政

　初等中等普通教育の基本的内容は，連邦政府に作成が義務づけられた「連邦国

家教育スタンダード」と呼ばれる教育課程基準によって定められる。「連邦国家教育スタンダード」は，ロシア連邦全体で順守すべき最小限の教育内容，学習者の最大限の学習量および卒業に必要とされる学力水準の条件などが定められている。実際の教育課程は，これに基づいて各学校によって編成されるが，その趣旨は，ロシア連邦のすべての児童生徒が共通に履修すべき一定の教育内容を確保した上で，学校ごとに特色ある教育課程の編成を促進する点にある。

教科構成および時間配当は，「連邦国家教育スタンダード」に示される「基本教科課程」にしたがって，連邦構成主体や学校によって定められる。たとえば，初等教育で，連邦レベルの必修教科として，ロシア語・講読，母語・講読，外国語，数学，まわりの世界，芸術（音楽，造形美術），テクノロジー，体育があげられている。これらは，実際の学校で学習される授業科目の名称ではなく，学習されるべき教科領域を示すものであり，具体的な授業科目やその授業時数については，連邦構成主体や学校がそれぞれの実態に応じて設定できる。

また，教科構成に加えて，スポーツ・健康的活動，学芸・芸術的活動，科学的活動，愛国的活動，社会的活動およびプロジェクト活動などから構成される「課外活動」が必修とされている。これは，日本の特別活動に相当するものといえるが，その具体的な活動内容は，連邦構成主体や学校によって決定される。

5　教職員の行政

（1）教員の養成と任用

ロシア連邦の教員は，「国家予算の配分を受ける機関の職員」と位置づけられ，退職年齢が設けられていないことから，その資格については終身保障される。こうした教員資格は，原則として，所定の教員養成教育を受けた者に認められている。

教員の養成は，ソ連邦時代の体制を受け継ぎ，教育専門学校，教育大学および総合大学において行われている。教育専門学校は，修業年限2～4年の中等専門学校で，全教科を受け持つ初等教育教員（第1～4学年担当）のほか，幼稚園教員や体育，美術および音楽などを担当する教員を養成している。教育大学は，修業年限4～5年の高等教育機関で，専攻の教科を受け持つ中等教育教員（第5～11学年担当）のほか，規模の大きなところでは，幼稚園教員や初等教育教員も

養成している。総合大学は，通常5年の修業年限を有する研究大学であり，各学部の学問領域に対応した専門家の育成を第一義としているが，卒業者には，教員資格が無条件で授与され，主に後期中等教育（第10〜11学年）を担当する教員となる。

　教員の採用は，原則として，教員志願者と学校による二者間の直接契約によって行われる。その際，教員志願者は契約期間中の就労を，また学校は卒業生の専攻に応じた業務内容と住居その他の条件をそれぞれ採用時の契約で保障することが義務づけられている。別の学校での勤務を希望する教員は，個別に教員募集を行っている学校に直接応募し，新たに契約を結ぶこととなるが，前任校での資格や給与号俸は，新しい学校においても保障される。

（2）日常的な評価

　教員に対する日常的な評価は，学校の管理運営に直接の責任をもつ校長によって行われる。こうした評価は，「労働法に基づき作成される当該校との契約内容を遂行しているか」「カリキュラム・時間割に従った授業を実践しているか」「教育活動の質が一定レベルを保っているか」「教育プロセスにおいて児童・生徒の生命・健康や権利が守られているか」などの観点から行われ，校長が，当該教員の昇格，研修内容，再契約および罷免等を決定するための資料として利用される。「教育活動の質」に問題があると評価された教員（指導力不足教員）に対しては，校長や教科主任等が，当該教員の授業を継続的に観察し，教授方法等について指導・助言することが一般的に行われる。校長が必要と判断した場合，当該教員は，教育大学等が開設する教員研修コースや地域の教員グループが開催する教員セミナーなどに参加するよう指導されることもある。

（3）上位資格と人事評価

　優秀教員には，給与や労働条件について厚遇を得ることのできる「二級教員」「一級教員」「上級教員」といった上位資格が与えられる。これらは，アテスターツィアと呼ばれる資格審査に合格してから5年間の期限付きで認められる上位資格であり，その期限内であれば，別の学校に勤務する場合でも，引き続き給与や労働条件について厚遇を得ることが保障されている。

　これら上位資格は，教員本人の申請を受け，それぞれ学校，地方自治体および

連邦構成主体が設置する資格審査委員会を通して審査・授与される。資格審査委員会は，地方自治体が設置する学校に勤務する教員の場合，二級教員については申請教員の勤務校によって，一級教員については地方自治体によって，上級教員については連邦構成主体によって，それぞれ設置される。その構成や人数は，連邦構成主体又は地方自治体ごとに決定されるが，一般的には，申請教員の勤務校の校長や同僚教員，教員組合や教授法研究を行う教員グループの代表者のほか，当該地域の教育行政機関やさまざまな学術-研究団体の代表者等より構成される。

（4）教員研修

　教員研修は，ロシア連邦に118校ある教職員資質向上大学や教員研修コースを設けた教育大学等において，1〜2週間程度，勤務校を離れて行われるのが通常である。研修内容は，大きく「教育法規」「教育-心理学」「教育実践（教育方法）」といった三つの領域に分けられ，72時間を単位としたさまざまなテーマの研修プログラムが設けられている。どの機関で，どのような研修を受けるかについては，教員の自由意思に基づくとされる。研修にかかる費用は，教員の資質向上に直接の責任を有する連邦構成主体の負担であり，国公立の研修機関や教育大学等が提供するものについては，無償が原則とされている。

参考文献

大桃敏行・上杉孝實・井ノ口淳三・植田健男編『教育改革の国際比較』ミネルヴァ書房，2007年。

川野辺敏監修，関啓子・澤野由紀子編『資料ロシアの教育・課題と展望』新読書社，1996年。

河野和清編『地方分権下における自律的学校経営の構築に関する総合的研究』多賀出版，2004年。

本間政雄・高橋誠編『諸外国の教育改革――世界の教育潮流を読む　主要6か国の最新動向』ぎょうせい，2000年。

文部省編『諸外国の教育行財政制度』大蔵省印刷局，2000年。

八尾坂修編『教員人事評価と職能開発』風間書房，2005年。

（髙瀬　淳）

第18章

ニュージーランドの教育行政制度

　ニュージーランドでは，「1989年教育法（Education Act 1989）」の制定によりそれまでの重層化されていた教育行政制度が一掃され，学校分権化による新たな制度が構築された。この制度改革は，1980年代に展開されたニュー・パブリック・マネジメント（NPM）理論に基づく行政改革の一環として行われた。最大の変化は，100年以上続いた教育委員会制度が廃止され，代わって学校理事会（Board of Trustees, 以下 BOT）を核とする自律的学校経営と，その下で教育の質保証を図るための第三者評価を含む学校評価システムが導入されたことである。

1　教育行政制度の変遷

（1）地方分権的教育行政制度から中央集権的教育行政制度への転換

　イギリスの植民地となったニュージーランドは，1852年に自治領へと移行し独自の政府を樹立した。全土は六つの州に分割され，各州に州政府が設置された。このうち主要な五つの州政府（オークランド，ウェリントン，ネルソン，カンタベリー，オタゴ）が，1871年までに州教育委員会（board of education）を設置し，独自のシステムにおいて教育行政に関する権限（学校の設置や補助金の配分，学区の設定，各地域に設置された委員会［local committee］の委員の指名など）を有した。さらに，州教育委員会には視学官（inspector）が配置され，各学校の教員やカリキュラムの管理にあたった。こうして，州教育委員会を軸とした地方分権的教育行政制度が築かれた。

　しかしこの制度は，1876年の州政府制度の廃止により一変する。具体的には，「1876年教育委員会法（Education Board Act 1876）」，および「義務・無償・世俗」の初等教育制度を導入した初の全国的教育法である「1877年教育法（Education Act 1877）」の制定により，中央に教育省（Department of Education）を設置し，その下に全国共通の教育委員会制度を構築（全国10か所），さらには地域ごとの委

員会を設置した。こうして,「教育省(中央段階)―教育委員会(地方段階)－地域の委員会(学校段階)」という三層構造による新たな中央集権的教育行政制度が確立された。

(2) 1980年代の行政改革と教育改革

イギリスの EU 加盟(1973年)や二度にわたる石油危機(1973, 1979年)による貿易条件の悪化は,ニュージーランドに厳しい財政難をもたらした。政府は膨大な財政赤字を抱え,それまでの手厚い福祉国家体制を維持することはもはや限界に達していた。そして,1984年にデビッド・ロンギ(D. Lange)労働党政権が誕生し,ロンギはロジャー・ダグラス(R. Douglas)蔵相とともにそれまでの政治・経済・社会構造を大きく変革させる構造改革を断行した。これを転機として,ニュージーランドは大きな変貌を遂げることとなる。

1984年に始まった諸改革の最大のねらいは,国家支出の大幅削減にあり,政府は徹底して「手厚い福祉国家」から「小さな政府」への大変革を断行した。行政・経済・社会福祉・医療・教育の各分野にわたる諸改革では,一貫して規制緩和による市場原理の導入が図られ,政府事業の民営化も行われた。この諸改革では,行政サービスを政府と国民との間の「契約」として捉え,契約関係の効率化・透明化が重視された。この考え方は,政府と国民の関係は契約に基づくサービスの提供者と消費者の関係であり,あくまでも政府は国民のニーズに根ざしたサービスを提供し,余計な介入は一切しない,というものであった。同時に,行政サービスには常に投資に見合った成果が求められ,それゆえ成果を評価し,かつそれを国民に説明する責任(アカウンタビリティ)が求められた。この改革原理は,1988年の『ピコット報告(*Administering for Excellence*)』に基づく教育改革においても徹底して貫かれた。

「1989年教育法」が制定され,教育省を中心とする従来の三層構造による中央集権的教育行政制度から,個々の学校が大幅な意思決定権を有する学校分権化に力点を置いた制度への転換が図られた。具体的には,

① それまで中央集権的教育行政制度の中枢にあった教育省が機能別に分割,縮小された。

② 100年以上続いた教育委員会制度が廃止され,代わって公立の全初等・中等学校に保護者代表を中心に構成される学校理事会(BOT)が設置され,教育

Naitonal Education Guidelines（NEGs）				
National Education Goals	Foundation curriculum policy statements	National curriculum statements	National Standard	National Administration Guidelines

図18-1 「全国教育指針」の構成要素

行政に関する大幅な諸権限を有することとなった。
③ 規制・監査業務を担う第三者機関として「教育機関評価局（Education Review Office，以下 ERO）」が設置され，学校および BOT の「業績」評価が制度化された。

2　教育行政制度の概要

（1）全国的法規定

　教育全般に関する根本規定は，「1989年教育法」である。その60A条において，「全国教育指針（National Education Guidelines：NEGs）」が規定されている。NEGs は，教育の基本理念（National Education Goals），全国カリキュラム，全国学校経営指針（National Administration Guidelines：NAGs）を中心に構成される（図18-1）。これらにより，ニュージーランドの学校教育全体の枠組みが規定されている。なお，「2008年教育標準法（Education Standard Act 2008）」の制定により，初等教育段階における識字力・計算力といった基礎学力に関するナショナル・スタンダード（National Standard）が NEGs に加えられた。

（2）教育省とその他の教育行政機関

　現行の教育行政制度は，「1989年教育法」の制定により整備され，その後幾度かの改革を経て現在に至っている。その特徴は，第一に改革以前に教育省（Department of Education）と学校との間にあった教育委員会が廃止され，制度自体が単純化されたことである。第二に，教育省に集中していた権限が新たに設置された，いくつかの機関に明確に分権化されたことである。その結果，図18-2を見てもわかるように，教育省とその他の教育行政関係機関が同列の位置におかれていることが注目される点である。なお，ニュージーランドでは，地方自治体に教

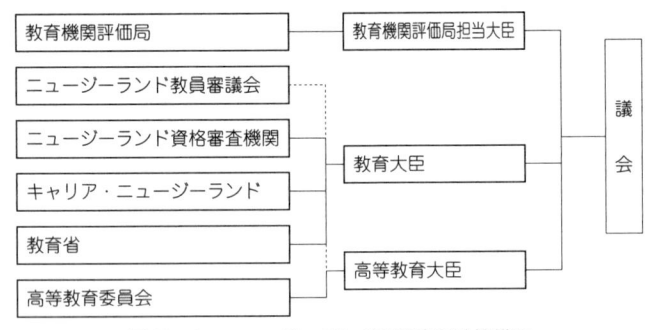

図 18-2 ニュージーランドの教育行政機構図
出典：Ministry of Education（2008）, *Annual Report 2007* をもとに作成。

育行政権限はない。

以下，各教育行政機関の機能の概要についてみていく。
① 教育省（Ministry of Education）
　教育行政に関する全般的な権限を有していた「1989年教育法」制定以前の教育省とは異なり，改革後の教育省の任務は政策立案，政策実施過程の監督，および効果的な財源配分とその運用に関する助言に集約されている。その他の権限は，エージェンシー方式により以下に示す関係諸機関に分権化されている。
② 教育機関評価局（Education Review Office：ERO）
　EROは，教育機関の第三者評価を行うための，教育省から独立した専門機関として「1989年教育法」により設置された。ERO による第三者評価は，「生徒に対する教育の質の改善に寄与すること」および「学校レベルにおいては学校が，また全国レベルでは政府の政策立案者が，よりよい政策決定を行うのに貢献すること」を主たる目的としている。さらに，ERO では教育制度全般にかかわる全国的な教育課題に関する研究・調査も実施している。ERO は，教育機関評価局担当大臣に対し国全体の教育水準に関する情報，および教育政策に対する助言を提供することを意図している。
③ ニュージーランド教員審議会（Teachers Council：TC）
　TC は，教員政策の立案・実施の中枢を担っている機関である。ニュージーランドでは，日本のような教員免許制度は設けられておらず，代わって TC が管理する「教員登録制度（Teacher Registration）」が運用されている。教員養成段階を修了した後，実際に教職に就くためには「教員登録」を行う。教員登録は 3 種

類に区分されており，①暫定的登録教員（Provisional Registration），②要承認登録教員（Subject to Confirmation），③完全登録教員（Full Registration）となっている。教員養成段階修了後，初めて教員登録をする場合は上記①となり，いわゆる仮登録教員として学校に勤務する。暫定的登録教員は週12.5時間以上，2年以上の経験を積むと，正式に有資格教員である上記③として登録申請することができる（なお，上記②はかつて完全登録教員であったが，何らかの理由で教職に就いていない者が再度教職に就く際の登録カテゴリーである）。教員登録に必要な手続きが完了するということは，「教員登録に必要な要件を満たし，ニュージーランドの教育制度内において教職に就くことが法的に可能である」と証明されたことを意味し，TC から教員就労許可書（Practicing Certificate）が発行される。教員就労証明書には有効期限が設けられており，登録の種類によって違いがあるが概ね3年間で更新が必要となる。当然のことながら，更新に当たっては教員としての適性が審査されることになる。こうした教員登録制度の運用・整備を含めた教員政策の立案・実施に関して，TC が中心的役割を果たしているのである。

④ ニュージーランド資格審査機関（New Zealand Qualification Authority：NZQA）

　NZQA は，学術および職業に関する資格の基準（National Qualification Framework）を設定・開発し，その水準を定期的に評価する任務を担っている。学校卒業資格，上級教育資格，大学入学および奨学金取得資格などのための全国試験（National Certificate of Educational Achievement：NCEA）に関する業務も，NZQA の主要な業務である。大学等の資格取得にかかわる教育プログラムの提供者は，必ず NZQA の認可が必要となる。

⑤ キャリア・ニュージーランド（Career NZ）

　キャリア・ニュージーランドは独立した政府機関であり，人生のさまざまな機会ごとのキャリア計画の立案の重要性を鑑み，国民に対してキャリア教育や職業に関する情報提供，アドバイスを提供している。

⑥ 高等教育委員会（Tertiary Education Commission：TEC）

　TEC は，政府とともに高等教育に関する政策開発・実施を促進する役割を担っている。大学，ポリテクニク，ワナンガ，私立高等教育訓練機関，職業訓練機関，成人・コミュニティ教育提供者などへの，高等教育および職業訓練に関する教育予算の配分に関して責任を有している。加えて，高等教育機関の自律的経営および自己改善を支援する機能も有している。すべての高等教育機関および職

業訓練機関は，TEC の傘下にある。

3　初等・中等学校の経営・管理

(1) 学校制度

　はじめに，ニュージーランドを概観しておく。面積は日本の約7割（約27万平方キロメートル），人口は約447万人である。人口の約8割がヨーロッパ系民族で，残りが先住民であるマオリ，南太平洋島嶼系民族（サモア，クック諸島，トンガ等），アジア系民族等で構成される多民族国家である。主要言語は英語であるが，「1987年マオリ語法（Maori Language Act 1987）」の制定により，マオリ語も公用語として認められている。

　義務教育は6歳から16歳までの10年間であるが，5歳の誕生日を過ぎれば学校に入学することができる。8年間（第1学年～第8学年）の初等教育（初等学校［primary school］8年間，もしくは初等学校6年間と中間学校［intermediate school］2年間）を終え，5年間（第9学年～第13学年）の中等学校（secondary school）に進む。学校のほとんどが公立学校で，私立学校は全体の4％程度である。この他，マオリ文化維持の目的から設立された，すべての教育活動をマオリ語で行う学校（kura kaupapa Maori など）もある。また，ホームスクーリングも法的に認められている。高等教育機関には，大学，ポリテクニク（実務資格の取得を目的とした高等教育機関），ワナンガ（マオリの慣習に従って，マオリの文化・伝統を学び実用化していくための高等教育機関），私立の高等教育訓練機関がある。

　2014年現在，初等・中等教育にかかわる学校（初等学校，中高一貫校［composite school］，中間学校，中等学校，通信制学校［correspondence school］，特殊学校［special school］）の総数は2,532校で，全生徒数は約76万7,000人となっている。特に初等教育においては小規模校が多く，公立初等学校の約3割が全校生徒数50人以下の学校である。

(2) 学校理事会制度（BOT）

　「消費者のニーズにあったサービスを提供する」という改革原理に則って，学校の意思決定段階に直接保護者や地域住民が参加することにより，学校の教育活

動に対して保護者や地域の教育要求を最大限反映させるという考え方を具体化したのが，学校理事会（BOT）制度である。BOT は，公立の全初等・中等学校および統合学校に設置が義務づけられている。1989年5月に最初の BOT 委員を選出する選挙が行われ，BOT 制度が導入された。
① 構　　成

各 BOT は，学校に在籍する生徒の保護者代表3～7名，校長，教職員代表1名，生徒代表1名（中等学校），共同選出による代表（保護者代表の数を超えない範囲）などを中心に構成される。共同選出とは，本来，民族性や性別からみた委員構成の均衡を保つため，もしくは BOT の職務に特に必要とされる能力を有する者（弁護士や会計士など）を加えるための手段である。

BOT 制度は，学校の意思決定段階に保護者や地域住民が直接参加することにより，保護者や地域の教育要求を反映させることを第一のねらいとしている。それゆえ，ニュージーランドの多民族性から考えると，委員となる保護者や地域住民の経済的・社会的・民族的背景は，当然，多様であり，そのバランスが考慮されなければならない。だが，実際には保護者や地域の教育要求には民族的相違があり，その民族性に対する公正の保持は課題の一つとなっている。

委員の改選は3年に1度行われる。基本的には，保護者や地域住民からの立候補を募り選挙が実施される。全国一斉に行われる各学校での選挙運営のコーディネート，および新たに委員となった者への研修は，教育省との契約により BOT の全国組織であるニュージーランド学校理事会協会（New Zealand School Trustees Association）が担当する。
② 権　　限

BOT は，各学校の全教育活動に関する政策の立案や予算の運用・管理などを行い，学校経営の最終的な責任を負う。さらに，教育省との連絡調整機関としての役割も持つ。「1989年教育法」の第75条および第9章（92～119条）は，BOT の組織や機能，責務などについて規定しており，かつ全国的な枠組みとして「全国学校経営指針（NAGs）」が作成されている。そこでは，BOT は校長を含む学校の教職員の「雇用主」と明記されており，校長・教員や事務職員の採用，報酬，懲戒，罷免といった人事に関する事項やカリキュラム編成等，学校経営に関するすべての事項は，BOT の全体会議を経て決定される。
③ チャーターの作成

BOT が大幅な権限を有するだけに，その責任を明確にする必要がある。そのため BOT は，学校の教育目標，人事・財政・財産管理等についての方針，BOT の活動内容等を，保護者や地域，さらには教育省に明示することが義務づけられており，それらを記載したチャーター（Charter）を作成しなければならない。チャーターは，「全国教育指針」と「全国カリキュラム」の範囲内で立てられる学校の教育活動，人事，財政，財産管理，施設設備などに関する方針・目標を示したものであり，BOT の活動の基盤となるものである。BOT が保護者や地域との協議の上作成し，さらに教育省の認可を受けることになっている。これは，保護者や地域に対する学校経営の透明性と，学校の教育活動に対する保護者や地域の教育要求の反映を確保するための手段である。さらに，チャーターに記載されたことが遵守されているかどうか，また学校が生徒に効果的な教育を提供しているかどうかは，ERO により評価される。

（3）学校評価と学校支援

こうした BOT を学校経営主体とする自律的学校経営システムを展開していく上では，その質保障が鍵となる。それゆえ，自律的学校経営システムを支えるために，学校による自己評価と ERO による第三者評価を両輪とする学校評価システムが義務化され，かつ学校評価システムと連動した学校支援システムが整備されている。

① 自 己 評 価

自己評価の義務化は，「全国学校経営指針（NAGs）」に規定されている。NAGs の第2項では，BOT および校長・教職員に対して，①カリキュラム編成や教育活動，教職員の職能開発を通じて，学校が効果的な教育活動を展開するための戦略計画の作成，②生徒の学習達成度についての状況分析を含め，①についての達成度（もしくは目標と達成の不一致度）についての継続的な評価の実施，③生徒の学習達成度についての本人および保護者への報告と，生徒集団全体の学習達成度についての地域への報告，の3点を求めている。

これらを確実に実施していくために，2003年より「学校計画の立案と報告に関する枠組み（Planning & Reporting framework：PRF）」（図18-3）が導入されている。PRF は，計画段階―評価段階―報告段階から構成される。PRF のねらいは，第一に各学校における PDCA サイクルの徹底にあり，「学校計画の立案―

```
┌─────────────────────┐  ┌─────────────────────┐  ┌─────────────────────┐
│   計 画（Plan）      │  │   評 価（Check）     │  │   報 告（Report）    │
│ 1) チャーターの作成義務 │  │ 1)「戦略計画」に対する自│  │ 1) 生徒の学習到達度につ│
│    （1989年教育法61条）│  │    己評価の実施義務   │  │    いての評価結果の保護者│
│ 2)「戦略計画」の作成義 │  │   （NAGs 2項）       │  │    等への報告義務     │
│    務（NAGs 2項）    │  │ 2) 生徒の学習到達度につ│  │   （NAGs 2項）       │
│ 3) 長期学校経営計画の立│  │    いての評価（NAGs 2項）│ │ 2) 学校財務報告書および│
│    案義務           │  │ 3) 年1回のチャーターの│  │    更新されたチャーターの│
│    （1989年教育法61条）│ │    評価・更新義務    │  │    教育省への提出義務 │
│                     │  │    （1989年教育法61条）│  │    （1989年教育法87条）│
└─────────────────────┘  └─────────────────────┘  └─────────────────────┘
```

図18-3　Planning & Reporting framework の概要

目標の焦点化―教育活動の展開―目標の達成度評価および結果の分析―次年度の教育計画の立案―国・保護者への報告」を一連の流れとして，すべての学校において展開することを求めている。第二に，生徒の成績データに基づき，生徒の学習達成度向上のために学校予算の配分および教職員の役割分担を確実に行うことを徹底させることにある。教育省は自己評価の基本的な捉え方として，「学校開発＝自己評価＝戦略的計画の立案」と明示しており，自己評価を学校改善・学校開発のツールとして明確に位置付け，それがスムーズに展開されるようにPRF というフレームを規定しているのである。

　加えて，PRF では PDCA サイクルにおけるエビデンスの重視を徹底して求めている。ここでいうエビデンスとは，①生徒の学術的・社会的成果と行動・態度の因果関係の分析結果，②成績評価，教員による観察，生徒の作成物のサンプル，生徒・家族・ファナウ（whanau，拡大家族）の声，などをもとに集められた生徒の学習達成の進捗状況に関するデータと情報，③学校外での生徒に関する情報，および生徒の社会活動に関する情報を組み合わせたものとされている（MOE, 2005）。

② 第三者評価

　「1989年教育法」以後の教育行政制度では，人事・財政を含めた大幅な権限を学校段階（BOT）へ委譲し，BOT の意思決定権を強めるのと同時に，BOT に対して説明責任を確保することが求められた。これを具体化する一つの手段が，教育機関評価局（ERO）による第三者評価である。

　ERO は，ホームスクーリングを含む就学前教育段階から初等・中等教育段階までの全教育機関を対象に，概ね3年に1度（ただし評価結果にもとづき，評価

の頻度は学校により異なる）第三者評価を実施している。評価は，EROの地方事務所に配属されている約150名の調査官が担当地域の学校の訪問調査を行い，その結果を評価報告書にまとめる。作成された報告書は，原則として一般への公開が可能であり，新聞等に掲載される例も少なくない。それゆえ，保護者や生徒による学校選択の際の資料として活用される場合もある。

報告書で重大な問題が指摘された場合は6カ月以内にEROによる再調査が行われる。その再調査において報告書の勧告に基づく改善がみられない場合は，教育省はその学校のBOTを解雇し新たなBOTを再組織させる措置をとることができる。抜本的な学校の建て直しを図るためだが，こうした例は毎年数件ながらある。つまり，EROによる第三者評価は，各学校に対して客観的に改善が必要とされる点を指摘し，学校自身では改善が困難な学校に対しては公的な支援を得て学校を改善していく道を提供し，さらに教育省に対しては教育政策の立案に必要な情報を提供しているのである。

③ 学校改善支援体制の整備

「1989年教育法」の制定を契機にBOTを核とする自律的学校経営が導入され，そのアカウンタビリティの確保の観点からPRFを活用した学校による自己評価の徹底と，EROによる第三者評価の制度化が図られてきた。そして，さらにそれらを融合させるアクターとして，学校に対する支援機能の整備が展開されてきた。

自律的学校経営の円滑な推進のためには，経営主体を支える何らかの専門的支援体制が不可欠である。その整備が求められた結果，民間を含めた多様な支援機関が乱立する結果となり，「競争」は支援機関間でも活発化した。支援機関には大学，支援機関，個人コンサルタントなどがあり，教育省が契約方式で競争的資金を提供し，その財政支援を行っている。学校に対する支援は，①自己評価力を高めるための研修プログラムの提供（研修機能），②個々の学校経営の状況に応じたコンサルテーション（コンサルテーション機能），③危機的状況にある学校に対する教育省による法的介入（学校介入），などがある（図18-4）。全国的に多様な支援提供者が存在しているため，学校（BOT）が日常的に発生する学校経営上の問題やカリキュラム上の課題などの解決の糸口を，専門的な助言によって見出すことは難しいことではない。また，支援の多くが無料で提供されていることも，学校にとって支援が身近なものとなっている要因である。

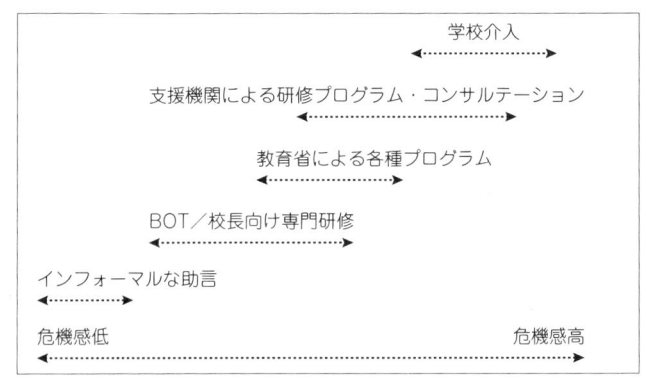

```
                       学校介入
                    ←·············→
          支援機関による研修プログラム・コンサルテーション
          ←·····································→
              教育省による各種プログラム
          ←·····························→
      BOT／校長向け専門研修
   ←·····················→
インフォーマルな助言
←···········→
危機感低                                      危機感高
←─────────────────────────────────────────→
```

図18-4　学校改善支援の内容

出典：筆者作成。

4　教育行政の改革動向と今後の課題

　2010年1月，初等学校での基礎学力の底上げをねらいとして，ナショナル・スタンダード（National Standards）が導入された。ナショナル・スタンダード導入のねらいは，大きく二つ指摘することができる。第一に，初等学校（第1～8学年）における読み書き算についての達成目標とその達成時期を示すことによって，国全体の基礎学力の向上を目指すことである。第二に，生徒一人ひとりの達成状況を教員が把握するとともに，それを保護者に対して定期的に報告することを徹底することにある。保護者への報告は特に重視されており，生徒が学校でどのように学習し，また学校が生徒のニーズにどのように対応しているのかについての保護者の理解を深めることにより，学校教育と家庭学習との連携を深めることを意図している。

　このナショナル・スタンダードの導入をめぐっては，教員組合などの関係諸団体をはじめとして国全体を巻き込んだ大きな議論が現在も展開されている。ナショナル・スタンダードは準備万端で導入されたとは言い難く，議論半ばでの導入が断行されたと言っても過言ではない。ナショナル・スタンダードは，初等学校を対象としたものであるが，当然のことながらその影響は中等学校を含め教育全体の方向性に影響を与えるものである。この政策の今後の展開において，より広い角度から多角的に検討する必要があることは間違いない。

参考文献

自治総合センター『ニュージーランド地方行政事情』，1994年。

Department of Education, *Administration of Education in New Zealand*, 1988.

Ian A. McLaren, *Education in a Small Democracy : New Zealand*, Routledge & Kegan Paul Ltd., 1974.

Ministry of Education, *Schooling in New Zealand : A Guide*, 2001.

Ministry of Education, *Making Bigger Difference for all Students : Schooling Strategy 2005-2010*, 2005.

Ministry of Education, *National Assessment Regional Seminars Presentation*, 2008.

New Zealand Government, *Education Act 1964*, Government Printing.

Taskforce to Review Education Administration, *Administering for Excellence*, 1988.

（福本みちよ）

第19章

フィンランドの教育行政制度

　フィンランド共和国は，北欧に位置する人口530万人ほどの小国である。OECD（経済協力開発機構）が2000年より実施している国際学力調査（PISA：Programme in International Student Assessment）において好成績を収めたことから，教育国として，わが国でも広く知られることとなった。国際学力調査における好成績の背景的要因として，1960年代に構築された教育制度とともに，1990年代に進められた教育行政改革の影響が指摘されたことから，その教育行政のあり方にも国際的な注目が集まっている。

1　学校教育制度

（1）義務教育制度と学校教育体系

　フィンランドの義務教育は，7歳から16歳までの9年間，若しくは基礎学校（Peruskoulu）を修了するまでの期間提供される。加えて，1年間の就学前教育（Esikoulu）についても，国が地方自治体に対しすべての子どもに機会を保障することを義務づけているが，就学については任意である。就学前教育は，デイケアなど幼児教育施設や基礎学校において提供されている。

　フィンランドの学校教育は，初等および前期中等教育段階の基礎学校，後期中等教育段階の高等学校（Lukio）・職業学校（Ammattikoulu），高等教育段階の大学（Yliopisto）・専門大学（AMK：Ammattikorkeakoulu）から構成される。

　義務教育段階となる基礎学校は，隣国であるスウェーデンの影響を受けて進められた1960年代の改革の結果生まれたものであり，誰もが同じ学校で学ぶという総合制の理念に基づいている。当初，6年間の初等教育段階と3年間の前期中等教育段階とに分かれていたが，1998年の基礎教育法改正により，9年一貫制となった。施設上の問題から，今なお，初等教育段階のみ，あるいは，前期中等教育段階のみの学校として存在しているケースも多いが，新たに設置される学校は

9年一貫の形で設立されている。

　基礎学校を修了した生徒のうち卒業後すぐに進学した者の割合は91％であった（2010年）。なお，義務教育から後期中等教育段階への移行の際に，「第10学年」と呼ばれる付加的な教育プログラムが用意されている。これは，進学するための条件を満たすことのできなかった生徒や＊，希望する学校に入学することのできなかった生徒，進路を決めることのできなかった生徒らに学習の場を提供するものである。

　　＊たとえば，高校（ルキオ）への進学を目指す場合，4－10の7段階で行われる評価において，平均7.0以上を取ることが求められる。

　後期中等教育段階は，普通教育を提供する高校（ルキオ）と職業教育を提供する職業学校とに分かれている。義務教育を修了し後期中等教育段階へと進学する生徒のうち，高校に進学する生徒は55％，職業学校に進学する生徒は45％である（2010年）。高校では大学入学資格試験（Ylioppilastutkinto）に合格することが，職業学校では基礎職業資格を取得することがそれぞれ目指されている。但し，近年では，職業学校において，職業資格の取得と並行して大学入学資格試験合格を目指すコースを設置するところが出てくるなど，両者の区分の弾力化が進んでいる。なお，いずれも単位制であり，2～4年間が在学期間の目安とされている。

　高等教育段階には，学術志向の大学と職業志向の専門大学（AMK）という2種の機関がある。大学は，かつてはすべて国立であったが，2009年の大学法改正により，2010年以降は，法人もしくは財団（実質的には私学）により運営される機関となった。すべての大学は教育と研究に従事するほか，地域開発においても重要な役割を担っている。もう一方の専門大学（AMK）は，民間，地方自治体等により設置されている。大学同様，教育と研究，地域開発に従事するが，①その教育がより実践的であること，②その研究がより応用的であること，③地域開発における役割が特に強調されていることにおいて特徴的である。

　なお，大学に進学するためには，大学入学資格試験に好成績で合格することおよび個別に実施される大学の入学者選抜試験に合格することが求められる。一方，専門大学（AMK）は，①大学入学資格試験に合格している者，②基礎職業資格若しくは同等の資格をもつ者，③職業成人教育法に示された基礎職業資格・継続職業資格・専門職業資格のいずれか，若しくは同等の資格をもつ者，④海外で高等教育に進学する資格を満たす教育を受けてきた者のいずれかの条件を満たした

第19章　フィンランドの教育行政制度

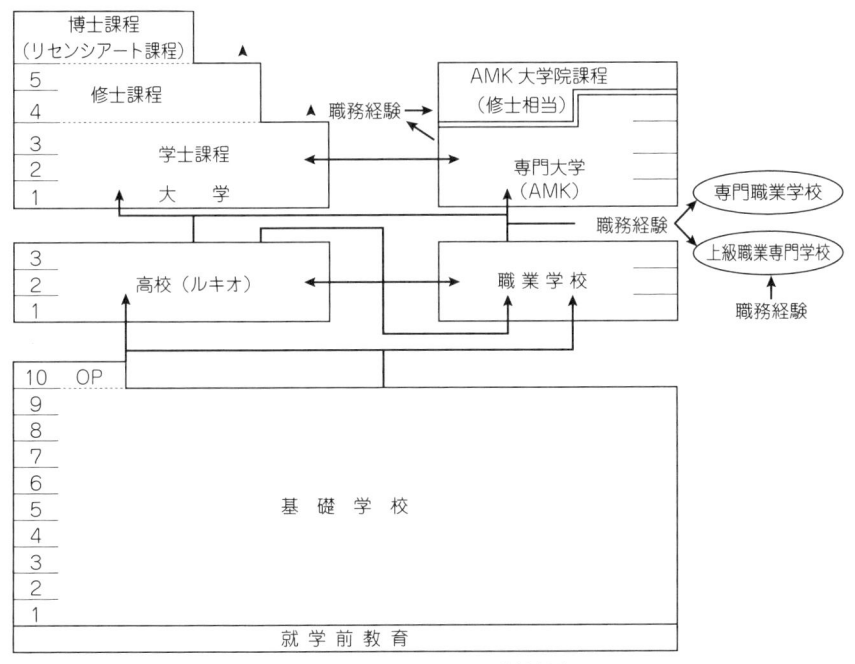

図19-1　フィンランドの学校制度図

うえで，各専門大学が実施する入学者選抜に合格する必要がある。

　高等教育機関の在学期間はかつては柔軟なものであったが，欧州で進められたボローニャ・プロセスと呼ばれる高等教育改革により，学士3年・修士2年のプログラムに再編されている。

（2）無償制の原則

　フィンランドの教育は，無償制が採られており，就学前教育段階から高等教育段階に至るまでその原則が貫かれている。学費に加え，学校で提供される給食費なども無償であり，教育の機会均等への配慮がなされている。この原則は，国籍にかかわらず遍く適用されてきたが，2010年以降，高等教育機関の一部プログラムにおいて，EU/EEA（欧州連合／欧州経済領域）圏外からの留学生に対し，授業料を課すことも可能となっている。

表19-1 学校設置者別児童生徒数・学校数およびその割合 (2009年)

			私立	国立	自治体立	自治体連合立	自治領立
基礎学校	学校	数	88	30	2952	11	25
		%	2.8	1	95	0.4	0.8
	児童生徒	数	14,469	7,519	530,384	396	2,887
		%	2.6	1.4	95.5	0.1	0.5
ルキオ	学校	数	37	10	382	10	1
		%	8.4	2.3	86.8	2.3	0.2
	児童生徒	数	10,556	2,487	96,129	2,449	411
		%	9.4	2.2	85.8	2.2	0.4
職業学校	学校	数	87	—	15	39	—
		%	61.7		10.6	27.7	
	児童生徒	数	29,999	—	24,578	93,682	—
		%	20.2		16.6	63.2	

出典：Kumpulainen, Timo (2010) *Koulutuksen määrälliset indikaattorit 2010*, Tampere : Tamperprint Oy.

（3）公立学校中心の学校教育

　義務教育段階では，ほとんどの学校が公立である（表19-1参照）。私立学校は，一般に独立学校（Yksityiskoulu）と呼ばれる。義務教育段階においては，①キリスト教など宗教系の学校，②シュタイナーやフレイレなど特定の教育思想や教育方法に基づく教育実践を行っている学校，③外国語を教授言語とする学校，④外国に所在するフィンランド学校などが主であり，多様な教育を提供することにおいて，公立学校を補完する存在としての役割を担っている。なお，教育の無償制の原則のもと，私立学校であっても授業料は徴収されない。

（4）バイリンガルな学校教育体系

　フィンランドは，フィンランド語とスウェーデン語という二つの言語を公用語とするバイリンガル国家である。（先住民族であるサーミ人の母語であるサーミ語も準公用語とされている）。スウェーデン語を母語とする国民の割合は人口の5％程度であるが，学校教育体系においても二言語主義が徹底されており，フィンランド語系の学校とスウェーデン語系の学校ともに，就学前段階から高等教育段階まで整備されている。これは，教育機会において，言語による格差が生じないようにとの配慮に基づいて制度設計がなされていることによる。

表19-2 教育に関する裁量の変遷 (1972年～1980年～2005年)

	1972	1980	2005
授業時間配分	国家普通教育委員会	内閣	内閣
カリキュラム	国家普通教育委員会	国家普通教育委員会	国家教育委員会／学校（理事会）
学級規模	内閣	内閣	自治体
設置			
小学校	国家普通教育委員会	自治体	自治体
中学校	国家普通教育委員会	教育省	自治体
高等学校	国家普通教育委員会	教育省	自治体
職業学校	教育省	教育省	教育省
教員採用	自治体／国家普通教育委員会	自治体／国家普通教育委員会／国家職業教育委員会／教育省	自治体
教員の資格要件	内閣	内閣	内閣
教科書	国家普通教育委員会	国家普通教育委員会／国家職業教育委員会	学校（理事会）
国家予算	国家普通教育委員会	国家普通教育委員会／国家職業教育委員会	教育省
学校への予算配分	国家普通教育委員会	国家普通教育委員会／国家職業教育委員会	自治体

出典：Erkki Aho, Kari Pitkänen and Pasi Sahlberg (2006) *Policy Development and Reform Principles of Basic and Secondary Education in Finland Since 1968.* Washington DC: World Bank, p. 42.

2010年現在，スウェーデン語を教授言語とする274校の基礎学校に3万2,400名の児童生徒が，34校のルキオに7,000名の生徒がそれぞれ在籍しているほか，スウェーデン語で提供される後期中等教育段階の職業教育プログラムを7,300名の生徒が受講している。

2　教育行政機関

(1) 中央と地方の役割分担

かつてフィンランドの教育行政は，中央の教育行政機関の力が強大であったことから，極度に中央集権化されたシステムと評されていた。しかし，1980年代末以降，小さな政府を志向する行政改革のもと急速に進んだ分権化が教育において

第Ⅲ部　諸外国の教育行政制度

も進んだことにより，中央教育行政機関と地方教育行政機関が果たす役割は変化している（表19-2参照）。

　表19-2に示したとおり，国が担ってきた教育内容に関する裁量の多くは，より現場に近いところへと移譲されている。これにより，国が定めた目標をどのような方策やプロセスでもって実現するかについては，自治体や学校に任されることとなった。

（2）中央教育行政機関

　フィンランドには，中央教育行政機関が二つ存在する。一つは教育文化省（Opetus- ja Kultuuriministeriö：OKM）であり，もう一つは国家教育委員会（Opetushallitus：OPH）である。

　教育文化省は，教育・科学技術・文化・スポーツ・青少年問題を所管する省である。同省には，教育大臣と文化大臣という2名の大臣がおり，前者が教育と研究を，後者が文化・スポーツ・青少年問題・著作権・学生の経済支援をそれぞれ担当している。教育文化省は，上記領域にかかわる政策立案と予算編成を定めることを主な使命としているほか，高等教育および研究開発・科学技術も所管する。

　国家教育委員会は，就学前教育・義務教育・中等教育・職業教育訓練の実施に関して責任を持つ。高等教育は，基本的に管轄外であるが，入学者選抜にかかわる問題については担当している。具体的な業務として，教育課程基準の編成，職業資格の設定，教育に関する調査研究，統計情報等の収集・管理・提供，これらの実施にかかわる支援などがある。

　国家教育委員会は，かつて国家普通教育委員会（Kouluhallitus）と国家職業教育委員会（Ammattikasvatushallitus）という二つの機関として存在した。それらの教育の実施における裁量は極めて大きなものであり，中央教育行政機関として地方自治体や学校に対し強大な影響力を持っていた。しかし，1991年の組織改編後，その裁量は縮小され，自治体や学校の支援を行う専門機関・諮問機関へと姿を変えている。なお，国家教育委員会のトップである委員長は，公募に応じた候補者の中から選ばれ，政府が任命する。

　その他の国レベルの機関として，教育評価会議（Koulutksenarviointineuvosto）がある。評価関連業務を担う機関であるが，学校評価等，機関レベルの評価は行わない。主たる業務は，学校教育（初等・中等教育）・職業教育・成人教育分野

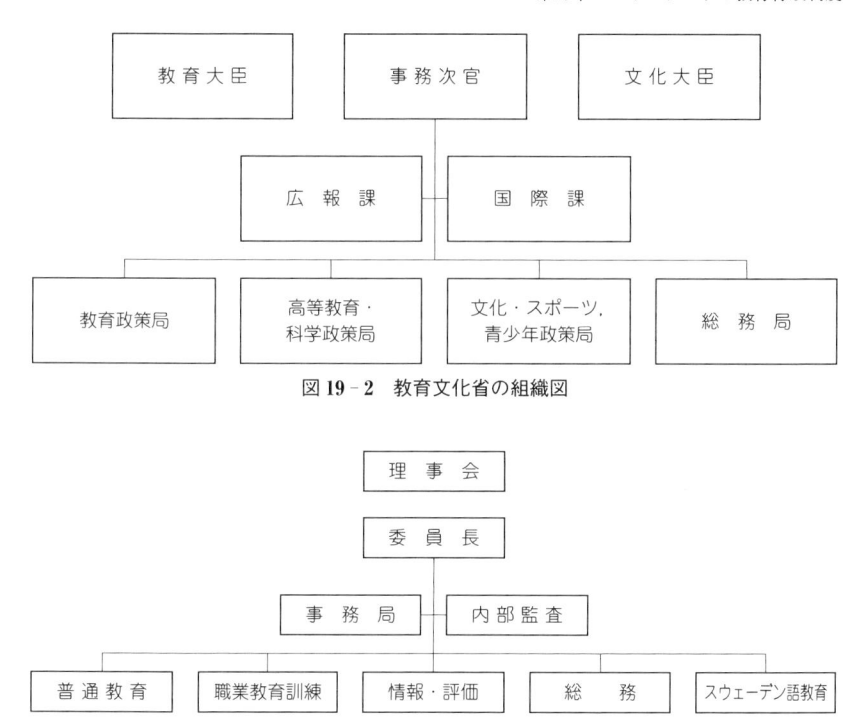

```
         ┌─────────┐   ┌─────────┐   ┌─────────┐
         │ 教育大臣 │   │ 事務次官 │   │ 文化大臣 │
         └─────────┘   └─────────┘   └─────────┘
                  ┌────────┬────────┐
                  │ 広報課 │ 国際課 │
                  └────────┴────────┘
    ┌────────┬──────────┬──────────────┬────────┐
    │教育政策局│高等教育・ │文化・スポーツ・│ 総務局 │
    │        │科学政策局 │青少年政策局   │       │
    └────────┴──────────┴──────────────┴────────┘
```

図 19-2　教育文化省の組織図

```
              ┌─────────┐
              │ 理 事 会 │
              └─────────┘
              ┌─────────┐
              │ 委 員 長 │
              └─────────┘
         ┌─────────┬─────────┐
         │ 事務局  │ 内部監査 │
         └─────────┴─────────┘
  ┌──────┬────────┬────────┬──────┬──────────┐
  │普通教育│職業教育訓練│情報・評価│総 務│スウェーデン語教育│
  └──────┴────────┴────────┴──────┴──────────┘
```

図 19-3　国家教育委員会の組織図

の評価およびその開発であり，教育文化者と連携しつつも，独立した形でこれらを担う。またこうした業務を通じて教育の機会均等の原則が維持されているかをチェックしたり，評価に関わる活動を支援したりする。

　教育評価会議は，事務局と委員会から構成されている。事務局には専任職員が8名配されており，日常的な業務を担う。一方，委員会は教育文化省によって任命された委員（14名が上限）から構成され，大学教員，専門大学（AMK）教員，地方自治体連合の代表，経済団体代表，自治体の教育行政関係者の代表，職業教育機関代表，教員組合の代表，労働組合の代表，学生代表，国家教育委員会委員長などが含まれる（2012年現在）。

（3）地方教育行政機関

　フィンランドの基礎自治体は市町村レベルであり，クンタ（kunta）あるいはカウプンキ（kaupunki）と呼ばれる。基礎自治体が担うサービスとしては，教育

のほか，社会福祉・保健，社会基盤の維持管理がある（財務総合政策研究所，2006，675頁）。自治体が提供する教育サービスには，就学前教育，基礎教育（初等・前期中等教育），後期中等教育，職業教育，高等職業教育（専門大学のうち，自治体が設置者となっている機関），成人教育，青少年活動，余暇・スポーツ活動，図書館サービス，芸術文化活動などが含まれる。

　市町村レベルの自治体であるクンタが基礎教育と1年間の就学前教育を提供する義務を負うことは，基礎教育法第4条において規定されている。地方分権化以降，基礎自治体の裁量が大きいことがフィンランドの教育の特徴とされており，学校に対する予算の配分，教職員人事，学校運営のほか，教育目標の設定，教育課程の編成，学校評価などにおいても重要な役割を果たしている。なお，自治体の規模が小さいフィンランドでは複数の自治体が連合体（Kuntayhtymä）を組織してサービスの提供にあたることがある。これは，特に後期中等教育において一般的である（表19-1参照）。

　基礎自治体において，教育行政を担うのは議会の文教関連委員会と，自治体の文教関連部局（教育局，教育事務所などと呼ばれる）である。日常的な事務を担うのは，自治体の文教関連部局であるが，意思決定においては，議会の影響力が大きい。地方議会議員は，無報酬であり，兼職も一般的であることから，現職教員が議員となる場合もある。

　教育行政上の「地方」として，かつて州（ラーニ）があった。国の出先機関としてのものであるが，教育担当部局も置かれ，各学校を監督する視学制度を担うなど大きな役割を果たしてきた。地方分権化により視学制度が廃止された後，その業務は縮小され，2009年には州という単位そのものが廃止された。

3　教育課程行政

　教育課程の編成において国レベルの基準となるのは，「全国教育課程基準（Opetussuunnitelma perusteet)」である。就学前教育，基礎教育，高等学校，職業学校と学校種別に編成される。

　最初の国レベルの教育課程基準が作成されたのは，1970年であり，以降，ほぼ10年周期で改定が行われている。1994年の改定の際には，当時進行中であった行政改革による分権化の流れを受け，教育課程も大綱化されている。結果として，

「教育課程基準」は，教育内容を細かに示すものではなくなり，教育内容に関する権限は，国から学校設置者として義務教育の提供を担う基礎自治体へと大幅に移されている。

「全国教育課程基準」の編成に先立ち，教育目標（修得を目指す力：コンピテンシー）と各教科の授業時数配分が定められる。これは，基礎教育法第14条に基づくものであり，「基礎教育における国家目標と授業時数に関する政令」（*Valtioneuvoston asetus perusopetuslaissa tarkoitetun opetuksen valtakunnallisista tavoitteista ja perusopetuksen tuntijaosta*）として，法的に規定される。ここで示された方針に基づき，「全国教育課程基準」が編成される。

教育課程の策定にあたって中心的な役割を担うのは国家教育委員会である。実際，「全国教育課程基準」の主たる内容である各科目の目的と内容，教科横断的テーマ学習，生徒指導・進路指導，基礎教育法に関係する教育活動，家庭と学校の連携，子どもの福祉等については，国家教育委員会が決めることが「基礎教育法」に記されている（第14条2項）。

国家教育委員会は，この規定を踏まえ，作業部会と教科別に組織された教育課程班，地域ごとに組織された連携ネットワークを設置して実際の編成作業に当たる。これらには，研究者等専門家や現職教員，教育行政関係者らが参画している。

なお，「全国教育課程基準」の各教科の記述には，目標・内容・期待される成果（到達目標）が示される。期待される成果は，4-10の7段階で実施される評価の「8」相当に置かれており＊，好ましい水準にあることを示している。したがって，これは，進級の判断等の基準として設定されたものではない。その他，評価の方法，学習支援体制などについての記述も含まれている。

＊評価は，4-10の評点についての定義は，それぞれ，4は不合格（Hylätty），5は及第（välttävä），6はまあまあ（kohtalainen），7は普通（tyydyttävä），8は良い（hyvä），9は非常に良い（kiitettävä），10は優秀（erinomainen）である。

国レベルの「全国教育課程基準」を受け，各自治体は地方カリキュラムを策定する。そのプロセスには教員らが参加する。さらに，都市部などを中心に学校レベルのカリキュラムを策定するところもある。

設定した「全国教育課程基準」がきちんと機能しているかどうかをチェックするのは全国学力調査である。1998年に導入された同調査は，学校単位の抽出調査の方式で概ね2年に一度実施されている。これにより教育課程の実施状況の把

握・検証と，政策評価・事業評価を行い，教育における平等と公正が図られているかどうかを監督する。

4 教育財政

フィンランドにおいて，義務教育にかかわる費用は国と地方が分担して負担している。義務教育費は，児童・生徒1人当たりにかかる平均コストに基づいて算出されたユニット・プライスに基づいて決定される。へき地や島嶼部，スウェーデン語話者が多く住む地域などには，予算算出の際にウェイト付けがなさるなど，財政面においても機会均等への配慮がなされている。

義務教育費のうち国庫負担分は，国から各自治体へと移転される。しかし，その使途は教育費に限定されてない（特定補助金としてではなく，一般補助金として配分されている）。そのため，自治体は，教育費として配分された予算を，行政サービスや社会基盤整備，社会福祉サービスなど，自治体が担うその他のサービスのために用いることができる。但し，学校新設などにかかわる施設設備費やプロジェクト予算と呼ばれる政策誘導型の予算（近年では，学級規模の縮小や特別支援教育の充実等に配分されている）など，用途を限定したひも付きの補助金として配分されるものもある。

近年は，経済状況の悪化に伴い，教育費を抑える手段として，学級規模を大きくするなど，学習環境に影響を与える方策を取る学校や自治体も出てきている。そのため，教育文化者が学校経営に関する指針を示したり，政府が1990年代に廃止した学級規模に関する国レベルの規定の再導入を検討したりするなど，新たな動きも出てきている。

参考文献

Aho, E., K. Pitkanen and P. Sahlberg, *Policy Development and Reform Principles of Basic and Secondary Education in Finland since 1968*, Washington DC : World Bank, 2006.

Hargreaves, A., G. Halász and B. Pont, *School leadership for systemic improvement in Finland : A case study report for the OECD activity Improving school leadership*, 2007.

財務総合政策研究所「フィンランドにおける国と地方の役割分担」『主要諸外国における国と地方の財政役割の状況』，2006年。
諸外国教育財政制度研究会『諸外国における義務教育費保障制度の比較研究報告書』，2008年。
拙稿「フィンランド」文部科学省『諸外国の教育行財政——7か国と日本の比較』ジアース教育新社，2013年。
フィンランド教育文化省：http://www.minedu.fi
フィンランド国家教育委員会：http://www.oph.fi

(渡邊あや)

索引（＊は人名）

A－Z
GCE（General Certificate of Education） *175*
OECD *225*
PDCA サイクル *57*
　政策の── *37*
PDS サイクル *57*
PFI *41*
PISA *225*

ア行
アカウンタビリティ →説明責任
預かり保育 *115*
アーティキュレーション *8*
アテスターツィア（ロ） *211*
＊安藤堯雄 *34*
　家永教科書裁判 *75*
＊家永三郎 *75*
「生きる力」 *71, 126*
一条校 *3, 9, 10*
一般行政からの相対的独立 *51*
インテグレーション *8, 10*
営利企業等の従事制限 *86*
オバマ政権 *163*

カ行
外国語活動 *71*
外部経済効果 *128*
開放制 *95*
科学館 *108*
学芸員 *108, 110*
学習指導要領 *68, 70*
学習指導要領一般編（試案） *71*
学習指導要領の法的拘束性 *73*
各種学校 *10, 106*
学制 *4, 29*
学年主任 *84*
学務委員会（米） *154*

学務局（独） *195*
学力テスト裁判の最高裁判決 *72*
価値材 *135*
学区（米） *154*
学区教育委員会制度（米） *154*
学校委員会（独） *198*
学校委員会（仏） *187*
学校運営協議会 *32, 41, 143*
学校会議（独） *198*
学校関係者評価 *32*
学校管理規則 *30, 69*
学校教育 *23, 105, 110, 111*
学校教育法 *74*
学校共同体（仏） *186*
学校経営計画 *58*
学校参加 *142*
学校支援地域本部 *41*
学校選択制度 *31, 53, 73, 140*
学校体系 *7*
学校単位予算 *138*
学校に基礎を置く経営（School Based Management：SBM） *164*
学校評価 *58, 73, 146*
学校評議員制度 *31, 142*
学校フォーラム（独） *198*
学校理事会（英） *171*
学校理事会（ニュージーランド） *213*
家庭教育 *24, 29, 105, 106, 110*
ガバナンス・モデル *52*
管理委員会（仏） *186*
管理委託制度 *112*
機関委任事務 *51*
基幹学校（独） *197, 200*
危機管理 *62*
企業内教育 *105*
規制作用 *33, 126*
基礎学校（フィンランド） *225*
機能主義的教育行政論 *34*

236

基本法（独） *189, 193*
義務教育 *5, 23*
義務教育諸学校教科用図書検定基準 *75*
義務教育諸学校の教用図書の無償措置に関する法律 *74*
義務教育の無償性 *129*
義務教育費国庫負担金 *130*
義務教育費国庫負担金制度 *31*
ギムナジウム（独） *197, 199, 200*
教育委員 *48*
教育委員会 *30, 106, 108, 110, 111*
教育委員会　都道府県 *107*
教育委員会　地方（市町村） *106*
教育委員会活性化モデル *52*
教育委員会議 *49*
教育委員会規則 *47*
教育委員会事務局 *50*
教育委員会制度 *46*
教育委員会法 *46*
教育委員長 *49*
教育科学研究所（Institute of Education Sciences）（米） *162*
教育課程 *67*
教育課程行政 *67, 70*
教育機関評価局（Education Review Office）（ニュージーランド） *215*
教育基本法 *20*
教育行政 *26*
　　戦前の―― *29*
　　――の自主性・専門性 *39*
　　――の地方分権 *39*
　　――の中立性 *38*
　　――の能率性 *39*
　　――の法律主義 *38*
教育権 *19*
教育高等審議会（仏） *181*
教育公務員 *86*
教育事務組合 *47*
教育主権 *189*
教育省（英） *169*
教育振興基本計画 *27, 38*
教育水準局（英） *170*

教育税 *126*
教育制度 *29*
教育長 *49, 110*
教育長（米） *155*
教育長官（米） *162*
教育調査改善局（OERI）（米） *162*
教育長の任命承認制度 *31, 51*
教育内容を決定する権能 *72*
教育に関する勅語 *30*
教育の機会均等 *5, 22, 33*
教育文化省（フィンランド） *230*
教育法規 *15*
教育を受ける権利 *5*
教員会議（独） *199*
教員登録制度（ニュージーランド） *216*
教員免許更新制 *98*
教科書 *73*
教科書検定制度 *74*
教科書センター *77*
教科書の採択権限 *77*
教科書の発行に関する臨時措置法 *74*
教科書目録 *77*
教科用図書検定規則 *75*
競合的立法権 *190*
教師インターン制度 *103*
教師の教育の自由 *73*
教職員 *80*
教職大学院 *98*
行政委員会 *46*
教頭 *83*
教務主任 *84*
業務評価（performance management） *175*
教諭 *84*
勤務評定 *30, 87*
国・文部省の教育権の解釈 *72*
経済協力開発機構　→OECD
系統 *7*
県（仏） *179*
県国民教育審議会（仏） *184*
憲法 *16*
広域採択制 *77*

公教育　2
公共財　127
公選制　50
構造改革特区制度　41
高大連携　13
校長　80, 186
公的責任　112
高等学校教科用図書検定基準　75
高等教育・研究者　180
高等後職業教育（ロ）　207
高等師範学校　93
公の性質　3, 10
公法学的教育行政　34
公民館　105, 108
公民館運営審議会　110, 111
公民館主事　108
校務　59, 80
　　──分掌　59
国定教科書制度　75
国民教育省（仏）　180
国民の教育権論　72
国家教育委員会（フィンランド）　230
子ども・子育て新システム　123
コミュニティセンター　112
5領域　117
コレージュ（仏）　178
混合行政機関（独）　195
「今後の学校の管理運営の在り方について」　32

サ行

採択地区　77
採択地区協議会　77
三権分立論　36
三位一体　31
視学制度　29
視学制度（独）　199
指揮監督　46
私教育　2
思考力・判断力・表現力　126
自己点検・評価　53
司書　108, 110

市場・選択モデル　52
司書教諭　80
視聴覚教育　108
市町村　180
実科学校（独）　197, 199, 200
実施作用　33, 126
指定管理者制度　41, 112
指導改善研修　100
指導教諭　84
指導主事　39, 50, 69
指導職　85
児童の権利条約　18
児童福祉施設　9
師範学校　92
社会教育　25, 105, 106, 110, 111
社会教育委員　110, 111
社会教育行政　112
社会教育施設　111
社会教育主事　50, 108, 111
　　──講習　109
　　──の任用資格　109
社会教育主事補　109
社会教育法　105
社会国家原理　189
社会的便益　128
州（仏）　179, 182
自由ヴァルドルフ学校　200
就学義務　13
州議会（米）　159
州教育委員会（米）　158
州教育局（米）　158
州教育視学官（仏）　183
州教育長（米）　158
宗教教育　26
宗教的中立性　38
州裁判所（米）　160
州知事（米）　160
充当職　85
十年経験者研修　100
住民の学習　112
住民の自治　112
主幹教諭　84

＊シュタイナー（Steiner, R.）　228
主任　80, 84, 85
守秘義務　86
準公共財　127
生涯学習　106
生涯学習政策局　106
生涯学習センター　108
生涯学習の理念　22
小学校令　29
上級職業教育（ロ）　206
少年自然の家　108
初級職業教育（ロ）　206
職員会議　61
職業教育学校（独）　197, 199
職務上の監督　83
職務上の義務　85
職務専念義務　86
女性教育施設　105, 108
助成作用　33, 126
初任者研修　99
私立学校　24, 187
自律的学校経営　31
素人統制（layman control）　50, 155
人事考課　87, 88
新自由主義　112
水族館　108
スタフォード貸与奨学金　162
スプートニク・ショック　161
スポーツ施設　105, 108
スポーツ指導員　108
政治教育　26
政治的行為の制限　86
青少年教育施設　105
青少年教育指導員　108
生徒指導主事　84
青年の家　108
是正要求権　54
設置者管理主義　135
設置者負担主義　135
説明責任　31, 40, 73
1988年教育改革法（英）　168
1944年教育法（英）　167

全国学力・学習状況調査　64
全国教育課程基準（フィンランド）　232
全国教育指針（ニュージーランド）　215
全国校長資格（英）　176
専修学校　10, 106
専門監督　199
専門的教育職員　50
専門的指導性（professional leadership）　50
総額総量制　132
争議行為の禁止　86
総合制学校（独）　200
総合的な学習の時間　70
総視学官（仏）　177, 180

タ行
体育館　105
大学　24
大学院修学休業制度　101
大学区国民教育審議会（仏）　183
大学区視学官（仏）　177, 183
大学区長（仏）　182
大学における教員養成　95
大学区（仏）　177, 182
大綱的立法権　190
代替学校（独）　200
段階　7
＊ダンカン（Duncan, A.）　163
男女共同参画　106
単線型　8
地域総合行政モデル　52
小さな政府　30
地方教育行政機関　30
地方教育行政の組織と運営に関する法律　30, 46
地方公共団体　17, 185
地方公施設法人（仏）　179
地方交付税交付金制度　136
地方財政法　135
地方統制の原理　154
地方分権一括法　30, 52
地方分権化改革　178

「地方分権時代における教育委員会の在り方」 32
チャータースクール 164
中央教育行政機関 30
中央教育審議会 68, 106
中間型 8
中間学区（米） 156
中級職業教育（ロ） 206
中高連携 13
中立性 6
通学区の弾力化 53
帝国大学（仏） 177
適応性 137
田園教育舎 200
伝習館高校事件 73
統治学的教育行政論 35
動物園 108
特別支援学校 9
図書館 105, 108
図書館法 108
都道府県の首長 108

ナ行
ナショナル・カリキュラム（英） 173
ナショナル・スタンダード（ニュージーランド） 223
ニュー・パブリック・マネジメント（NPM） 168
ニュージーランド教員審議会 216
ニュージーランド資格審査機関 217
任命承認制 49
任命制 50

ハ行
配分の効率 127
ハウプトシューレ（独） 197, 199, 200
博物館 105, 108
博物館法 108
発展的な学習 70
『ピコット報告』 214
美術館 108

評価国家 41
不易性 127
副校長 83
複線型 8
服務 85
服務監督 199
ブラウン判決 163
＊フレイレ（Freire, P.） 228
文学館 108
文化主権 189, 191
文化連邦主義 189
分配の公平 127
米国教育使節団報告書 71
ベル奨学金 162
保育行政の二元化 114
包括的職務権限 校長の 83
法規監督 199
放送大学 106
法治国家原理 189
法的拘束力 71
法律に定める学校 3
法令の制定 27
補完学校（独） 200
保健センター 105
ボランティア活動 111

マ行
学び続ける教員像 102
マネジメント・サイクル 57
身分上の監督 83
身分上の義務 85, 86
民間人校長 148
民主制原理 189
民法 19
無償性 6
＊宗像誠也 35
＊メールマン（Moehlman, A. B.） 34
文部科学省 30, 106
文部科学大臣 106, 111
文部省 29, 30
文部省告示 71

索　引

ヤ行

幼児期の教育　*25*
幼小連携　*13*
幼稚園教育要領　*70*, *117*
幼保一元化　*12*, *114*

ラ・ワ行

リーグ・テーブル（英）　*174*
リセ（仏）　*178*
流行性　*127*

累進課税制度　*129*
ルキオ（フィンランド）　*228*
レイマン・コントロール　→素人統制
連邦教育研究者（独）　*191*, *192*
連邦教育省（米）　*162*
連邦構成主体（ロ）　*206*
連邦最高裁判所（米）　*163*
連邦プログラム（米）　*162*
＊ロンギ（Lange, D.）　*214*
ワーク・スタディ　*162*

執筆者紹介（執筆順，執筆担当）

加治佐哲也（かじさ・てつや，兵庫教育大学大学院学校教育研究科）第1章

松元 健治（まつもと・けんじ，広島文化学園短期大学保育学科）第2章

河野 和清（こうの・かずきよ，広島大学大学院教育学研究科，編者）第3章

岡崎 公典（おかざき・きみのり，夙川学院短期大学児童教育学科）第4章第1節

三山 緑（みやま・みどり，岐阜聖徳学園大学教育学部）第4章第2節

市田 敏之（いちだ・としゆき，皇學館大学教育学部）第5章

吉田 香奈（よしだ・かな，広島大学教養教育本部）第6章第1節

滝沢 潤（たきざわ・じゅん，大阪市立大学大学院文学研究科）第6章第2節，第3節

高橋 正司（たかはし・まさし，岐阜女子大学家政学部）第7章第1節

堀田哲一郎（ほりた・てついちろう，鹿児島国際大学福祉社会学部）第7章第2節

岡本 徹（おかもと・とおる，広島修道大学人文学部）第8章

菅井 直也（すがい・なおや，広島文教女子大学人間科学部）第9章

中嶋 一恵（なかしま・かずえ，前 長崎女子短期大学幼児教育学科）第10章

上寺 康司（かみでら・こうじ，福岡工業大学社会環境学部）第11章

古賀 一博（こが・かずひろ，広島大学大学院教育学研究科）第12章

住岡 敏弘（すみおか・としひろ，宮崎公立大学人文学部）第13章

髙妻紳二郎（こうづま・しんじろう，福岡大学人文学部）第14章

松原 勝敏（まつばら・かつとし，高松大学発達科学部）第15章

前原 健三（まえはら・けんぞう，武庫川女子大学文学部）第16章

髙瀬 淳（たかせ・あつし，岡山大学大学院教育学研究科）第17章

福本みちよ（ふくもと・みちよ，東京学芸大学教職大学院）第18章

渡邊 あや（わたなべ・あや，国立教育政策研究所高等教育研究部）第19章

新しい教育行政学

2014年4月20日　初版第1刷発行	〈検印省略〉
2015年5月25日　初版第2刷発行	定価はカバーに表示しています

編著者　河　野　和　清
発行者　杉　田　啓　三
印刷者　坂　本　喜　杏

発行所　株式会社　ミネルヴァ書房
607-8494　京都市山科区日ノ岡堤谷町1
電話代表　(075)581-5191
振替口座　01020-0-8076

© 河野和清ほか, 2014　冨山房インターナショナル・藤沢製本

ISBN 978-4-623-07037-4
Printed in Japan

▍教職をめざす人のための 教育用語・法規
―――――――――――― 広岡義之編　四六判　312頁　本体2000円
●194の人名と，最新の教育時事用語もふくめた合計863の項目をコンパクトにわかりやすく解説。教員採用試験に頻出の法令など，役立つ資料も掲載した。

▍「人間と教育」を語り直す――教育研究へのいざない
―――――――――――― 皇　紀夫編著　Ａ５判260頁　本体2500円
●教育を「人間の在り方」の次元に引き寄せて語り直すことで，読者が，教育の意味や役割について主体的により深く考え，教育に新しい意味世界を発見できるように構成した教育入門書。教育を考える新しい思考スタイルや，従来想定されることがなかった問題などが語られる。

▍教職論 [第２版]――教員を志すすべてのひとへ
―――――――――――― 教職問題研究会編　Ａ５判250頁　本体2400円
●「教職の意義等に関する科目」の教科書。教職と教職をめぐる組織・制度・環境を体系立ててわかりやすく解説した，教職志望者および現場教員にも必読の一冊。近年の法改正，学習指導要領改訂をふまえて全面改訂した。

▍教育の歴史と思想
―――――――――――― 石村華代・軽部勝一郎編著　Ａ５判232頁　本体2500円
●教育の歴史上欠かせない人物の思想と実践を，わかりやすく紹介した教員採用試験対策にも最適の書。深く学べるよう時代背景，同時代人や関連ある思想家・実践家を合わせて紹介。

▍いじめの深層を科学する
―――――――――――― 清永賢二著　四六判　220頁　本体2000円
●いじめを「広がり」と「深さ」でとらえ，事例と調査結果を用いて「文部科学省定義」では捉えきれないいじめの実態を具体的に描き出す。「いじめはなくならない，しかし，止めることはできる」

――――――― ミネルヴァ書房 ―――――――

http://www.minervashobo.co.jp/